W0076963

Gewürze

Gewürze

Das große Kochbuch

Rose Marie Donhauser

Danijel Kresovic

UMSCHAU

Inhaltsverzeichnis

Inhaltsverzeichnis

Folgende Symbole erleichtern die schnelle Orientierung im Buch:

 Praxistipp der Autoren

 Gewürztalk mit Experten

 Herkunft und Verbreitung

 Lagerung und Haltbarkeit

 Geschmack und Aussehen

 Verwendung in der Küche

 Wirkkraft

 Besonderheiten

 Wissenswertes

 Verweis auf Rezept im hinteren Teil des Buches

 Gewürzexkurs

 Weintipp

 Kommentar Danijel Kresovic

Praktisch! Auch auf der linken Klappe findet sich die Legende.

Ein Buch über Gewürze zu schreiben eröffnet eine faszinierende Welt mit einer immensen Vielfalt an allen erdenklichen Aromen, Formen und Farben. Gewürze verzaubern und verführen, stärken und heilen, machen Mut und aphrodisieren. Doch was beinhaltet der Begriff Gewürze eigentlich?

Die Definition ist nicht einfach – zu fließend sind die Übergänge und zu unklar die Abgrenzungen. In den Leitsätzen für Gewürze und andere würzende Mittel des Deutschen Lebensmittelgesetzes (LMBG) heißt es: „Gewürze sind Teile (Wurzeln, Wurzelstöcke, Zwiebeln, Rinden, Blätter, Kräuter, Blüten, Früchte, Samen oder Teile davon) einer bestimmten Pflanzenart, nicht mehr als technisch notwendig bearbeitet, die wegen ihres natürlichen Gehaltes an Geschmacks- und Geruchsstoffen als würzende und geschmacksgebende Zutaten zum Verzehr geeignet und bestimmt sind." Kräuter werden somit zum Beispiel nicht ausgeschlossen. Das altniederdeutsche Wort „Wurt" oder das althochdeutsche Wort „Krut" für Gewürze ist gleichzusetzen mit Kraut und bezeichnet, eine Pflanze oder einen Pflanzenteil, der für den Menschen nutzbar ist – im Gegensatz zu Unkraut, das nicht nützlich ist. Eine andere Definition versteht unter dem Begriff Gewürze die getrockneten, aromatischen Teile von überwiegend tropischen und subtropischen Pflanzen, die in früheren Zeiten getrocknet wurden, um sie für die lange Reise nach Europa haltbar zu machen.

In diesem Buch wollen wir mit dem Begriff Gewürze jedoch nicht zu restriktiv umgehen, sondern ihn im Gegenteil um alle möglichen würzenden Zutaten erweitern – so ist es auch zu erklären, dass beispielsweise Salz und Zucker, Essig und Öl vorgestellt und miteinbezogen werden.

Über 50 Gewürzen und Gewürzmischungen wird besondere Aufmerksamkeit zuteil. Faszinierende Porträts mit Anwendungen und Anekdoten, Wissenschaftlichem und Wissenswertem ermutigen zum kreativen Umgang mit Gewürzen. Und dass Gewürze einfache Gerichte in aufregende Kreationen verwandeln, zeigen die 40 facettenreichen Rezepte am Ende dieses Buches.

Viel Spaß also beim Nachlesen, Nachschlagen und Nachkochen wünschen

Rose Marie Donhauser

Danijel Kresovic

DIE WUNDERVOLLE WELT DER GEWÜRZE

Würzen je nach Geschmack

Welcher Gewürztyp sind Sie?

Vanille ist ein ganz besonderer Duft, der den meisten Menschen zusagt. Es gibt aber doch einige Menschen, die Vanilleduft und -geschmack vermeiden. Wiederum andere lieben Chili und Pfeffer in allen Varianten und Dosierungen, andere aber vertragen die Schärfe nicht

Die gustatorischen Wahrnehmungen des Riechens und Schmeckens sind bei jedem Menschen anders geprägt und das ist auch gut so. Jeder Mensch braucht andere Zutaten für das reibungslose gute Funktionieren von Körper, Geist und sogar Seele. Zudem signalisiert eine gut funktionierende somatische Intelligenz, was uns gut tut und was durch Antipathie, Abwehr oder sogar Ekel aus gutem Grund (z.B. aufgrund einer unentdeckten Allergie) vollständig abgelehnt wird. Aber unsere von Natur aus sensiblen Geschmacksnerven wurden speziell in den letzten 20 Jahren durch die zunehmende Verbreitung von Industrienahrung hart auf die Probe gestellt. Übersalzene Fertiggerichte, Geschmacksverstärker und künstliche Aromen, völlig überzogen schmeckend im Vergleich zur Natur, haben unsere Gaumen buchstäblich überwürzt. Geschmackstests haben gezeigt, dass mit unserem „industrialisierten Gaumen" Naturprodukte im Vergleich zu denaturierten Mahlzeiten nur schwer zu erschmecken sind. In der heutigen Zeit muss immer stärker gewürzt werden, damit überhaupt noch etwas geschmeckt wird.

Beim Begutachten der Gewürzvorräte verschiedener Haushalte wird sofort klar, ob der- oder diejenige gerne und viel kocht und was die Vorlieben dabei sind. Mehr der asiatische, der mexikanisch-scharfe, der Multikulti oder der Hausmannskosttyp? Zusätzlich zu den Trockengewürzen gesellen sich da natürlich auch Pasten, Essenzen, Saucen, Relishes und Chutneys. Der Trockenschrank zum Aufpeppen kann – je nach Gewürztyp – groß sein ...

Der gleichgültige Basiswürzer   Die Grundausstattung der Gewürzregale sieht meist überall gleich aus, oftmals wird eine Erstausstattung an Gewürzen gleich mit der neuen Küche mitgeliefert. Zu der Grundausstattung zählen Salz, Pfeffer, edelsüßer und rosenscharfer Paprika, Muskatnuss, Currypulver, gemahlener Zimt, Cayennepfeffer, Knoblauchpulver, gerebelter Oregano, gerebelter Rosmarin, Majoran, Lorbeerblätter und Kümmel.

Der bewusste Hobbywürzer   Der erweiterte Gewürzschrank des fortgeschrittenen Hobbywürzers enthält außerdem oft noch: Gewürznelken, getrocknete Chilis, Zwiebelpulver, Korianderkörner, getrocknete Minze, gerebelten Thymian, Kräuter der Provence, gemahlene Muskatblüte, Wacholderbeeren, gerebelten Beifuß und Basilikum, Pimentkörner, gemahlenen Salbei.

Der interessierte Hobbywürzer   Wird noch mehr und noch lieber gekocht, erweitert sich das Sortiment um: Kreuzkümmel, Kurkumapulver, Herbadox (flüssige Würze), Worcestershiresauce, gemahlenen Ingwer, Sternanis, Safranfäden, gemahlenen Safran, Gewürzpfeffer, verschiedene Salze und Bockshornkleesamen.

Der ambitionierte Hobbywürzer   Noch voller wird der Gewürzschrank, wenn diese Zutaten hinzukommen: Sesamsamen, Anis, italienische Kräutermischungen, Estragon, Paprikaflocken, Harissa (Chilipaste), Ajvar (Paprikamark), Selleriesalz und verschiedene Chiliwürzflüssigkeiten.

Der experimentierfreudige Kreativwürzer   Dieser Typ hat Lust in internationale kulinarische Welten einzutauchen. Mit Kreativität und Spontaneität, mit Wissbegier und vor allem Lust und Liebe macht er sich daran, etwas Neues zu wagen. In seinem Gewürzschrank findet man schon mal so „exotische" Zutaten wie getrocknete Rosenblätter, Senföle, abenteuerliche Gewürzmischungen, Tonkabohnen, Tomatenpesto, Szechuanpfeffer (Fagara), eingelegte Kapern, Süßholzwurzeln, gemahlenes Zitronengras, Agavendicksaft, getrocknete Berberitzen oder Zatar (orientalische Gewürzmischung).

Doch was heißt eigentlich Würzen?

Nahrungsmittel, die zum Essen zubereitet werden, haben ein natürliches Eigenaroma. Kommen nun Gewürze hinzu, wird der Geschmack dieser Speisen im besten Fall ganz sensibel gehoben, unterstrichen und verbessert – und nicht übertüncht.

Gewürzt wird mit frischen oder getrockneten, gerebelten oder zerstoßenen, gemahlenen oder geriebenen Pflanzenteilen. Man kann den Begriff des Gewürzes aber noch weiter fassen und alle Zutaten einschließen, soweit sie in einem Gericht die gleiche Funktion erfüllen wie Gewürze, z.B. Salz, Essig, Senf oder Zucker. Gewürze werden nicht verschwenderisch gebraucht, sondern ausschließlich in geringen Dosen, in Prisen, in Messerspitzen, auszugsweise in Teelöffeln, selten in gestrichenen Esslöffeln.

In jedem Land findet man spezielle Würzvorlieben, die sich je nach Klima und Pflanzenvorkommen ideal für die entsprechenden Verhältnisse vor Ort entwickelt haben. In tropischen und subtropischen Ländern ist zu beobachten, dass reichlich mit Chili gewürzt wird, der antibakteriell und verdauungsfördernd wirkt. Physiologische und geschmackliche Verbindungen von Speisen und Gewürzen haben sich herauskristallisiert –

so lässt Beifuß das schwer verdauliche Fett der Gans magenfreundlicher werden und Wacholder gibt dem Räucherschinken eine speziell würzige Note.

Würzen zum richtigen Zeitpunkt

Der Zeitpunkt des Würzens kann frei gewählt werden, jedoch sollte man das Gefäß niemals über das kochende Gargut heben. Der Dampf verklebt die Streulöcher, das verbliebene Gewürz ist unnötiger Hitze ausgesetzt und verklumpt. Zum anderen wird die Menge der Streuung leicht unterschätzt. Am besten die Gewürze auf einen kleinen Teller oder in die Handfläche geben und dann prisenweise würzen. Manche Gewürze verändern durch zu hohe und lange Hitzeeinwirkung auch ihre Würzkraft und sollten erst zum Ende der Garzeit zugegeben werden. Die ätherischen Öle der Gewürze sind fast alle fettlöslich (lipophil), das heißt in Verbindung mit Fett werden die Aromastoffe aus den Gewürzen herausgelöst, können sich in der Speise besser verteilen und geben ein besseres Geschmackserlebnis. Die bekannte orientalische Gewürzmischung Zatar (wilder Thymian, Sesam und Salz) schmeckt beispielsweise mit Fladenbrot gut, wird aber mit Olivenöl beträufelt zur wahren Duft- und Geschmacksoffenbarung.

Spiel der Aromen

Ich vergleiche das Zusammenspiel von Gewürzen gerne mit einem Orchester: In gelungenen Harmonien und perfekt aufeinander abgestimmt wird erst aus dem Zusammenklang der Instrumente ein großes, sinnliches Ereignis. Gleichzeitig ist jedes Instrument für sich einzigartig und dadurch auch unersetzlich. Das gleiche geschieht, wenn die Aromen der Gewürze und Zutaten in einem zubereiteten Gericht aufeinandertreffen.

Das Wort Aroma stammt von dem griechischen „ároma" ab und heißt übersetzt Gewürz(kraut). Chemisch betrachtet sind Aromen flüchtige chemische Verbindungen, die meist nur in winzigen Mengen vorkommen und dennoch einem Lebensmittel seinen unverwechselbaren Charakter verleihen.

Wir nehmen das Aroma eines Lebensmittels durch ein Zusammenspiel von Geruch und Geschmack wahr. Die Welt der Aromen ist so gewaltig, weil unser Geruchssinn zwischen 2.000 und 4.000 verschiedene kulinarische Gerüche erkennen kann. Im Vergleich dazu kann unser Geschmackssinn nur zwischen den Grundgeschmacksqualitäten unterscheiden. Wäre der Geruchssinn also beispielsweise bei Zimt ausgeschaltet, könnte Zimt nicht identifiziert werden. Sobald wir erkältet sind, sagen wir oft: „Ich schmecke nichts!" Tatsächlich aber ist durch die Krankheit der Geruchssinn in Mitleidenschaft gezogen und nicht der Geschmackssinn. Aus dem gemeinschaftlichen Wirken von Geschmacks- und Geruchsempfinden ergibt sich für uns ein Gesamteindruck vom Aroma des jeweiligen Nahrungsmittels. Beim Kauen der Speise wird zur gustatorischen Wahrnehmung auch der Tast- und Temperatursinn der Zunge mit einbezogen, um das „Geschmacksbild" zu vervollständigen.

Das liegt uns auf der Zunge

Der Geschmackssinn bzw. die gustatorische Wahrnehmung der Grundgeschmacksrichtungen findet über Rezeptoren auf entsprechenden Regionen unserer Zunge statt. Dabei ist die Einschätzung, ob uns ein Lebensmittel zu salzig, zu süß, zu bitter oder zu sauer erscheint, eine für jeden Menschen individuelle Wahrnehmung.

Sogenannte Schmeckzellen oder Chemosensoren sind breitflächig auf unserer Zunge verteilt: Sauer schmeckt man am Zungenrand, süß an der Zungenspitze, salzig vorne am Zungenrand und bitter ganz hinten am Zungengrund. Neueste wissenschaftliche Ergebnisse haben dieses Schema ein klein wenig korrigiert und festgestellt, dass jede Geschmackssinneszelle für mehrere Geschmacksqualitäten empfindlich ist, sodass die Geschmacksinformationen auf überlappenden Reaktionsprofilen beruht.

Die fünfte Geschmackswahrnehmung ist Umami (fleischig, herzhaft) und befindet sich auf dem hinteren Zungengrund. Sie gilt als Verstärkung für den bereits vorhandenen salzigen Geschmack und ist mit keiner ausgeprägten eigenen Geschmacksqualität verbunden. Eine weitere Geschmacksempfindung ist die des „Fetten", für die es offenbar auch einen eigenen Rezeptor gibt, durch den Geschmacksempfindungen wie „fettig" oder „ölig" ausgelöst werden.

Die Empfindung „scharf" wird mit unseren Geschmackssensoren gar nicht erschmeckt, sondern wird durch die Schmerzsensoren auf der Zunge als Sinneseindruck warnend wahrgenommen. Die Scharfstoffe stimulieren die freien Nervenenden des „Nervus trigeminus" und geben Signale an die Nasenschleimhaut. Diese sondert Flüssigkeit ab, wodurch wiederum Tränenflüssigkeit freigesetzt wird. Im Englischen wird Scharfes oder stark Gewürztes umgangssprachlich zutreffend als „hot" bezeichnet. Dies resultiert daraus, dass die Scharfstoffe auf die Thermorezeptoren wirken: Die Durchblutung wird angeregt und es kommt zu einer vermehrten Wärmeabgabe. Übersetzt heißt das, dass einem bei zu scharfem Genuss ganz schön heiß werden kann. Dies ist bei Scharfstoffgewürzen wie scharfem Senf, Meerrettich, höllisch scharfem japanischen Wasabi, Chili, Paprika mit hohem Capsaicin-Gehalt, Pfeffer, sehr frischem Ingwer oder Knoblauch zu beobachten.

Zu den Aufgaben unseres Geschmackssinns gehört vor allem auch die Warnung vor Ungenießbarem. Die Reizschwelle des Bittergeschmacks ist sehr niedrig angelegt, da in diesem Bereich auch giftige Substanzen erschmeckt werden können. Widerwärtiger Geschmack löst unseren Würgereflex aus, um unseren Magen nicht mit verdorbener Speise zu belasten. Hingegen belohnt uns ein gutes und leckeres Geschmackserlebnis mit einem wohltuenden Bauchgefühl und einer guten Verdauung. Die Aufgaben unserer Geschmackssensoren sind klar verteilt. So sind wir gut gerüstet, um die vielfältigen Geschmäcker von Lebensmitteln wahrzunehmen. Diese Vielfältigkeit ist für unseren Körper lebensnotwendig, denn sie spiegelt die enorme Vielzahl an gesund erhaltenden Substanzen, die unser Körper den Lebensmitteln entnimmt.

Vielstoffgemische in Gewürzen

Viele der uns bekannten Gewürze weisen einen hohen Anteil an ätherischen Ölen auf (ätherisch stammt von dem griechischen Wort „aither", was soviel heißt wie „Himmelsduft"). Diese bestehen aus Stoffgemischen von 20 bis 200 verschiedenen flüchtigen Verbindungen und sind als Aromaträger von entscheidender Bedeutung. Das typische Aroma eines Gewürzes bilden 20 bis 30 verschiedene Verbindungen, sehr selten besteht ein Gewürzaroma aus nur einer oder wenigen Komponenten. Durch Trocknung beispielsweise wird das Aroma intensiviert. Getrocknete Pflanzenteile wie Salbei, Minze, Zitronengras, Lorbeer, Majoran oder Kurkuma werden so zum Gewürz.

Der wichtigste Geruchsstoff für die Nase in ätherischen Ölen sind Terpenverbindungen, vor allem Mono- und Sesquiterpene. Viele dieser Verbindungen sind gegenüber Wärme und Luftsauerstoff sehr sensibel, der Aromaeindruck verändert sich durch Oxidationsvorgänge (flüchtige Komponenten verdunsten in relativ kurzer Zeit), die Folge ist ein Aromaverlust. Für das spezifische Aroma eines Gewürzes sind überwiegend die Monoterpene ausschlaggebend, über 90 Prozent aller Gewürze definieren sich darüber. Pfeffer besteht beispielsweise aus bis zu 80 Prozent Monoterpenen sowie 20 Prozent Sesquiterpenen. Das Monoterpen „Sabinen" ist als Aromaträger für den typischen Geruch von Majoran, Kardamom oder Kurkuma verantwortlich.

Im Gegensatz zu den fetten Ölen sind die ätherischen Öle flüchtig und haben dadurch einen niedrigeren Siedepunkt. Das bedeutet zum einen, dass sie schnell verloren gehen können. Sie können aber gleichzeitig aufgrund dieser Eigenschaft durch Wasserdampfdestillation aus den Gewürzpflanzen gewonnen werden. Die industrielle Nutzung der ätherischen Öle in der Süßwaren-, Lebensmittel-, Kosmetik-, Spirituosen- und der pharmazeutischen Industrie ist enorm. Es gibt etwa 3.000 verschiedene ätherische Öle, die durch Wasserdampfdestillation gewonnenen werden.

Gewürze sind reich an natürlichen Aromastoffen. Viel Licht und Wärme ist nötig, um ihr Wachstum in Wurzel, Blatt, Blüte, Frucht oder Samen der betreffenden Pflanze zu fördern. Um seine Würzkraft optimal zu nutzen und zu erhalten ist wiederum ein sorgsamer Umgang wichtig. Zu schnell können die flüchtigen Aromen zerstört werden und verloren gehen. Die Sorgfalt, die Sie bei der Auswahl der Gewürze, bei ihrer Aufbewahrung und Nutzung walten lassen, wird sich im Aroma der zubereiteten Gerichte unverkennbar bemerkbar machen.

Kleine Geschichte des Gewürzhandels

Die Nutzung der Gewürzpflanzen ist so alt wie die Menschheit selbst; sie wurden in ihren jeweiligen Ursprungsländern als Heilmittel und Speisenwürze sowie für sakrale Riten verwendet. Die exakten Anfänge des Gewürztausches und -handels sind nicht bekannt, viele Mythen und Legenden ranken sich darum. In allen wichtigen Gewürzländern finden sich zwar archäologische Hinweise, z.B. durch Grabfunde oder Opfergaben, auf den Gebrauch von Gewürzen, aber eine exakte Zeitenangabe kann trotzdem nicht festgelegt werden.

Erst durch die offiziellen Handelskontakte des Westens mit China im 2. Jahrtausend v. Chr. kamen weltweite Beziehungen zustande, die einen Austausch von Waren ermöglichten. Das Handelsnetz verzweigte sich dann zusehend, Kreuzfahrer erkundeten die „Neue Welt", Handelsstraßen entstanden, Händler auf Schiffen, zu Fuß, zu Pferde und auf Eseln oder Kamelen beförderten die heiß begehrten Würzwaren nach Europa.

Der Philosoph und Schüler von Aristoteles, Theophrastos aus Erasos (372–288 v. Chr.), auch „Vater der Botanik" genannt, schrieb in seinem Werk „Naturgeschichte der Gewächse", dass Asien das wahre Herkunftsland der klassischen Gewürze sei. Von dort kamen Kostbarkeiten wie Zimt, Pfeffer, Ingwer, Gewürznelken, Kurkuma, Muskatnuss und Kardamom.

Es entstand die Gewürzstraße, besser bekannt als Seidenstraße, ein beschwerlicher, langer Weg von China quer durch Asien nach Europa und Alexandria, dessen drei Routen als Karawanenstraßen dienten. Das Ziel war jeweils die Handelszentren am Mittelmeer, von wo aus die Gewürze und exotischen Waren ihren Weg ins gesamte Europa fanden. Nahezu 3.000 Kilometer auf dem Landweg galt es zu bezwingen, Stürmen, Wind und Wetter, Räuberei und Überfällen ausgesetzt – viele ließen auf diesem Weg ihr Leben. Damals befand sich der gesamte Gewürzhandel in arabischer Hand, großer Reichtum lockte, denn die Gewürze wurden so teuer wie Gold gehandelt. Alexandria galt als wichtigster Umschlaghafen, von

Gewürzhandel im 13. Jahrhundert

dem aus die kostbaren Gewürze, Öle und Salben in alle Welt verschifft wurden, die vor allem in Ägypten für kultische Handlungen und Körperpflege benutzt wurden.

Mit dem Beginn der Kreuzzüge im 12. Jahrhundert veränderte sich die Situation. Die Araber verloren ihr Gewürzmonopol, dafür übernahmen die Venezianer die Vorherrschaft. Macht und Geld regierten damals schon die Welt, die Reichen konnten sich den Luxus der teuren Gewürze leisten, die Armen wurden davon ausgeschlossen. Ein Pfund Safran hatte den Wert eines Pferdes, ein Schaf wurde gegen ein Pfund Ingwer eingetauscht und Pfeffer wurde in Gold aufgewogen. Die „Pfeffersäcke", reiche Gewürzhändler, sanierten sich. Das 14. Jahrhundert in Venedig war die Blütezeit der Gewürzhändler.

Das Mittelmeer war heftig umkämpft, alle, ob Phönizier, Römer oder Griechen, versuchten ihre Vormachtstellung zu verteidigen. Durch Seefahrer wie Marco Polo, dem es als erstem gelang in Indien zu landen, oder Vasco da Gama, der die Äquatorlinie überquerte, und schließlich Christoph Columbus, der versehentlich in der Karibik und nicht in Indien landete, waren die Schiffsrouten für den direkten Handel offen.

Mit den Entdeckungsreisen durch die Welt eroberten die Kolonialherren – allen voran die Engländer – im 16. Jahrhundert das Gewürzland Indien. Die Kolonialschlacht in Asien wurde zwischen Holländern, Franzosen, Portugiesen und Spaniern ausgetragen, die ihre Vormachtstellung rücksichtslos missbrauchten. Lange Zeit hatten dann die Portugiesen das Gewürzmonopol inne, das portugiesische Handelsimperium „Estado da India" erreichte zwischen 1505 und 1515 seinen Zenit. Doch wiederum gelang es Venedig im 16. Jahrhundert die Portugiesen zu verdrängen und nochmals zum bedeutsamsten Gewürzlieferanten zu avancieren.

Die „Gewürzschlachten" waren heftig, die europäischen Seefahrernationen Italien, Frankreich, Holland, Portugal und Spanien fochten ihre andauernden Gewürzkriege aus, um regelmäßig wieder ihr Monopol zurückzuerlangen. Nach und nach blieben aber die „gepfefferten Gewinne" aus. Mit der zunehmenden Entwicklung von Transportmöglichkeiten im 19. Jahrhundert, dem weltweiten Ausbau des Eisenbahnnetzes, konnten die Transportkosten gesenkt und die Gewürze günstiger verkauft werden. London stieg zum Welthandelsplatz für Gewürze auf und wurde das größte Verteilerzentrum für Europa. Auch die Verbreitung der Kultivierung von Gewürzpflanzen in anderen Teilen der Welt nahm Asien die Exklusivität der Alleinherrschaft.

Heutzutage ist Hamburg der Umschlaghafen und das Gewürzkontor für Deutschland. Weltweit liegen Singapur und New York als „Gewürzhäfen" noch vor Hamburg. Natürlich unterliegen die Überseegewürze auch heute noch dem Befinden der Weltwirtschaftslage, aber die Zeiten, als Gewürze noch in die Kategorie Luxusartikel gehörten und ein Synonym für Gold und Reichtum waren, sind endgültig vorbei. Gewürze sind ein fester Bestandteil in unserem täglichen Leben und sind preislich moderat jedem zugänglich.

Gewürzspeicher in Kochi: Arbeiterinnen mit Ingwer

Gewürze in der Medizin

Gegen viele Krankheiten ist ein Kraut gewachsen

Das Wort Gewürz stammt vom althochdeutschen Wort „Wurz", was Wurzel oder Pflanze bedeutet. Im 5. Jahrhundert wurden sie jedoch nicht primär als geschmacksgebende Komponenten verwendet, sondern vor allem als Heilmittel eingesetzt.

Bereits in Mesopotamien waren Kümmel, Thymian sowie Lorbeer als Arzneimittel für Magenstörungen bekannt. Im 4. Jahrhundert machte sich der griechische Arzt Hippokrates mit seinem Lehrbuch für Kräuterheilkunde „Corpus Hippocraticum" einen Namen, worin er über 230 Heilpflanzen, deren Herkunft und Verwendung beschrieb. Des Weiteren sind in der „Naturalis historia" von Plinius dem Älteren (23 bis 79 n. Chr.) Gewürze und deren therapeutische Wirkung aufgelistet. Alle Gewürze haben sich über Jahrhunderte hinweg den Weg vom hochwirksamen Medikament zum alltäglichen Gewürz in der Küche gebahnt. In unserer heutigen Zeit steht das Aromatisieren von Speisen im Vordergrund und nicht mehr die gesundheitliche Wirkung der Gewürze. Eigentlich schade, denn die Natur hat uns mit ihrem Pflanzenreichtum natürliche Werkzeuge in die Hand gegeben, um kleinere Reparaturen in unserem Körper vorzunehmen, das Wohlbefinden zu steigern und manches Unwohlsein in Eigentherapie zu lindern.

Jedem sein eigenes Gewürz

In Pergamon und in Rom galt der (Gladiatoren-)Arzt und Philosoph Galen (129–199 n. Chr.) als bahnbrechend: Er ordnete den vier Temperamenten nach Aristoteles je eine Körperflüssigkeit des Menschen zu. Die „schwarze Galle" wurde dem melancholischen Menschen, der Schleim dem phlegmatischen Menschen, die „gelbe Galle" dem Choleriker und das Blut dem ständig in Bewegung bleibenden, sanguinischen Menschen zugeteilt. Ein Krankheitsbild wurde somit nach diesem Beurteilungssystem erstellt, die Ursache fand man im Ungleichgewicht dieser Säfte. Die Behandlung erfolgte mit Heilkräutern nach dem Ausgleichsprinzip trocken, feucht, heiß oder kalt.

Auch die uralte Tradition der ayurvedischen Medizin spricht den Gewürzen bei der Heilbehandlung einen weitreichenden Einfluss auf das Leben der Menschen zu. Jedem Typ Mensch (nach Ayurveda gibt es drei Funktionsprinzipien, sogenannte Doshas: Vata, Pitta, Kapha) ist ein bestimmtes Gewürz zugeordnet. Die indische Küche greift dies auf und setzt die heilsame Wirkung der Gewürze gezielt ein: Zitronensaft und Ingwer für die Seele, Zimt für die rumorende (Darm-)Schlange, Mango und Chili für die Träume, Kardamom für die Stürme im (Bauch-)Innern, Honig und Koriander für den inneren Frieden – die indischen Gewürzgenüsse wirken harmonisch für Körper, Geist und Seele.

Indischer Gewürztee   „Chai", der indische Tee, das Nationalgetränk, besteht aus schwarzem Assam Tee, verschiedenen Gewürzen, etwas heißer Milch und Zucker oder Honig. Gewürzt wird mit Kardamom, Ingwer, Zimt, Nelken, Fenchel und Anis. Die Gesundheitslehre Ayurveda beschreibt die Wirkung der Pflanzen auf Körper und Seele. Chai wirkt beruhigend und nervenstärkend.

Uralt und stets en vogue

In der antiken Medizin gehörte die Verwendung von Kräutern und Gewürzen und den daraus gewonnenen halluzinogen wirkenden Drogen zur Betäubung zum Grundwissen. Auch Mischungen und mit Gewürzen versetzte Weine waren immens wichtig bei der Schmerzstillung und -bekämpfung. Das Wort Drogerie erinnert übrigens noch an die ursprüngliche Bedeutung des Wortes Droge im Sinne von Heilmittel bzw. (tierischer oder pflanzlicher) Rohstoff, denn es bedeutet „Geschäft für nicht apothekenpflichtige Heilmittel, Kosmetika u. a.".

Vom Gewürzhändler zum Apotheker

Es waren benediktinische Mönche, die letztendlich die Heilkunde – ausgehend vom pharmakologischen Wissen der griechischen und römischen Antike – über die Alpen brachten. In Klöstern wurden Pflanzen kultiviert, die zu Heilzwecken benötigt wurden, und auch die Krankenversorgung ging von den Mönchen aus. Jedes Kloster hatte eine Krankenstation, ein Badehaus und eine Apotheke, in der die Heilkräuter und die Gewürze aus fernen Ländern verarbeitet und aufbewahrt wurden. Das griechische Wort „apotheca" heißt übersetzt Aufbewahrungsort. Im 13. Jahrhundert wurden erstmalig Gewürzhändler, die sich ein Geschäft aufbauten und somit sesshaft wurden, Apotheker genannt. Doch bereits um 1241 erließ Kaiser Friedrich II. das „Edikt von Salerno" (Constitutiones), eine Medizinalordnung, die gesetzlich den Beruf Apotheker vom Arzt trennte, um Interessenskonflikte und Preistreiberei zu verhindern. Die ehemaligen Gewürzhändler betrieben ihre Apotheke in den Anfängen noch wie einen kunterbunten, exotischen Laden, ähnlich einem Kolonialwarengeschäft. Es gab exotische Gewürze, Heilpflanzen, gemixte Tinkturen und Salben genauso wie ätherische Öle, Pülverchen, Pillen und Elixiere, die nicht nur für somatische Leiden, sondern auch für die Anregung der Begierde und die Steigerung der Potenz und der Libido nützlich waren. Auch Mittelchen zur Linderung der Seelenschmerzen und sogenannte „Medicina magica" zur Auslebung des Okkultismus konnten in Apotheken erworben werden. Auch heute verkaufen Apotheken nach wie vor Gewürze und Heilkräuter. Zwar kann man in jedem Supermarkt günstig Gewürze kaufen, aber der

Gang in die Apotheke lohnt sich allemal: Die Produkte dort sind von erstklassiger Qualität, oftmals biologisch angebaut und rückstandskontrolliert (enthalten also keine Pestizide, Herbizide und etwaige andere Schadstoffe). Die Gewürze können im Endeffekt günstiger erstanden werden, denn sie enthalten nicht die üblichen Füllstoffe und sind somit ergiebiger. Safran, Kardamom, Anis, Fenchel, Zimt, Thymian oder Sternanis – egal welches Gewürz, sie werden es in der Apotheke finden, und wenn ein Gewürz nicht vorrätig ist, kann es innerhalb kürzester Zeit geliefert werden. (Siehe auch Gewürztalk mit der Apothekerin Frau Dr. Langer Seite 29).

Apothekenschränkchen in der Küche

Die Äbtissin Hildegard von Bingen (1098–1179) veröffentlichte in ihren zahlreichen Schriften über Naturheilverfahren auch die Bücher „Physica" (Heilkraft der Natur) und „Causae et Curae" (Heilwissen – Ursachen und Behandlung von Krankheiten). Unter den Zutaten der vielen Rezepte mit Heilkräutern und Gewürzen hebt Hildegard von Bingen einige besonders hervor. Geriebene Muskatnuss gemeinsam mit pulverisiertem Zimt sowie zerstoßenen Gewürznelken „dämpft die Bitterkeit des Herzens und deines Sinnes, und es öffnet dein Herz und deine stumpfen Sinne, und es macht deinen Geist fröhlich", schrieb Hildegard von Bingen. Kein Wunder, dass sie vor allem in Weihnachtsgebäck zur kalten Jahreszeit, wenn Winterdepressionen aufkommen, beliebt sind. Des Weiteren finden sich viele Hildegard-Rezepte mit Galgant, jenem leicht scharf schmeckenden Gewürz. Sie schreibt ihm eine blähungslindernde und verdauungsfördernde Wirkung sowie Heilkräfte bei Rücken-, Herz- und Fieberschmerzen zu. „Reines Wissen und reinen Verstand" gibt es bei der Verwendung von Lavendel, dessen ätherische Öle bei einem nervösen Magen, Kreislauf- und Einschlafstörungen sowie bei Unruhezuständen helfen. Und Mutterkümmel (Kreuzkümmel) wendet man nach Hildegard von Bingen bei Käseunverträglichkeit und Lebensmittelallergien an: einfach in geringen Dosen über das fertige Gericht streuen.

Hildegard-Kekse

500 g Dinkelmehl | 300 g kalte Butterstückchen | 150 g brauner Zucker | 200 g gemahlene Mandeln | 2 große Eier | je 20 g gemahlener Zimt und gemahlene Muskatnuss | 10 g gemahlene Nelken | 2 Prisen Salz

Alle Zutaten zu einem Mürbeteig kneten, mit Folie umwickeln und für 30 Minuten in den Kühlschrank stellen. Anschließend auf einer bemehlten Arbeitsfläche auswellen und Plätzchen ausstechen. Diese auf ein mit Backpapier ausgelegtes Backblech geben und im vorgeheizten Backofen bei 180 °C etwa 8 Minuten backen. Abkühlen lassen und in einer Dose aufbewahren.
Tipp: Als Nervennahrung reichen zwei Kekse pro Tag.

Hildegard von Bingen

Von der Natur zur Denaturierung

Der Fortschritt der Medizin und die damit verbundene industrielle Herstellung von Medikamenten haben uns zwar enorm vorangebracht, aber die wirtschaftlichen Interessen der pharmazeutischen Industrie haben viele natürliche Hausmittel in Vergessenheit geraten lassen. Dabei bewirken Heilpflanzen vielfach das Gleiche wie teure Medikamente. Doch unsere schnelllebige Zeit verlangt nach sofortigen Wirkungsmaßnahmen durch härtere Medikamente und gibt der Natur nicht die Chance und die Zeit das Gleiche zu bewirken. Interessanterweise herrscht mittlerweile durch die Eigenverantwortlichkeit und der Mündigkeit vieler Patienten wieder ein reges Interesse an den fast vergessenen Naturheilkräften.

Kochen auf Rezept

Die ätherischen Öle unserer Gewürze geben dem Essen nicht nur eine individuelle Geschmacksnote, sondern haben zudem eine physiologische und gesundheitsfördernde Wirkung. Viele Gewürze stimulieren die Verdauung, wirken keimtötend und entzündungshemmend und regen die Herz-, Kreislauf- und Nierentätigkeit an. Anis wirkt positiv bei Darm- und Magenschwäche, Koriander wirkt bei Magenverstimmungen, Fenchel hilft bei Blähungen, Salbei wirkt entzündungshemmend, Ingwer regt den Appetit an und Knoblauch senkt den Cholesterinspiegel. Gewürznelken helfen gegen Zahnschmerzen, denn ihre keimtötende Wirkung entfaltet sich besonders gut bei Entzündungen im Mund- und Rachenraum. Bei akuten Schmerzen einfach ein bis zwei Gewürznelken im Mund behalten. Rosmarin gibt Energie für den Kreislauf und wird für seine durchblutungsfördernden sowie entzündungshemmenden Eigenschaften geschätzt. Oregano hilft bei Entzündungen und Osteoporose, denn er enthält einen Wirkstoff, der die Zellmembran so verändert, dass weniger entzündungsfördernde Stoffe ausgesandt werden. Kräftige Gewürze wie Chili, Paprika, Senf oder Pfeffer stärken die Abwehrkräfte, denn sie „heizen" das Immunsystem an. Trotzdem sollten Sie bei anhaltenden Beschwerden einen Arzt konsultieren.

Übersicht Wirkkraft von Gewürzen

		Ajowansamen	Anissamen	Basilikum	Beifuß	Bockshornklee	Bohnenkraut	Estragon	Fenchelsamen	Galgant	Ingwer	Kaffrlimette	Kardamom	Knoblauch	Koriander	Kreuzkümmel	Kümmel	Kurkuma	Lavendel	Liebstöckel	Lorbeerblatt
Grippe	Erkältung					●				●											
	Fieber			●						●											
	Husten		●	●			●		●				●	●							
	Kopfschmerz												●						●		
Herz	blutdrucksenkend													●					●		
	kreislaufanregend										●										
	stärkend										●										
Körper	antibakteriell	●										●		●	●						●
	entzündungshemmend				●		●						●					●			
	stärkend														●						
Magen	appetitanregend		●	●		●	●			●											
	Blähungen	●					●		●	●							●	●			●
	Durchfall																	●			
	Schmerzen								●							●	●	●	●		
	Verdauung	●	●	●	●	●	●	●								●	●	●			
	Verstopfung																				
Schmerzen	krampflösend		●	●	●											●		●			
	Menstruation																				
	schmerzstillend					●															
	Schwellungen						●														●
Sonstiges	Aphrodisiakum		●				●				●				●						
	Beruhigungsmittel				●											●		●	●		
	Gallenfluss anregend										●							●			
	Entschlackung				●	●										●				●	
	Gicht																				
	Rheuma				●																●

Die Hinweise und Empfehlungen in dieser Tabelle können eine Arzt nicht ersetzen.

	Majoran	Mohn	Mönchspfeffer	Muskat	Paprika	Pfeffer	Piment	Rosmarin	Safran	Salz	Schwarzkümmel	Senfsamen	Sternanis	Sumach	Süßholz	Tonkabohne	Vanille	Wacholder	Zimt	Zitronengras	
Erkältung													•								**Grippe**
Fieber																					**Grippe**
Husten	•	•									•	•	•		•	•		•			**Grippe**
Kopfschmerz						•												•			**Grippe**
blutdrucksenkend																					**Herz**
kreislaufanregend						•			•									•			**Herz**
stärkend																•		•			**Herz**
antibakteriell						•		•										•	•	•	**Körper**
entzündungshemmend						•			•				•		•						**Körper**
stärkend											•										**Körper**
appetitanregend	•					•	•														**Magen**
Blähungen	•			•			•	•					•								**Magen**
Durchfall																					**Magen**
Schmerzen	•			•					•	•								•			**Magen**
Verdauung		•		•									•								**Magen**
Verstopfung									•												**Magen**
krampflösend															•						**Schmerzen**
Menstruation	•		•								•										**Schmerzen**
schmerzstillend				•																	**Schmerzen**
Schwellungen																					**Schmerzen**
Aphrodisiakum	•								•								•				**Sonstiges**
Beruhigungsmittel	•																				**Sonstiges**
Gallenfluss anregend											•										**Sonstiges**
Entschlackung	•								•	•											**Sonstiges**
Gicht					•													•			**Sonstiges**
Rheuma				•	•	•			•									•			**Sonstiges**

GEWÜRZPRAXIS

Auswahl und Haltbarkeit

Beim Thema Gewürze macht man sich über Umgang und Haltbarkeit im Großen und Ganzen wenig Gedanken: Standardgewürze sind im Schränkchen, meist in zu großen Mengen, die aber nicht so schnell verbraucht werden, wie sie eigentlich sollten, und oftmals ist bei einem Haltbarkeitscheck die Verwunderung groß, wenn vereinzelte Gewürze schon 1 bis 2 Jahre überlagert sind. Da wird mal schnell ein exotisches Gewürz gebraucht, die zu große Menge an gemahlenem Zimt reicht für zig Jahre, die französische Kräutermischung ist in einem zu großen Glas und gar nicht aufzubrauchen – da passiert es schnell, dass Gewürze sich ansammeln. Bei keinem anderen Lebensmittel kämpft man so mit dem Problem der Überlagerung. Gewürze über dem Haltbarkeitsdatum sind nicht unbedingt gesundheitsschädlich, aber sie sind keine „richtigen" Gewürze mehr, denn Aroma- und Duftstoffe sind verflogen, im Kochtopf kann durchaus ein bitterer Nachgeschmack entstehen.

Worin liegt die Lösung?

Großverpackungen sind oft verlockend günstig, werden aber selten vor Ablauf der Haltbarkeit aufgebraucht. Wenn man Preis und Qualität einander gegenüberstellt, merkt man schnell, dass eine kleinere Menge guter Qualität oftmals die wirtschaftlich bessere Alternative ist. Also lieber kleine Mengen in Bio-Qualität kaufen, die dazu noch einen sorgsamen Anbau und eine penible Weiterverarbeitung beim Sieben, Sortieren und Reinigen sowie eine Keimreduktion garantieren, als große Mengen eines Billiggewürzes wegwerfen zu müssen. Das Ergebnis einer Top-Qualität ist eine reiche Aromenfülle, die sich beim Verwenden in Geruch und Geschmack spürbar entfaltet und damit jeden Cent wert ist.

Seien Sie wählerisch

Egal ob Einzelgewürz oder Gewürzmischung, lesen Sie die Packungsaufschriften genau: Sind Geschmacksverstärker, Zusatzstoffe, Riesel- und Trennhilfen (Cellulose, Siliciumdioxid) oder Aromaverstärker enthalten? Wer sich einmal als Gewürzdetektiv betätigt, wird feststellen, dass der „Gewürzdschungel" gar nicht so leicht zu durchschauen ist: Auf (Wochen-)Märkten sind oftmals sehr günstige Gewürze zu erstehen, die jedoch, abgepackt in Tütchen, ohne zusätzliche Inhaltsbeschreibungen gekennzeichnet sind. Oder Sie kaufen im Supermarkt ein 50-Gramm-Glas gemahlene Muskatnuss und lesen erst zu Hause, dass Sie einen „Muskatnusswürzer" gekauft haben. Das Wörtchen „Würzer" beinhaltet eine Aromazubereitung, die aus Speiseweizenkleie, gemahlener Muskatnuss, Aroma (natürliches Muskatnussöl), pflanzlichem Öl, Farbstoff und Paprikaextrakt besteht. Dann doch lieber die ganze Muskatnuss, die frisch gerieben aromatische Qualität ohne Schad- und Ersatzstoffe garantiert!

Lagerung und Haltbarkeit

Aromaschutz von Gewürzen beinhaltet eine luftdichte, trockene und dunkle Lagerung, denn Licht und Wärme ziehen einen Aromaverlust nach sich. Doch was sieht man in allen Küchen? Rund um den Herd drapierte, helle Gläschen und lichtdurchlässige Zellophantütchen im Trockenschrank. Das Haltbarkeitsdatum auf dem Etikett bezieht sich immer auf den Zeitpunkt des ersten Öffnens, nicht auf den Zeitpunkt des Aufbrauchens. Besonders im Bereich der Bio-Gewürze sind braune, lichtgeschützte Gläser, Dosen oder Gefäße erhältlich, die dem beinhalteten Gewürz im Dunkeln Aromaschutz bieten. Spezialisierte Gewürzläden, Reformhäuser, Naturkostgeschäfte und auch Apotheken verkaufen Gewürze unter Berücksichtigung der idealen Lagerbedingungen.

Das „Ausrauchen" von Gewürzen

Sobald eine Gewürzverpackung geöffnet wird, strömen die im Vakuum eingeschlossenen und für das Aroma zuständigen ätherischen Öle nach außen. Bereits geöffnete Gewürze verströmen weiterhin Duft – und „rauchen" schließlich aus. Bei gemahlenen Gewürzen zerfallen die freigesetzten ätherischen Öle zum Teil oft schon durch die Verpackung. Dem Aroma zuliebe sollten sie innerhalb eines Jahres verbraucht werden. Ungemahlene Gewürze wie z. B. Pfefferkörner, Muskatnüsse oder Zimtstangen halten sich deutlich länger und lassen sich ohne weiteres bis zu 3 Jahre lagern. Geöffnete Gewürze, ob ganz oder gemahlen, sollten innerhalb von 6 Monaten verbraucht werden, denn durch den Einfluss von Wärme, Licht und Feuchtigkeit verlieren sie an Würzkraft, Farbe und Aroma.

Gewürze aus der Apotheke

Gewürze (und getrocknete Kräuter) aus der Apotheke haben für den Verbraucher den Vorteil, dass sie von besonders hoher Qualität sind. Entsprechend der gesetzlichen Bestimmungen werden sie auf Rückstände von Schwermetallen, Pestiziden und Aflatoxinen untersucht und mit einem entsprechenden Zertifikat ausgeliefert. Wenn es für bestimmte, wert(mit)bestimmende Inhaltsstoffe Mindestgehalte gibt, werden auch diese bestimmt und dokumentiert. Dies trifft für ätherische Öle (z. B. in Anis oder Kümmel) oder Scharfstoffe (z. B. in Pfeffer) zu. Eher nachteilig sind die Verpackungseinheiten und die Aufmachung. Kräuter und Gewürze werden von den Herstellern, die Apotheken beliefern, meist in unattraktiven Beuteln zu 100 oder 250 Gramm angeboten. Der Verbraucher müsste sich selbst ein Standgefäß dazu anlegen. Der Lebensmittelmarkt bietet dagegen Kleinmengen in zum Teil praktischen Dosen an. Nette und praktische Aufmachungen gibt es vornehmlich für klassische Apothekengewürze wie Lebkuchengewürz, Hirschhornsalz und Pottasche. Alle anderen Gewürze und Kräuter sind eher Stiefkinder und werden vor allem für Teemischungen verwendet. Die direkte, unverarbeitete Abgabe an den Endverbraucher ist extrem selten.

Im Vergleich der „Grundpreise" qualitativ hochwertiger Gewürze und Kräuter des Lebensmittel-Einzelhandels (z. B. 100-Gramm-Preis) sind Apotheken konkurrenzfähig, allerdings nicht, was attraktive Kleinmengen und Gewürzstreuer angeht. Dies ist sicherlich auch Folge der imposanten Gewürzregale in den Lebensmittelgeschäften und des Verdrängungswettbewerbs durch Preiskampf. Der Verbraucher kann bei aromadichten Gewürzdosen des Einzelhandels auf den ersten Blick und vor dem Kauf keinen Qualitätsvergleich vornehmen und entscheidet sich gern für den niedrigeren Preis. Ob es für etwas mehr Geld ein aromatischeres Gewürz gegeben hätte, bleibt dem Verbraucher deshalb mangels Vergleichsmöglichkeit verschlossen. Der Trend des Verbrauchers geht zur Selbstbedienung: anfassen, schauen, dann erst kaufen. In Apotheken wurden und werden Gewürze und Kräuter eher in einem separaten Raum abgefasst. Dabei ist das Vertrauen auf die Frische der Ware enorm wichtig, denn der Verbraucher sieht vor dem Bezahlen eher nicht, was er kauft und kann nicht selbst auf die Lagerung und das Verfalldatum der Ware schauen.

Auch bei Tees haben uns Apotheken die Lebensmittel- und Drogerieketten längst den Rang abgelaufen. Die Nachfrage in Apotheken wird von Jahr zu Jahr geringer. Aber auch hier gibt es qualitativ enorme Unterschiede. Wenn man allein einen Teebeutel Kamillentee eines günstigen Discounters aufschneidet, riecht man wenig Aroma und sieht viel grüne Stängel und wenig echte Blüten. Hier ist auch nur Lebensmittelqualität gefordert. Apothekenware dagegen zeichnet sich durch Aroma und blütenreinen Inhalt aus, eben Arzneiqualität. Der Verbraucher kennt in der Regel diese Unterschiede kaum und wendet sich im Ganzen eher gegen die Phytotherapie, nur weil die Tees nicht schmecken und nicht helfen. Der Verbraucher zieht selten den Rückschluss, dass es an der Billigware und der schlechten Qualität lag.

Gewürze sind in Deutschland leider eher eine Domäne der Lebensmittelindustrie, weniger die der Gesundheit.

Die Abwanderung aus der Apotheke lag nahe. Die Industrie hat als Vertriebspartner auch sicherlich lieber den Massenmarkt des Lebensmittelhandels bedient als die vergleichsweise wenigen Apotheken. Vermehrte Werbung bietet sich meiner Meinung nach derzeit nicht an, weil wir Apotheken nicht die Erwartungshaltung des Verbrauchers erfüllen können: Kleine Gebinde in praktischer und attraktiver Aufmachung bei günstigem Preis, obwohl die Qualität sicherlich bestechen würde.

Frau Dr. Elke Langner ist Apothekerin und Inhaberin der „Stier-Apotheke" in Berlin und somit Expertin für den Verkauf von Gewürzen in Apotheken, dessen Vor- und Nachteile.

Das Trocknen von Gewürzen

Das Trocknen von Kräutern und Gewürzen ist die gängigste Methode der Haltbarmachung. Spezielle Gewürze aus aller Welt müssen vor Ort, sei es in Indien oder in Afrika, schnellstmöglich nach der Ernte getrocknet werden, um als haltbares Gewürz international vertrieben zu werden.

Die unterschiedlichsten Pflanzenteile werden getrocknet, um aus einer Pflanze ein Gewürz zu machen:

Trocknung von Blütenteilen wie z. B. bei Gewürznelken, Beifuß und Safran

Trocknung von Früchten und Samen wie z. B. bei Schwarzkümmel, Wacholder, Koriander, Kümmel, Vanille, Muskatnuss, Piment und Pfeffer

Trocknung des ganzen Krauts wie z. B. bei Petersilie, Kerbel, Dill, Liebstöckel und Weinraute

Trocknung von Stielen und/oder Blättern wie z. B. bei Lorbeer, Minze, Melisse, Rosmarin, Salbei, Oregano, Majoran, Estragon, Thymian und Bohnenkraut

Trocknung der Rinde wie z. B. bei Zimt und Nelkenzimt

Trocknung des Wurzelstocks wie z. B. bei Kurkuma, Ingwer, Galgant und Petersilienwurzel

Bestimmte Pflanzen müssen erst bearbeitet bzw. fermentiert werden, um verzehrt werden zu können. Pfeffer, Safran oder Muskat sind gute Beispiele dafür, dass sie im rohen Zustand frisch vom Baum oder Strauch für den menschlichen Verzehr gar nicht geeignet sind. Erst durch die Behandlungen, sei es Trocknen, Rösten oder Einlegen, werden sie zum Gewürz. Bei Kräutern wie Oregano, Liebstöckel oder Koriandergrün, die frisch und ohne Behandlung verzehrt werden, ist das Trocknen nur durch die längere Haltbarkeit begründet, denn grundsätzlich sind Kräuter frisch am besten. Doch aufgrund der beschränkten Anbaudauer und Blütezeit muss man sie haltbar machen, um sie das ganze Jahr über verwenden zu können. Generell gibt es verschiedene Methoden der Trocknung. Das Trocknen basiert auf Flüssigkeitsverlust, der durch Sonneneinstrahlung, in speziellen Trockenkammern oder durch Gefriertrocknung bewirkt werden kann.

Von der Sonne verwöhnt

Die Trocknung durch die Sonne kann direkt und indirekt erfolgen. In vielen Gewürzländern werden die geernteten Pflanzenteile großzügig, wegen der Luftzirkulation möglichst auf Gittern in der Sonne ausgelegt. Bei der indirekten Trocknung wird sich die Solarenergie zunutze gemacht: Die zu trocknenden Pflanzenteile werden in speziellen Trockenkammern verteilt, denen ein Sonnenkollektor vorgeschaltet ist und der die Luftmassen erwärmt.

Künstliches Trocknen

Gefriertrocknung ist ein effektives Verfahren zur schonenden Trocknung, bei der das Trockengut schockartig auf minus 18 °C abgekühlt wird. Dabei verdampfen Eiskristalle, ohne in den flüssigen Zustand überzugehen, und die Gewürze werden so absolut keimfrei.

Trocknen von Gewürzen hausgemacht

Schnittfrische Zweige zu Sträußen bündeln, allerdings nicht zu dicht, sodass die Luftzirkulation noch ausreichend gut funktioniert. Die Zweige mit den Spitzen nach unten hängen, möglichst an einem luftigen, schattigen und staubfreien Ort. Die Küche ist nicht geeignet, weil zu viel Dämpfe sowie Fremdgerüche vom Kochen das Trocknen behindern würden – die Folge wären angeschimmelte Kräuter. Kräuter wie Koriandergrün, Dill oder Anis, die aus großen Blütendolden bestehen, nicht aufhängen, da die Samen leicht herausfallen. Diese Kräuter breitflächig auf Küchenpapier legen und während des Trocknungsprozesses öfter wenden. Das kann gut 1 Woche dauern, sobald die Blätter rascheln und die Stiele krachend brechen sind sie gut getrocknet. Anschließend zerrebeln (von den Stängeln abstreifen und mit den Fingern zerreiben), in dunkle Schraubgläser füllen und luftdicht im Trockenschrank aufbewahren. Nur so sind gleichbleibendes Aussehen, Duft und Geschmack gewährleistet. Diese hausgemachten Trockenkräuter möglichst innerhalb eines Jahres verbrauchen, oder besser noch, bis die nächste frische Ernte zum erneuten Trocknen bereitsteht.

Das Pulverisieren von Gewürzen

Gemahlenes oder ganzes Gewürz?

Der individuelle Koch und die individuelle Köchin wissen sehr wohl, welche Gewürze sie zuhause recht oft verwenden. Daher wird auch die Entscheidung für ganze oder gemahlene Gewürze eine persönliche sein. Manche Gewürze braucht man nur in Prisen, wie Cayennepfeffer, und manche eventuell teelöffelweise, wie Currypulver. Gewürznelken benötigt man als Pulver nur an Weihnachten für Gebäck und Co., die ganzen Blütenknospen dagegen das ganze Jahr über für Braten und Eingelegtes. Gemahlene Gewürze sind bei einem großen Verbrauch durchaus zu empfehlen, solange sie innerhalb eines Jahres aufgebraucht werden. Wenn man Gewürze in der gemahlenen Form eher selten benötigt, sollte man sie bedarfsgerecht frisch reiben, mahlen oder mörsern. Da der Aromaverlust aufgrund der dabei entstehenden Wärme hoch sein kann, sollte man sie am besten in möglichst kurzer Zeit aufbrauchen.

Industriell gemahlene Gewürze werden beim Mahlen gekühlt, sodass ein Verdampfen flüchtiger Aromastoffe weitgehend umgangen werden kann. Vor dem Mahlen werden die Gewürze gesiebt, um die unterschiedlichen Korngrößen der gemahlenen Gewürze bestimmen zu können. Es gibt Siebgrößen von 1 Millimeter Größe (z. B. Cayennepfeffer) bis 20 Millimeter Größe (z. B. geschroteter Pfeffer). Vier verschiedene Typen von Mahlanlagen kommen in der Industrie zum Einsatz: Stiftmühlen, Hammermühlen, Schlagkreuzmühlen und vertikale Zahnscheibenmühlen. Durch diese Zentrifugenmühlen erfolgt eine sehr feine Mahlung, die die Stabilität der Inhaltsstoffe gewährleistet. Entscheidend ist hierfür eine konstante Temperatur von 20 °C während des gesamten Mahlvorganges. Diese Profimühlen können so staubfein mahlen, dass eine größere Oberfläche entsteht und damit eine höhere Ergiebigkeit erzielt wird. Wiederum führt aber diese große Oberfläche bei zu langer Lagerung zu großen Geschmacksverlusten, sei es durch Oxidation oder durch das Verdampfen der flüchtigen Aromastoffe.

Natürlich gibt es Gewürze wie Zimt, Kurkuma oder Ingwer, die sich schlecht mahlen lassen und daher als Pulver gekauft werden können. Wobei es bei Zimt und Ingwer auf das Gericht ankommt, denn Zimtstangen und frischer oder getrockneter Ingwer sind auf alle Fälle vorzuziehen. Wenige Gewürze kommen ausschließlich gemahlen in den Handel, eines davon ist Gewürzpaprika, auch viele Gewürzmischungen werden nur gemahlen angeboten.

Besondere Vorsicht beim Kauf von Gewürzpulvern

Einwandfreie Ware ist nicht so einfach zu erkennen. Daher ist es wichtig, einen Gewürzhändler des Vertrauens, eine gute Apotheke, ein Reformhaus, einen Ökoladen oder die Feinkostabteilung im gut sortierten Supermarkt zu haben. Was in dem Pulver enthalten ist, muss auf dem Etikett stehen. Bei unbekannten Lieferanten oder bei einem „Gewürzrauschkauf" im Ausland auf einem farbenfrohen Bazar kann so einiges schiefgehen: Überlagerung, Vermischung mit billigen Substanzen, Verfälschung, Aromaverlust. Dieser Kauf scheint zwar auf den ersten Blick sehr, sehr günstig zu sein, aber im Endeffekt kann einem der Einkauf durch schlechte Ware und Qualität teuer zu stehen kommen.

Gewürze auf der Haut

Historische Gewürzroute wiederbelebt – in Südafrika (in einem Luxushotel) stellt sich eine von der Geschichte der Gewürzrouten und der südeuropäischen Entdecker des 14. und 15. Jahrhundert inspirierte Spa-Behandlung. Die „Skin Sphere Spice Journey" basiert auf der Geschichte des Vasco Da Gama, der auf seinen Reisen Handel mit exotischen Ländern trieb. Die Seele wird während der 90-minütigen Behandlung auf eine Reise von Indien nach Kenya, von Tansania nach Madagaskar und von Mosambik nach Südafrika geschickt. Auf jeder der drei Etappen werden verschiedene Anwendungselemente mit den für die Etappe typischen Gewürzen eingesetzt, um eine ganzheitliche Pflege und Erholung des Körpers zu erreichen

Mörser und Mühlen

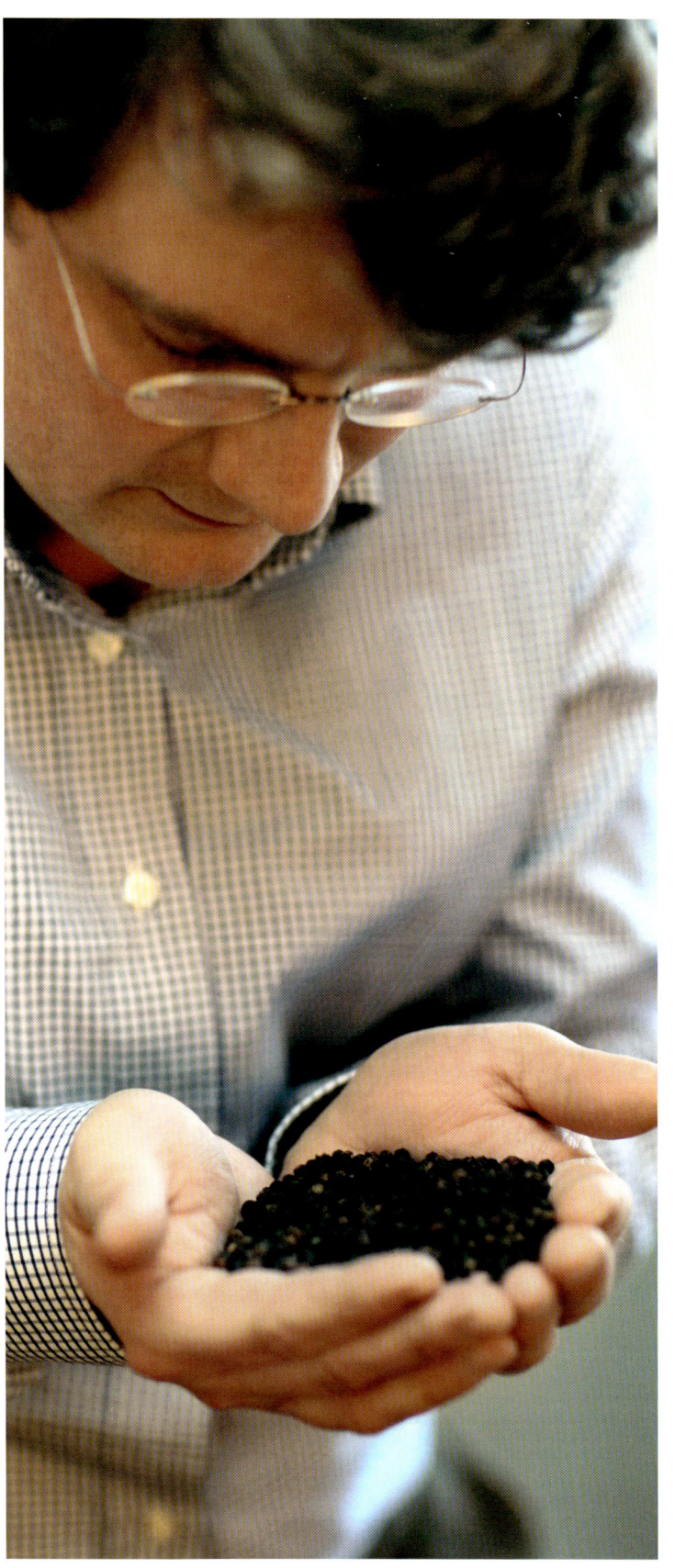

Woran sollte sich der Verbraucher beim Kauf einer Mühle orientieren? Am Preis? An der Art des Mahlwerks?

Die Vielfalt ist natürlich groß. Zunächst sollte man auf das Mahlwerk schauen: Gibt der Hersteller eine Garantie? Teilweise stehen die Hersteller bis zu 25 Jahre für ihre Produkte ein. Am stabilsten sind unserer Erfahrung nach grundsätzlich die Edelstahlmahlwerke. Keramik ist zwar härter, aber uns ist schon manches Mahlwerk dieses Typs in die Suppe gebröselt. Aber das ist eine individuelle Erfahrung aus unserer Tätigkeit. Ich weiß, dass viele Leute auf Keramik schwören und wenn man eine Herstellergarantie hat, kann man ja notfalls auch umtauschen. Preise sind so eine Sache: Einerseits signalisieren sie natürlich Hochwertigkeit und Qualität, andererseits gibt es auch in dieser Branche immer wieder Nepp. Also nicht allein auf den Preis oder den großen Namen verlassen: Der qualitative Gesamteindruck muss passen! Dazu gehört auch eine angenehme Ergonomie. Jeder muss selbst entscheiden, ob sich die Mühle gut anfassen und benutzen lässt. Achten sollte man zudem darauf, dass der Mahlgrad stabil wählbar ist und sich nicht ständig verstellt. Auch sollte eine besonders grobe Mahlung möglich sein. Das finde ich persönlich viel wichtiger als die Frage, ob die Einstellung gestuft oder stufenlos möglich ist. Wenn man die Mühle viel nutzt, sollte man im Übrigen auch darauf schauen, wie das Nachfüllen erfolgt – nicht, dass die Körner praktisch einzeln eingefüllt werden müssen ... Nicht zuletzt: Wenn alles Funktionale stimmt, geht es natürlich auch um die Optik. Die Mühle muss zuallererst dem Kunden gefallen. Möglicherweise muss sie zu verschiedenen Geschirrservices passen. Dann vielleicht ein nicht ganz so extravagantes, sondern ein eher dezentes Modell wählen.

Stimmt es wirklich, dass die besten Mahlwerke von Peugeot stammen? Oder gibt es Alternativen?

Peugeot ist bei Pfeffermühlen Synonym für eine hohe Qualität. Das ist, wenn der Vergleich erlaubt ist, schon der „Mercedes" unter den Mahlwerken. Wie überall geht es aber immer noch besser: Es gibt Mahlwerke aus Manufakturen, in denen die Zähne handgefräst werden. Diese ermöglichen ein einmalig kraftvolles „Zubeißen" der Mühle. Diese hochwertigen Mahlwerke finden sich vor allem in handgefertigten, exklusiven Exemplaren.

Was ist besser, eine manuelle Mühle oder eine elektrisch betriebene?

Ehrlich gesagt finde ich elektrische Mühlen eigentlich überflüssig. Auch ein Elektro-Klavier funktioniert sicherlich einwandfrei, trotzdem würde ich immer das mechanische Modell bevorzugen. Eine elektrische Mühle bedeutet auch einen Verzicht auf das drehendhaptische Element, das beim Pfeffern einfach dazugehört. Bei einer elektrischen Mühle kann ich mir vorstellen, dass die Wärme des Motors dem Mahlgut und seinen Aromen nicht gerade dienlich ist. Aber auch die schönste Mühle kommt nur dann wirklich zur Geltung, wenn sie mit wirklich hochwertigem Pfeffer befüllt wird. Gutes Essen steht und fällt mit guten Gewürzen. Supermarktware ist leider oftmals nicht ihr Geld wert. Bitte achten Sie auf Qualität! Der aromatische Unterschied ist immens und überwiegt zumeist den Preisvorteil.

Kann man in Pfeffermühlen auch andere Gewürze wie Kardamom, Paradieskörner oder Piment mahlen?

Das muss man einfach ausprobieren. Solange ein Mahlgut nicht zu viel Feuchtigkeit enthält, macht es dem Mahlwerk nichts aus. Vom Aroma kann dann eigentlich nicht viel hängen bleiben. Meersalz sollten Sie übrigens nicht in einem Edelstahlmahlwerk verwenden, da sich Flugrost bilden kann. Man bekommt ihn zwar wieder weg, aber es bedeutet unnötige Reinigungsarbeit. Piment dürfte in der Regel etwas zu groß sein, ihn würde ich eher mörsern oder mit der Messerklinge zerdrücken.

Eigenen sich auch alte handbetriebene Kaffeemühlen zum Mahlen von Gewürzen?

Die Idee finde ich hübsch. Auch hier würde ich sagen: Einfach ausprobieren! Vorsicht jedoch, alte Kaffeemühlen können sehr hartnäckig riechen. Wenn sie lange nicht verwendet wurden, einfach einmal öffnen und ins Mahlwerk hineinschauen, bevor Sie sich versehentlich unappetitliche, weil historische Reste in die Speise mahlen. Meistens lassen sich solche alten Mechaniken ja gut öffnen.

Aus welchem Material sollte ein guter Mörser sein?

Ob Keramik, Steingut, Marmor oder Achat – auch hier spielt der individuelle Geschmack wieder eine Rolle. Ein großer, schwerer Mörser steht sicher und kühlt zudem ein wenig. Eine tiefe Mulde ist hilfreich, gerade wenn Hartes wie Pfeffer gemörsert werden soll, der springt sonst gern einmal heraus. Dagegen hilft übrigens die Zugabe von etwas grobem Salz. Keine guten Erfahrungen habe ich mit einem Holzmörser gemacht und auch bestimmte Metalle würde ich für Gewürze eher nicht wählen.

Arnt von Bodelschwingh gründete 2006 gemeinsam mit Olga Taranczewski das „Pfefferkontor" in Berlin. Unter dem Grundsatz, dass Gutes nicht automatisch teuer sein muss, vertreibt das Berliner Unternehmen Pfefferspezialitäten, ausgewählte, hochwertige Gewürze, Meersalze und edle Accessoires über den eigenen Internetshop und ausgewählte Feinkosthändler. Besonderes Augenmerk gilt dabei einer ökologischen Produktion und fairen, möglichst direkten Handelsbedingungen mit den Herstellerbetrieben. www.pfefferkontor.de

GEWÜRZPORTRÄTS

AJOWANSAMEN Trachyspermum ammi

Auch als Adiowain, Ajwain, Ajowan, Schabelsamen oder als ägyptischer Ammei bekannt. Ajowan stammt aus der gleichen Pflanzenfamilie der Doldenblütler wie Petersilie und Kreuzkümmel. Die Samen, richtig bezeichnet als Früchte, sehen sogar aus wie Petersilien- oder Selleriesamen, schmecken und duften aber wie Thymian. Die einjährige Pflanze, die etwa 50 Zentimeter hoch wird, bringt Dolden hervor, aus denen ca. 1 Millimeter große, kugelförmige, rauhaarige Spaltfrüchte mit Längsrippen entstehen. Ajowan ist das meistgenutzte Gewürz der indischen, überwiegend vegetarischen Küche, denn es gilt als Medizin gegen Blähungen – deswegen auch der Name „indischer Kümmel".

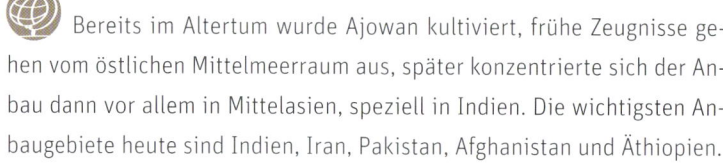 Bereits im Altertum wurde Ajowan kultiviert, frühe Zeugnisse gehen vom östlichen Mittelmeerraum aus, später konzentrierte sich der Anbau dann vor allem in Mittelasien, speziell in Indien. Die wichtigsten Anbaugebiete heute sind Indien, Iran, Pakistan, Afghanistan und Äthiopien.

Die Samen sollten im Ganzen gekauft (erhältlich in arabischen und indischen Lebensmittelgeschäften) und luftdicht, kühl und dunkel aufbewahrt werden.

 Die kleinen, haarigen Früchte schmecken leicht bitter und scharf.

In der Küche kann man die getrockneten Samen entweder ganz, im Mörser zerstoßen oder gemahlen verwenden. In der asiatischen, vornehmlich der indischen Küche, werden sie meist zusammen mit anderen Gewürzen im Topf geröstet, um das Aroma zu intensivieren. Ajowan wird zum Verfeinern von Gemüse, Hülsenfrüchten (z. B. von indischen Dahl-Gerichten), Suppen, Currygerichten, Brot und Gebäck verwendet. Seite 171

Durch Destillation der Früchte wird ätherisches Ajowanöl gewonnen, welches aus bis zu 50 Prozent Thymol besteht. Dadurch ist es oftmals Bestandteil von Hustensaft, denn Thymol wirkt stark desinfizierend und antibakteriell. Es hat einen angenehmen Geschmack und findet deswegen Verwendung in Zahnpasta oder Mundwässern.

Ajowan spielt im internationalen Gewürzhandel eine geringe Rolle, in Indien, den arabischen Ländern und Äthiopien ist es jedoch sehr beliebt. Die äthiopische Gewürzmischung Berbere enthält u. a. auch Ajowan.

In der indischen ayurvedischen Medizin wird Ajowan als Heilpflanze verwendet: Zu abgekochtem, lauwarmem Wasser werden bei Verdauungsbeschwerden einige Ajowanfrüchte verabreicht.

Als Anis werden die Früchte der Anispflanze bezeichnet. Das einjährige, aus der Familie der Doldenblütler stammende Kraut wächst etwa 50 Zentimeter hoch. Die blassgrünen bis braungelben Früchte (meist als Samen benannt) sind etwa 3 bis 6 Millimeter lang, 2 Millimeter breit und haben eine geriffelte Oberfläche. Erntezeit ist von Juli bis September. Sternanis (Illicum verum) ist mit Anis verwandt, schmeckt und duftet auch ähnlich, nur intensiver.

Stammt aus den östlichen Mittelmeerländern und wird heute vor allem in Südeuropa, der Türkei, Ost- und Südasien und Mittel- und Südamerika angebaut.

Anis ist gemahlen oder im Ganzen als Samen erhältlich und sollte luftdicht, dunkel und kühl aufbewahrt werden, dann kann er etwa 1 Jahr ohne Aromaverlust verwendet werden.

Da Anis im Geschmack sehr dominant ist, sollten andere Gewürze sehr sparsam dosiert werden. Anis riecht süßlich, aromatisch und intensiv, der Geschmack ist würzig. Besonders aromatisch werden die Anissamen, wenn man sie erst kurz vor dem Gebrauch im Mörser zerstößt, so können sich die ätherischen Öle voll entfalten.

Als Geschmacksgeber für (Weihnachts-)Gebäck, würziges Brot, eingemachte Früchte und auch für Heißgetränke wie Punsch und Tee ist Anis beliebt und bestens bekannt. Seite 152

In der Naturheilkunde hat Anis einen festen Platz: Er wirkt appetitanregend, krampf- und schleimlösend. In der Antike galt Anis sowohl als Schönheitsmittel, als auch als potenzsteigerndes Lustmittel und wurde deshalb besonders gerne verwendet.

Römische Ärzte empfahlen Anis bei Husten und asthmatischen Erkrankungen. In Indien findet man in jedem Restaurant ein Schälchen mit Anissamen, die man nach dem Essen für einen besseren Atem kauen soll. Etwa im 8. Jahrhundert brachten Mönche Anis nach Europa. Das Gewürz ist im „Capitulare de villis" von Karl dem Großen in der Liste der 75 Pflanzen aufgeführt, die in allen kaiserlichen Gärten angepflanzt werden sollten. Anis ist auch Grundlage verdauungsfördernder Spirituosen und Liköre wie Pastis, Raki, Ouzo und Anisette, aber auch von Bonbons.

BASILIKUM Ocimum basilicum

Die einjährige, stark verästelte Pflanze aus der Familie der Lippenblütler wird bis zu 50 Zentimeter hoch. Das Gewürzkraut, griechisch Basileús (Herrscher, König), ist auch unter Namen wie Pfefferkraut, Königskraut, Basilienkraut, Königsbalsam oder Birnkraut bekannt. Es gibt über 60 verschiedene Arten, die sich im Wesentlichen in Geruch, Farbe und Form der Blätter unterscheiden: so beispielsweise die lilafarbenen Sorten „Dark Opal" oder „Purple Light", oder das Thai-Basilikum „Horapha", das leicht nach Minze, Lakritz und Anis schmeckt.

Ursprünglich in Ostasien, vornehmlich Indien beheimatet, wird Basilikum heute auch in den Tropen sowie in den gemäßigten Breitengraden angebaut.

Frisches Basilikum am besten mit Stängel pflücken. Getrocknetes Basilikum ist aufgrund des Aromaverlustes eigentlich nicht zu empfehlen, es sollte jedoch luftdicht, kühl, dunkel und trocken gelagert werden.

Die frischen Blätter werden kurz vor und während der Blüte abgezupft, wenn sie am intensivsten duften. Dann sind sie kräftig pfeffrig und sehr aromatisch im Geschmack.

Frisches Basilikum hat Küchenklassiker wie die Pizza Margherita, die Pesto Genovese oder Tomaten mit Mozzarella hervorgebracht. Es findet vielfältige Verwendung in Salaten, Suppen, Fisch- und Fleischgerichten und auch in Desserts. Basilikum bildet auch die Grundlage für den Kräuterlikör Chartreuse. Seite 172

Basilikum wirkt appetit- und verdauungsanregend und beruhigt das Nervensystem. In der Naturheilkunde gilt das Öl mit dem scharfen Duft, als kräftigend für Körper und Seele, entkrampfend und schleimlösend. Als Tee ist es ein bewährtes Hausmittel gegen Fieber, Husten und Entzündungen der Atemwege. Durch Destillation mit Wasserdampf wird Basilikumöl aus dem blühenden Kraut gewonnen. In früheren Zeiten wurde Basilikum als Duftkraut in den Häusern verstreut. Ein Topf Basilikum auf der Fensterbank vertreibt auch heute noch Fliegen.

Zum Besuch der Königin Margherita im Jahre 1889 kreierte in Neapel der Pizzabäcker Raffaele Esposito die „Pizza alla Margherita" nach den Landesfarben: mit roten Tomaten, weißem Mozzarella und grünem Basilikum. In Indien hat Basilikum (indisches Basilikum auch Tulsi oder Tulasi genannt) einen religiösen Charakter. Es ist dem Gott Vishnu geweiht und gilt in der ayurvedischen Medizin als Heilpflanze.

Bibiskraut, Besenkraut, Johannisgürtel, Gänsekraut – Beifuß hat viele Namen. Im 18. Jahrhundert war er gar das häufigste Küchengewürz, ähnlich der Petersilie heute. Die mehrjährige Pflanzenstaude aus der Familie der Korbblütler wird bis zu 1,5 Meter hoch, in der Küche finden jedoch nur die kleinen Blätter der oberen Blütenstände mit ihren zu Beginn graugrünen, dann rötlich überlaufenden, leicht filzigen, behaarten Blütenkörbchen Verwendung. Diese Rispen werden kurz vor der Blütenöffnung geschnitten und dann getrocknet. In der Spirituosenherstellung ist Beifuß in Aperol sowie in Wermut zu finden.

Beifuß gedeiht eigentlich auf fast jeder Wiese. Ursprünglich stammt er jedoch aus den Steppen Russlands, aus Amerika und Asien. Größere Anbaugebiete finden sich heute auch in den Balkanländern, Frankreich und Deutschland.

In getrockneter und gerebelter Form dunkel, luftdicht und trocken lagern. Er ist so durchaus bis zu 2 Jahren haltbar. Frischen Beifuß gibt es im Spätherbst zu kaufen, diesen dann einfach fein hacken, einfrieren und portionsweise entnehmen.

Das Kraut riecht und schmeckt sehr aromatisch und leicht bitter und sollte deswegen nicht mit anderen sehr aromatischen Gewürzen zusammen verwendet werden.

Besonders gerne wird er fetten Gerichten mit Gans, Hering oder Hammel beigefügt, da er der Verdauung besonders förderlich ist. Grund dafür sind die im Beifuß enthaltenen Bitterstoffe und ätherischen Öle (Cineol), die die Funktion der Leber anregen. Meist wird er nur mitgekocht (in einem Mullsäckchen) und anschließend entfernt. Eine sparsame Dosierung empfiehlt sich. Die Kombination mit Pfeffer, Knoblauch und Zwiebeln ist sehr beliebt.

Beifuß wirkt krampflösend, entzündungshemmend und verdauungsfördernd. Im Tee gilt Beifuß als harntreibend und wurde früher gegen Rheumatismus angewandt.

Beifuß hatte in der Naturheilkunde und im Okkultismus einen hohen Stellenwert. Er wurde bei Vergiftungen, bei Sonnenstich, aber auch als Schutz gegen Unheil und den Teufel eingesetzt. Namen wie Sonnwendgürtel oder Gürtelkraut haben ihren Ursprung in der Tradition der Germanen, sich am Johannistag frischen Beifuß um den Körper zu binden, diesen anschließend im Feuer zu verbrennen und so für ein Jahr ohne Krankheit zu sorgen.

Beifuß gehört zu den bitter schmeckenden Gewürzen, genauso wie Lorbeer, Salbei, Kreuzkümmel, Kurkuma, Curryblätter, Ysop, Bockshornklee, Safran, Basilikum, Sellerie, Enzianwurzel, Wermut, Thymian und Kalmus. Der bittere Geschmack ist intensiv und nachhaltig.

Bitterstoffe werden mithilfe von kleinen Eiweißmolekülen wahrgenommen, den sogenannten Bittergeschmacksrezeptoren, die auch als TAS2R bezeichnet werden. Diese sitzen wie Sensoren oder Antennen auf der Spitze der Geschmackszellen. Bindet sich eine Substanz an den für sie passenden Bitterrezeptor, so wird ein Signal in der Zelle ausgelöst, das an das Gehirn weitergeleitet wird – wir registrieren: Es schmeckt bitter. Grundsätzlich warnen diese Bitterrezeptoren vor dem Verzehr giftiger Stoffe.

Natürlich würzen wir unsere Speisen nicht ausschließlich bitter und herb, sondern kombinieren die feinherbe Komponente mit anderen Aromen. Eine Paella ohne **Safran**? Undenkbar, denn durch das Zusammenspiel von Schärfe (durch Chili und Pfeffer), Süße (durch süße Paprika), Salzigkeit (durch Meersalz) und Herbe (durch den Safran, der dem Reis auch seine Farbe verleiht) entsteht erst das ausgewogene, typische Paellaaroma. In der südfranzösischen Bouillabaisse sowie dem italienischen Risotto wirkt Safran zusammen mit den frischen Kräutern pikant-würzig. **Lorbeer** als würzende Zutat in Beiz- und Marinadenflüssigkeiten ergänzt auch hier das Zusammenspiel der Geschmacksrichtungen salzig, süß, sauer und bitter. Der eigenwillige, leicht herbe Salbei ist ein gern verwendetes Gewürz für Fischgerichte sowie für kräftig gepfefferte Fleischgerichte. **Salbei** und **Rosmarin** enthalten den Bitterstoff Carnosol, der die Oxidationsprozesse empfindlicher Fettsäuren stabilisiert und somit die Gerichte bekömmlicher werden lässt.

Die englische **Worcestershiresauce** besteht aus Melasse, Zucker, Salz, Sardellen, Tamarinden, Knoblauch, Zwiebeln und „vielen Gewürzgeheimnissen" und reift während eines Fermentationsprozesses einige Jahre lang. Das tiefbraune Extrakt wurde bereits 1838 angeboten und schmeckt

Lorbeerstrauch

auch heute noch würzig, scharf, etwas säuerlich, im Abgang herb und leicht bitter.

Angostura ist ein beliebtes Würzmittel für Saucen und Marinaden, aber auch ein würziger Helfer in der Bar. Johann Gottlieb Benjamin Siegert, ein deutscher Arzt, experimentierte vier Jahre an diesem Tonikum, welches um die 40 Ingredienzen, wie beispielsweise Rinde, Wurzeln und Kräuter aus den Tropen, vereint. „Siegert's Aromatic Bitter" nannte man es nach dem Erfinder, der in dem mexikanischen Ort Angostura experimentierte. Heute ist die braune Flasche, eingeschlagen in dem typischen Zeitungspapier, unter dem internationalen Namen „Angostura bitter" bekannt. Cocktailklassiker wie Manhattan, Gin Sour, Sazerac oder Florian (Whisky-Sour-Variante) wären ohne den „Dash" (Spritzer) Angostura nicht mehr vorstellbar.

Bitterer Geschmack erhöht ernährungsphysiologisch den Appetit. Aus diesem Grund werden Bitterstoffe in Form alkoholischer Extrakte, Tinkturen und Weine seit jeher zum Heilen von Krankheiten verwendet. Bitterstoffe setzen einen Mechanismus in Gang, der zur verbesserten Nahrungsausnutzung führt. Diese Wirkung haben Bitterstoffe aber nur, wenn sie etwa 30 Minuten vor der Nahrungszufuhr eingenommen werden. Es wäre also empfehlenswert, so wie in Frankreich oder in Italien üblich, den Kräuterschnaps als Aperitif zu trinken und nicht erst im Nachhinein bei Völlegefühl. Das Ehepaar Francesco-Rosario und Luisa Averna erzählt über seinen Bitterlikör **AVERNA Amaro**, dass er ein wohlbehütetes Familiengeheimnis ist, dessen Rezept nur vier Personen kennen würden. Ursprünglich erhielt ein Ahne der Avernas das Rezept im Jahre 1859 von einem Benediktinermönch namens Fra' Girolamo. Der Likör basiert auf den alten Traditionen der Kräuterheilkunde und besteht aus mehr als 14 Ingredienzen, darunter verschiedene gesundheitsfördernde Elixiere aus Kräutern, Wurzeln, Rinden, Beeren und Zitrusschalen. Die Bitterkeit des Likörs, die ölig-triefende Konsistenz sowie die gesundheitsfördernden Substanzen der natürlichen Kräuter- und Gewürzaromen schmecken nicht nur in Form eines Digestifs, sondern eignen sich auch hervorragend zum Kochen bzw. Abschmecken. Probieren Sie Shrimps mit Avernadressing und verfeinern sie auch einmal Risotto mit Steinpilzen, Lammkoteletts mit Pfannenjus, aber auch Parfaits, Kuchen, Eiscremes und Kaffee Coretto mit einem Schuss Averna.

Wermutpflanze

BOCKSHORNKLEE
Trigonella foenum-graecum

Diese rhombischen, hellbraunen Samen sind vielfacher Bestandteil in Currypulvern. Vornehmlich werden die Samen in Ägypten und in einigen asiatischen Ländern verwendet. Das bis zu 50 Zentimeter hohe Kraut aus der Familie der Schmetterlingsblütler bringt aus seinen Blättern lange, geschnäbelte Hülsen (sehen aus wie Ziegenbockhörner, daher der Name) hervor, in denen sich die Samen befinden.

Bockshornklee ist eine der ältesten Arzneipflanzen und stammt ursprünglich aus Persien – in Ägypten erzählen Funde aus dem Grab Tutenchamuns von der langen Geschichte dieser Samen. Die frischen Sprossen wurden wie Gemüse gegessen. Heute erfolgt der Anbau vorwiegend im östlichen Mittelmeerraum und in Zentralasien.

Ganze oder gemahlene Samen luftdicht, kühl, trocken und dunkel lagern. Der Aromaverlust ist so rasant, dass nur kleine Mengen gekauft werden sollten.

Bockshornklee schmeckt sehr würzig und ein bisschen bitter, er riecht leicht nach Heu.

Die ganzen Samen kurz vor der Verwendung im Mörser zerstoßen, gemahlene Samen zum Verfeinern verwenden. Vielfach wird Bockshornklee vor dem Mörsern in Öl geröstet, dadurch wird das Aroma leicht rauchig-würzig. In der äthiopischen und in der ägyptischen Küche gehört Bockshornklee zur Gewürzgrundausstattung. In der indischen, aber auch in der iranischen Küche werden zudem die grünen, leicht bitter schmeckenden Bockshornblätter für Currygerichte und für Saucen verwendet. In der tamilischen Gewürzmischung Sambaar podi ist Bockshornklee genauso Bestandteil wie im nordindischen Fladenbrot Naan.

In der Naturheilkunde werden dem Bockshornklee entzündungshemmende, blutreinigende, schmerzstillende und kräftigende Eigenschaften nachgesagt. Auch bei Appetitlosigkeit, Verdauungsstörungen und Erkältungen kommt er zur Anwendung. Zur Heilung entzündeter Hautstellen hilft laut Pfarrer Kneipp ein Breiumschlag oder Wickel aus Bockshornklee, Wasser und etwas Essig. Gurgeln mit einem Bockshornkleetee hilft bei Entzündungen im Rachenraum. Im Handel sind auch Tee, Pulver und Nahrungsergänzungsmittel erhältlich.

Ziegenhorn, Hirschwundkraut, Rehkörner, feine Grete, Filigrazie, Schöne Margreth, Siebenzeiten, Stundenkraut, Methika und sogar Philosophenklee zählen zu den vielen Namen dieser Samen. Aufzeichnungen zufolge wurde Bockshornklee ab dem 5. Jahrhundert in Griechenland verwendet – Gelehrte und Philosophen kauten diese Samen, daher der Name Philosophenklee.

BOHNENKRAUT

Die einjährige Würzpflanze aus der Familie der Lippenblütler bildet einen kleinen, verzweigten Busch von bis zu 50 Zentimetern Höhe mit linearen, schmalen, spitz zulaufenden Blättchen. Das Würzkraut wird vor dem Erblühen geerntet, denn in diesem Stadium besitzt es die größte Aromakraft. Das Bohnenkraut wird gebündelt an einem geschützten Platz zum Trocknen aufgehängt, die getrockneten Blätter werden vom Stängel getrennt und anschließend gerebelt. Mehrjähriges Bohnenkraut (Satureja montana) kann auch im Winter geerntet werden. Dieses winterliche Bohnenkraut ist im Aroma strenger und nicht so lieblich wie die einjährige Pflanze. Bohnenkraut ist auch unter den Namen Kölle, Pfefferkraut und Saturei bekannt. Es ist Bestandteil der frischen „Fines Herbes", der französischen Kräutermischung (zusammen mit Petersilie, Schnittlauch, Estragon, Kerbel, Basilikum und Bibernelle, teilweise auch noch mit Thymian und Rosmarin).

Ursprünglich aus dem östlichen Mittelmeer und Iran stammend, wird es heute weltweit von Mitteleuropa über Westasien, Nordamerika und Südafrika kultiviert.

Frische Blätter hacken und portionsweise einfrieren. Getrocknetes Bohnenkraut nicht zu lange aufbewahren, da es schnell an Aroma verliert.

Bohnenkraut duftet würzig, leicht pfeffrig. Im Geschmack gleicht es Thymian und Minze, botanisch verwandt ist es mit Majoran und Oregano. Zusammen mit Lorbeer, Rosmarin und Sellerie ist das dominante Bohnenkraut geschmacklich sehr harmonisch. Die Würzkraft verdankt es seinem ätherischen Öl, das auch als Antibakterium Wirkung zeigt.

Bohnenkraut wird für schwer verdauliche Gerichte mit Hülsenfrüchten und Lamm, aber auch für Salate, Suppen und Aufläufe verwendet.

Auch das Bohnenkraut gilt als appetitanregend und verdauungsfördernd und soll Blähungen verhindern. Auf dem Wochenmarkt bekommt man beim Kauf von Bohnen meist ein Zweiglein Bohnenkraut zur Verdauung dazu. Bohnenkraut im Umschlag oder Wickel hilft bei Wespenstichen und Schwellungen. Bohnenkrauttee wird bei Husten und Bronchialerkrankungen empfohlen.

Im alten Griechenland wurden dem Bohnenkraut aphrodisierende Kräfte zugeschrieben, den Römern diente es als Heilpflanze und Küchenkraut. Zu Beginn des Mittelalters brachten Mönche das Bohnenkraut nach Mitteleuropa und auch in der Heilkunde der Hildegard von Bingen findet es Erwähnung. Mit den Pilgrim Fathers reiste es auf der Mayflower sogar bis nach Amerika.

CHILI Capsicum

Die in Süd- und Mittelamerika heimische Pflanze aus der Familie der Nachtschattengewächse (lateinisch Capsicum frutescens) besitzt unter den Gewürzpflanzen den höchsten Schärfegrad. Sie ist auch als Peperoni, Pfefferoni oder Pfefferschote bekannt und wächst in aufrecht stehenden Büschen, die leuchtend rote, spitzkegelförmige Beeren hervorbringen. Diese im rohen Zustand brennend schmeckenden Beeren finden in vielfältigsten Zubereitungsformen Verwendung. Ursprünglich waren sie nur 1,5 bis 3 Zentimeter groß, doch durch Auslese und Kreuzungen sind verschiedenste Formen und Sorten entstanden. Die gezüchteten Chilis können heute bis zu 15 Zentimeter lang werden und sind als runde, kegelförmige oder kirschgroße Sorten im Handel. Ihre Schärfe wird durch den Inhaltsstoff Capsaicin bestimmt, dessen Gehalt in der Beere etwa 0,6 bis 0,9 Prozent beträgt. Chili gehört zu den wichtigsten Gewürzen der Welt und sollte nicht mit dem Gewürzpaprika (Capsicum annuum, Seite 74) verwechselt werden.

Ursprünglich nur in Mittel- und Südamerika, heutzutage aber weltweite Kultivierung.

Frische Schoten halten sich einige Wochen im Gemüsefach des Kühlschranks, getrocknete Schoten sollte man dunkel und trocken lagern. Chilipulver hält sich einige Monate im Küchenschrank, wenn es luftdicht und dunkel aufbewahrt wird.

Je kleiner die Schote, desto schärfer ist sie, und je größer die Schote, desto milder schmeckt sie. Der schärfegebende Wirkstoff Capsaicin ist überwiegend in den Kernen, in den Trennwänden und im Chiliöl der Chilischoten enthalten. Beim Verarbeiten von Chilischoten immer Haushaltshandschuhe tragen, eine Berührung mit den Augen auf jeden Fall vermeiden.

Je nach gewünschtem Schärfegrad können frische Chilischoten mit oder ohne Kerne verzehrt werden. Meist finden sie in warmen Gerichten Verwendung, vor allem die indische Küche ist noch chilischärfer als die mexikanische. Bekannte Chililiebhaber sind die Thais, die Bewohner der karibischen Länder und die Südamerikas. Mole, ein Hühnchengericht mit einer Mischung aus Chili und Schokolade, ist beispielsweise das Nationalgericht Mexikos und auch in Kolumbien äußerst beliebt.

Ausgrabungen von wilden Chilipfeffersorten lassen darauf schließen, dass die Karriere der wilden Chilischote höchstwahrscheinlich bereits vor 7.000 Jahren in Mexiko begann. Relativ bald wurde die Gewürzpflanze dann in Mittel- und Südamerika systematisch angebaut – in Peru etwa schon um 2000 v. Chr. Doch bis die Chilischote nach Europa gelangte, vergingen noch Jahrtausende. Vor allem spanische und portugiesische

Seefahrer verbreiteten die „scharfe Ware" ab dem 14. Jahrhundert weltweit. Heutzutage wird Chili auf allen Kontinenten angebaut.

Es gibt eine Einheit für Schärfe, die sogenannte „Scoville" – der Pharmazeut Wilbur Scoville erfand 1912 eine Skala, um die Schärfegrade zu bestimmen.

Die schärfsten Saucen der Welt

„Blair's 16 Million Reserve" ist das angeblich schärfste Gewürz bzw. die angeblich schärfste Sauce der Welt. Es besteht aus reinen Capsaicin-Kristallen und erreicht auf Scovilles Skale den chemischen Höchstwert von 16 Mio. Einheiten. Im Vergleich dazu ist Tabasco mit 2.500 Scoville mild. Fast alle der schärfsten Saucen stammen aus den USA und Südamerika, wie zum Beispiel „Blair's 5am Reserve" mit 5 Mio. Scoville, „Cool Million Scoville Chili Extract" mit 1 Mio. Scoville, „Satan's Blood Chili Extract" mit 800.000 Scoville und „Pure Cap Extract" mit 500.000 Scoville.

Die schärfsten Chilis der Welt

Die Habanero Red Savina ist die angeblich schärfste Chilischote weltweit mit 550.000 gemessenen Scoville – nur Spezialzüchtungen können diese Scovillewerte noch übertrumpfen. Im Vergleich dazu liegen die Serrano Schoten bei 5.000 bis 15.000 Einheiten. Vogelaugen- oder Thaichilis bei 100.000 bis 225.000, Cayennechilis bei 100.000 bis 125.000, Tabascochilis bei 40.000 bis 50.000 und der für ungeübte Gaumen schon sehr scharf empfundene Cayennepfeffer bei 30.000 bis 50.000 Scoville – Gemüsepaprika hat 0 Scoville aufgrund des fehlenden Capsaicins.

Tipps zum Entschärfen:

1 Trinken Sie Wasser, auch wenn es die Schärfe nur lindert, nicht neutralisiert, denn das Capsaicin ist nicht wasserlöslich. Trotzdem brauchen die Schleimhäute viel Flüssigkeit, um sich von der Schärfeattacke zu erholen.

2 Sollte Ihnen in einem indischen Restaurant die Luft ausgehen, dann bestellen Sie sich sofort das Getränk Lassi, eine Mischung aus Eiswasser und Joghurt. Milchprodukte und eiskalte Milch sind nämlich exzellente Schärfelöscher. Dabei Joghurt oder Milch so lange im Mund halten, bis Sie das Gefühl haben, dass das Brennen aufhört.

3 Auch Zucker saugt die Schärfe auf. In asiatischen Restaurants steht deswegen oft geraspelte Kokosnuss auf dem Tisch.

CURRYBLATT Murraya koenigii

Die in Asien beheimatete Pflanzenart des Currybaums gehört zur Familie der Rautengewächse und wächst als kleiner Baum oder Busch 4 bis 6 Meter hoch. Curryblätter sind nicht mit dem Currykraut (Helichrysum italicum) verwandt, welches in Mittelmeerländern wächst und mit dem Currybaum (Bergera koenigii) und dessen Blättern (Murraya) nichts zu tun hat. In Asien wird das Curryblatt genauso wie bei uns das Lorbeerblatt verwendet.

Der Currybaum wächst in Höhenlagen bis zu 1.500 Metern, z. B. im Himalaya und in Nepal. Er wird auch im gesamten indischen Subkontinent, in Thailand, Ceylon, Kambodscha und Laos kultiviert.

Die frischen Curryblätter sind in asiatischen Geschäften, aber auch in größeren Supermärkten erhältlich. Sie halten sich in Folie verpackt einige Tage im Kühlschrank, man kann die Blätter aber auch problemlos portionsweise einzufrieren und nach Gebrauch einzeln entnehmen. Es gibt auch getrocknete, ganze und zerstoßene Blätter, grundsätzlich sind aber die frischen Blätter vorzuziehen.

Die olivgrünen Curryblätter duften würzig, leicht rauchig und entfalten beim Kochen ein frisches, dominantes Aroma.

Meist findet sich in Gerichten das bewährte Trio Curryblatt, Chili und Salz. Das Aroma der Curryblätter wird noch intensiviert, wenn sie in Öl gebraten, dann im Mörser zerstoßen und luftdicht im Kühlschrank aufbewahrt werden – das Aroma wird dadurch noch besser gebunden. In asiatischen Lebensmittelläden gibt es die Curryblätter noch am Zweig, um das Aroma zu schützen.In Indien wird ein Curryblattpulver verkauft, das aus in Fett gebratenen und gemahlenen Curryblättern besteht und eine wichtige Würzingredienz für gefüllte Fladenbrote, Parathas, ist. Für indisches Dal (Linsengericht), Reisgerichte mit Chili und Kokosnussmilch oder für viele ceylonesische Gerichte ist es ein Muss. Auch Chutneys und Relishes bekommen dadurch ihr eigenes Aroma. Besonders gut passt das Curryblatt zu Fisch und in Suppen mit Kokosmilch.

Das Curryblatt hat nichts mit Currypulver zu tun, das eine britische Erfindung ist, um den Geschmack indischer Speisen mit geringem Aufwand nachzuahmen. (Siehe auch Seite 120)

Sonnig und leicht im Halbschatten, moderate Temperatur – und Ihr eigenes Currybäumchen Bergera koenigii macht Ihnen als „essbare" Zimmerpflanze viel Freude.

Deutscher oder französischer Estragon, ein vielfach kultiviertes, mehrjähriges Kraut aus der Familie der Korbblütler, ist eine Zuchtform. Ursprünglich stammt Estragon vom russischen Wild-Estragon (Artemisia redowskii) ab. Die schmalen lanzettförmigen Blättchen werden zur Blütezeit geschnitten und enthalten ätherisches Estragonöl sowie Gerb- und Bitterstoffe

Stammt ursprünglich aus Zentralasien, vornehmlich Sibirien, heutzutage wird er auch in Europa, vor allem in Deutschland, angebaut.

Junge Blättchen sollte man frisch verwenden, er ist aber auch getrocknet, gerebelt und gemahlen erhältlich. Frischer Estragon hält sich einige Tage im Kühlschrank, am besten frisch gehackt einfrieren und portionsweise verwenden. Getrocknet ist Estragon unbegrenzt haltbar und wird beim Kochen wieder ins Leben „zurückgeduftet".

Die schwach glänzenden, süßlich-herb duftenden Blättchen schmecken leicht nach Süßholz, Fenchel, Anis und Pfeffer.

Estragon aromatisiert Essig, Salate, Saucen, Wild- und Geflügelgerichte, er wird aber auch für Sauerbraten verwendet. In kleiner Menge verwendet, unterstreicht er den Geschmack anderer Kräuter. Ein kulinarisch gelungenes Trio bildet er mit Petersilie und Dill. Estragon gibt insbesondere weißen Saucen, Geflügelgerichten, Kräutermischungen, aber auch der klassischen Kräuterbutter, der Frankfurter Sauce sowie der Kräuterremoulade den richtigen Gewürzpfiff.  Seite 198

Im Mittelalter kam der russische Estragon, der slawische Urahn des Estragons, ans Mittelmeer. Dort konnte sich jedoch das schwache Aroma nicht gegen den stark würzenden Aremisia dracunculus durchsetzen. Dem russischen Estragon fehlt das ätherische Estragonöl und dadurch schmeckt er nur herb. Viele Klassiker wie Sauce béarnaise, Sauce tartare, Estragonessig, Estragonbutter oder Estragonsenf sind mit dem lieblicheren französischen Estragon entstanden. Estragonlikör ist der Verdauung wegen sehr beliebt und spezielle Estragontees sind für ihre Abhilfe gegen Nierenleiden bekannt.

Dragon und Schlangenkraut – diese Namen des Estragons haben ihren Ursprung im Mittelalter, als er noch Tragonia oder Tarchon genannt wurde. Möglicherweise liegt die Namensgebung am verschlungenen Wurzelstock, der mit Drachen assoziiert wurde. Der Aberglaube hielt sich hartnäckig, dass mit diesem Schlangenkraut nicht nur giftige Schlangenbisse geheilt, sondern auch abgewehrt werden können.

FENCHELSAMEN Foeniculum vulgare

Der echte Garten- und Gewürzfenchel stammt von der bis zu 1,5 Meter hohen Fenchelpflanze aus der Familie der Doldenblütler (verwandt mit Dill, Kümmel und Anis). Am Stängel der mehrjährigen Staude wachsen drei- bis vierfach sehr dünne, fadenähnliche Blätter. Aus den gelben Blüten der Doppeldolden gehen stark gerippte Spaltfrüchte hervor, die süßlich nach Anis schmecken. Die Früchte werden oft umgangssprachlich als Samen bezeichnet.

Von Südeuropa über Nordamerika bis Westasien heimisch.

Die ganzen, geschroteten oder gemahlenen Samen sind getrocknet erhältlich und sollten luftdicht, trocken und dunkel aufbewahrt werden. Ganze Samen kurz vor dem Gebrauch im Mörser zerstoßen, damit sich der Geschmack bzw. das ätherische Öl vollends entfalten kann.

Fenchelsamen schmecken süßlich und würzig.

Die grünlichen Samen werden in Europa als Brotgewürz und als Tee verwendet. Aber auch für Fischgerichte und -saucen sowie für (fette) Schmorgerichte, zu Hülsenfrüchten, in Mayonnaisen und Marinaden eignet sich das Gewürz hervorragend. In der chinesischen Küche ist Fenchel Bestandteil des Fünf-Gewürze-Pulvers (Seite 126) und in der bengalischen Küche findet man es in der Gewürzmischung Panch Phoron (Seite 126). Seite 189

Fenchel gilt von jeher als Stärkungs- und Beruhigungsmittel, vor allem bei Magen-Darm-Verstimmungen und bei Blähungen. Auch die schleimlösende Wirkung mithilfe von Fencheltee, destilliertem Fenchelöl sowie beruhigenden Bonbons wird sehr geschätzt.

Das griechische Wort für Fenchel ist Maratho, was auf den altgriechischen Namen Marathon zurückzuführen ist. In Attika heißt ein berühmter Ort Marathon, der zwar mehr mit dem Langstreckenlauf in Verbindung gebracht wird, aber tatsächlich auch für das riesige Vorkommen von wildem Fenchel bekannt ist. Desgleichen wurde die Hauptstadt Madeiras aufgrund des großen Vorkommens an Fenchel Funchal getauft, nach Funcho, dem portugiesischen Wort für Fenchel.

Die Galgantpflanze aus der Familie der Ingwergewächse ist eine mehrjährige, robuste Staude, die ihren Ursprung in Indonesien hat. Es werden nicht die Blätter verwendet, sondern der Wurzelstock (Rhizom), welcher unter seiner dünnen, bräunlichen Haut sahnigweißes Fruchtfleisch enthält. Besonders in der thailändischen, indonesischen und malaysischen Küche ist Galgant auch unter Namen wie Laos, Siam-Ingwer, Thai-Ingwer oder Galangal bekannt.

Stammt aus dem tropischen Südchina, heute große Verbreitung in Asien, vor allem in Thailand, Vietnam, Kambodscha und Indonesien.

Galgant- oder Laospulver hält sich gut verschlossen, kühl und dunkel gelagert bis zu 1 Jahr. Luftdicht in Folie verpackt bleiben frische Wurzeln im Kühlschrank einige Wochen verwendbar.

Frischer Galgant riecht leicht nach Ingwer, aber auch nach Tannennadeln und Kiefernholz. Getrockneter Galgant riecht würzig, süßlich-aromatisch nach einem Hauch Zimt. Im Geschmack ist Galgant erfrischend, süß-bitter und leicht brennend – er erinnert an Ingwer.

In der malaysischen und indonesischen Küche, aber auch in Singapur wird Galgant wie Ingwer eingesetzt. In Europa eher noch verhalten genutzt, findet er in der internationalen Küche viel Zuspruch. Bei der Herstellung von Lebkuchen und in der Likörindustrie ist Galgant eine geschätzte Zutat.

In der Naturheilkunde gilt Galgant als appetitanregend, bei der Behandlung von Erkältungskrankheiten und Fieber als unterstützend. Auch bei psychovegetativen Beschwerden wird Galgant empfohlen. Im Mittelalter wurde aus der Galgantwurzel ein mystisches Pülverchen gewonnen, das bei Fiebererkrankungen, aber auch als Aphrodisiakum verabreicht wurde.

Der kleine Galgant (Alpinia officinarum), ein Mitglied der Ingwerfamilie, daher auch „aromatischer Ingwer" genannt, ist mit dem großen Galgant (Alpinia galanga) eng verwandt. Diese Pflanze wird hauptsächlich in Südchina verwendet, aber nicht für die Küche, sondern in der Heilbehandlung. Außerhalb Chinas gibt es ihn nur getrocknet in Scheiben, die dann im Mörser zerstoßen oder im Mixer püriert werden müssen. Für die Küche ist der kleine Galgant zu vernachlässigen.

GEWÜRZNELKE Syzygium aromaticum

Die getrockneten Blütenknospen des Gewürznelkenbaumes aus der Familie der Myrtengewächse erinnern in der Form an Nägel (althochdeutsches Wort Negellin oder Nägelin), daher der Name Nelke und nicht, wie vielleicht angenommen, von der Blume. Der tropische, immergrüne Baum mit einer Höhe von bis zu 12 Metern bringt vom 6. bis zum 60. Lebensjahr üppig blühende Trugdolden hervor. Die Blütenknospen an den Blättern werden noch in geschlossenem Zustand gepflückt, da sie in diesem Stadium die größte Würzkraft besitzen. Die frischen Blütenknospen werden entstielt, oftmals noch in heißes Wasser getaucht und dann an der Sonne oder am Feuer getrocknet.

Ursprünglich ist die Heimat des Gewürznelkenbaums Indonesien, genauer die Molukken Inseln. Die Holländer verbreiteten den Baum nach ihrer indonesischen Kolonialherrschaft auch in anderen Ländern. Heutzutage gibt es riesige Anbaugebiete in Tansania (die Insel Pemba), Sri Lanka, Madagaskar und Malaysia.

Gemahlene und ganze Gewürznelken halten luftdicht, dunkel und trocken gelagert einige Jahre.

Aromatischer, würziger und süßer Geruch, stark brennend im Geschmack. Entweder ganz verwenden oder kurz vor dem Gebrauch in der Gewürzmühle mahlen, da sich das ätherische Öl schnell verflüchtigt. Gewürznelken enthalten bis zu 15 Prozent ätherisches Öl, wovon das Aroma des Öls vom Eugenol bestimmt wird. Ein wichtiger Bestandteil des Eugenol ist das sehr wirksame, fäulnishemmende Phenol, welches die Speisen haltbar macht.

Gewürznelken sind sehr beliebt, ob im Glühwein oder Punsch, in Süßspeisen oder Kuchen, aber auch in Eintöpfen, Rotkohl, Wildgerichten, Brühen, Marinaden und den vielfältigsten Wurstsorten. Seite 183

Schon aus der Zeit vor Christus gibt es Hinweise auf die Verwendung der Gewürznelke. So wurden im alten China die Nelken nicht nur zum Kochen verwendet, sondern auch zur Raumbeduftung. Eine Überlieferung besagt, dass sich ein Höfling dem Kaiser nur mit einer Nelke im Mund nähern durfte. Hildegard von Bingen (1098–1179) nannte das

Gewürz „Nelchin" und bereitete daraus zusammen mit Muskatnuss und Zimt „Nervenkekse" (Rezept Seite 22), ein wohlschmeckendes Gebäck, welches die Sinnesorgane stärken und deren Alterung verhindern sollte. Aufgrund ihres starken Aromas waren die Gewürznelken auch ein wichtiger Bestandteil von Pestmitteln. Deshalb trugen die Ärzte des Mittelalters bei Epidemien Ketten aus Nelken um den Hals.

Der Gewürznelkenbaum (Syzygium aromaticum) wurde durch eine Jury des NHV Theophrastus (Verein zur Förderung der naturgemäßen Heilweise nach Theophrastus Bombastus von Hohenheim, genannt Paracelsus e.V.) zur Heilpflanze des Jahres 2010 gekürt.

Die in ihrer Form einem Geweih ähnendeln Wurzel der tropischen Ingwerstaude aus der Familie der Ingwergewächse hat rund um den Globus einen hohen Stellenwert als Gewürz. Ursprünglich in den asiatischen Ländern beheimatet, fanden die englischen Kolonialherren ihn so unwiderstehlich, dass der „Ginger", wie man ihn dort nennt, heute für viele Biersorten, Gelees, Marmeladen, Chutneys und Relishes, aber auch für Lamm- und Geflügelgerichte, Desserts und Kuchen eine unabdingbare Zutat ist.

Arabische Gewürzhändler brachten Ingwer schon im Altertum aus dem tropischen Südasien nach Europa. Heutzutage weltweiter Anbau von Japan, Indien (50 Prozent des Weltanbaus), Australien, Westindien bis hin zu Hawaii.

Die frischen, stärkereichen Rhizome (Wurzelstöcke) halten sich einige Wochen gut verpackt im Kühlschrank. Getrockneter und gemahlener Ingwer ist im Gewürzschrank luftdicht, trocken und dunkel gelagert einige Monate haltbar. Grundsätzlich sollte man frischen Ingwer verwenden – Ingwerpulver ist kein Ersatz, denn es schmeckt völlig anders. „Die unbehandelte Hand", also die frischen, ungeschälten Wurzeln, lagern hervorragend für längere Zeit im feuchten Sand.

Ingwer ist im Geruch scharf und würzig, im Geschmack zwar leicht beißend – die Schärfe des Ingwers ist auf ein nichtflüchtiges Harz zurückzuführen –, aber doch auch mildaromatisch mit fruchtigen Noten.

Ingwer ist Bestandteil von vielen internationalen Gewürzmischungen wie z. B. der indischen Tandoori-Gewürzmischung, der indonesischen Currypasten oder der klassischen französischen Gewürzmischung „quatre épices" (Ingwer, Muskatnuss, Gewürznelken, Pfeffer). Auch die Likörindustrie verwendet destilliertes Ingweröl. Für Naschkatzen sind kandierte Ingwerstücke mit und ohne Schokolade ein Leckerbissen. Seite 171 und 218

Ingwer ist in der Naturheilkunde dafür bekannt die Durchblutung zu fördern. Er wirkt herzstärkend, hilft bei Blähungen sowie Verdauungsstörungen und senkt den Cholesterinspiegel. Ingwer „wärmt die Mitte", er regt den Gallenfluss an und hilft belastende Stoffe aus dem Körper auszuleiten.

In den Küchen der arabischen Länder spielt Ingwer keine große Rolle. Interessanterweise ist aber im Koran über Ingwer zu lesen: als eine der beiden Düfte im Paradies. Die Seligen trinken aus dem Brunnen „Salsabil" mit Ingwer gewürztes Wasser.

KAFFIRLIMETTE Citrus hystrix

Die Kaffernlimette oder auch Mauritius-Papeda, kurz Papeda genannt, wächst auf dem gleichnamigen kleinen Baum, der zur Familie der Rautengewächse gehört. Blätter und Früchte, davon vor allem die Schale, dienen als Gewürz- und Heilpflanze. Der tropische, bis zu 12 Meter hohe Baum trägt Zweige mit Dornen („Hystix" bedeutet stachelig) und verbreiterten Blattstielen. Die ledrig, ölig aussehenden Blätter sind auf der Oberseite dunkelgrün und auf der unteren Seite hellgrün. Die bis zu 15 Zentimeter langen und bis zu 6 Zentimeter breiten Blätter können das ganze Jahr hindurch gepflückt werden. Die kleinen, limettenähnlichen Früchte, mit einer dicken, warzigen Schale, sind im Vergleich zu den Blättern als Gewürz nicht ganz so wichtig.

 Kommt aus Südostasien, überwiegend aus Indonesien und Thailand.

In asiatischen Lebensmittelläden sind frische und getrocknete Kaffirlimettenblätter erhältlich. Die frischen Blätter sind, in Folie eingepackt, wochenlang im Kühlschrank haltbar.

Die glänzend dunkelgrünen Blätter strömen wie auch die Früchte einen intensiven Zitrusgeruch aus. Der Geschmack ist zitronenartig und würzig.

In der Küche ist vor allem die Verwendung der frischen Blätter gebräuchlich, die kleinen, saftarmen Früchte werden nur in der indonesischen sowie in der malaysischen Küche zum Kochen verwendet. Die ölreiche Schale ist interessant – gerieben gibt sie vielen süßen und herzhaften Gerichten den pikanten Pfiff. In Thailand, wo Kaffirlimettenblätter zur täglichen Küche gehören, werden die Blätter einfach je nach Bedarf frisch vom Baum gepflückt. Besonders intensiv kann man sie in den vielfältigsten Currygerichten, vor allem in denen mit Kokosmilch und Chili, herausschmecken. Bei vielen Gerichten werden die Kaffirlimettenblätter auch frittiert.

In den Tropen verwendet man den der Saft und die geriebene Schale zum Schutz der Haut vor Insekten oder als Linderung bei Stichen. In der sanften Medizin gelten Saft und Schale als desinfizierend und entzündungshemmend.

Warum die Kaffirlimette nun Kaffirlimette heißt, bleibt Spekulationen überlassen. So heißt beispielsweise im Arabischen das Wort für einen Ungläubigen „kafir", was eventuell auf eine Bezeichnung arabischer Kaufleute als „falsche Limette" (weil sie stachelig ist) hindeutet.

Bei der Kardamompflanze handelt es sich um eine tropische, schilfähnliche Staude aus der Familie der Ingwergewächse, die bis zu 1,5 Meter hoch wird und blassgelbe Blüten hervorbringt, aus denen sich die Kapselfrüchte entwickeln. Geerntet werden die noch unreifen Fruchtkapseln, um sicher zu gehen, dass sie nicht vorher aufspringen, und dann zum Nachreifen bzw. Trocknen in entsprechenden Trockenkammern oder in der Sonne ausgelegt. Die sattgrünen Kapseln sind wesentlich hochwertiger als die hellgrünen oder weißgelben, die durch Sonnenlicht nach der Ernte gebleicht werden. Kardamom gehört nicht nur zu den beliebtesten Gewürzen der Welt, er ist neben Safran und Vanille auch eines der teuersten. Zu verdanken haben wir dieses exotische Gewürz arabischen Kaufmännern, die es nach Griechenland und Rom brachten. Aufzeichnungen finden sich bei Dioskorides und Plinius, die diesem teuren Gewürz unglaubliche Heilkräfte zuschrieben.

Ursprünglich stammt Kardamom aus Südindien und Sri Lanka. Heutzutage ist Indien zwar das größte Produktionsland, aber durch den hohen Eigenverbrauch wird wenig exportiert. Weltweit verzeichnet mittlerweile Guatemala den größten Kardamomexport.

Ganze Kapseln, getrocknete oder gemahlene Samen sollten luftdicht, dunkel und kühl lagern. Zu empfehlen sind ganze Kapseln, die je nach Gebrauch frisch geknackt werden und so ihre Samen mit dem ganzen Aroma des ätherischen Öls freigeben.

Die schwarzen und braunen Samen riechen angenehm süßlich und würzig, sie schmecken leicht rauchig.

In Gewürzmischungen wie der arabischen Baharat oder in der Gewürzpaste Zhoug (aus Yemen) ist Kardamom ein wichtiger Bestandteil. In Fleisch- und Reisgerichten wie dem türkischen Pilaw, dem arabischen Kabsah, dem iranischen Polo und in indischen Currygerichten ist Kardamom genauso wichtig wie in europäischen Lebkuchen, Kuchen und Desserts. Auch in Chutneys und Marinaden für Geflügel und Lamm beliebt. Seite 165

Der größte Kardamomverbrauch ist in den arabischen Ländern zu verzeichnen, vor allem für das Würzen von Kaffee wird Kardamon häufig genutzt. Dabei werden Kaffeebohnen und Kardamom zusammen gemahlen und dann mit Zucker und Wasser zum Kochen gebracht. In China und in Indien trinkt man Tee mit Kardamom, um weise zu werden. In der sanften Medizin wird Kardamom bei Asthma und Migräne empfohlen.

Brauner oder schwarzer Kardamom (Amomum subulatum) ist ein Sammelbegriff für dem echten Kardamom ähnliche und verwandte Pflanzen. Auch Paradieskörner, sogenannter scharfpfeffriger Meleguetapfeffer (Aframomum melegueta), werden als Kardamomersatz gehandelt. Geschmacklich sind die beiden Gewürze jedoch kaum zu vergleichen.

Gewürze in Desserts und Kuchen

Alleine an Kardamom zu riechen schürt zweifelsfrei den Appetit auf einen außergewöhnlichen Geschmack: leicht süßlich und verführerisch rauchig – der exotische Duft einer anderen Welt. Sogar das Kamasutra empfiehlt als „besonders vielversprechend" eine Gewürzmischung aus Kardamom, Ingwer und Zimt – für beide.

Arabischer Tee und Kaffee, indischer Tee „Chai": Aromatisiert mit Kardamom weckt er die Sehnsucht nach den Gewürzländern und man möchte am liebsten in diese Düfte eintauchen. Und dabei von den Märchen hören, die arabische Gewürzhändler einst verbreiteten, um noch mehr von der Mystik um die Herkunft ihrer Spezereien zu spinnen. Denn je mehr Legenden sich um die „verborgenen Gewürzschätze" rankten, desto mehr konnten die Händler für diese verlangen.

Bereits vor Tausenden von Jahren waren die Menschen des Abendlandes von Duft, Farbe und Glanz des Morgenlandes wie berauscht. Und aus diesen fernen Wunderländern, die so weit entfernt schienen, dass sie als Pfeffer- (Indien) oder Zimtland (Ceylon, heutiges Sri Lanka) sehnsüchtig betrachtet wurden, kamen exotische Waren wie erlesene Stoffe, seltene Perlen und vor allem nicht gekannte Gewürze. Diesen eilte der Ruf voraus, exklusives und teures Luxusgut zu sein. Also stellten die Wohlhabenden die Gewürze in Speisen und Getränken, in Salben und Parfüms, als Aphrodisiakum und sogar als Opfergabe großzügig zur Schau. Betörende Düfte strömten von mit Vanille gewürzten Backwaren aus, Safran färbte Süßspeisen gelb, Zimt berauschte die Sinne und Anis half die üppigen Desserts besser zu verdauen.

Exotische Gewürze in Backwaren und Süßspeisen fanden nicht nur des Geschmacks wegen ihren Platz in der Zubereitung von Backwaren und Süßspeisen, sondern hatten schon immer auch eine ernährungsphysiologische Funktion. Jahrtausende altes Wissen aus China und Indien über die ernährungsphysiologische und heilende Wirkung der Gewürze hielt Einzug in die europäischen Küchen: Anis beruhigt den Magen, Zimt regt Herz und Kreislauf an und wirkt antiseptisch, Pfeffer gilt als appetitanregend, Vanille als herzstärkend und stimmungsaufhellend und Piment mindert Blähungen. Kurkuma wird bei funktionellen Störungen des ableitenden Gallensystems eingesetzt und Safran ist als Aphrodisiakum der Liebe gewidmet. Backrezepte und Süßspeisen, die uns heute nach wie vor gut schmecken, haben sich im Laufe der Zeit langsam entwickelt. In jedem Jahrhundert kam wieder ein neues Nahrungsmittel nach Europa, sei es von Christoph Columbus oder Vasco de Gama, die diese von ihren abenteuerlichen Reisen mit nach Hause brachten. Neue Zutaten wie Kakaobohnen, Erdnüsse, Getreidesorten oder Kartoffeln waren wieder eine neue Herausforderung für Bäcker und Köche. Vanille, die Königin der Gewürze, hat dabei im Süßspeisen- und Backbereich ihren festen ersten Platz eingenommen, dicht gefolgt von Safran und Anis.

Die beliebtesten Gewürze für Süßes

Anis   Im Geruch lieblich, im Geschmack süßlich-aromatisch, ideal in der Kombination mit Zucker. Plätzchen, Kuchen, Zwieback, Likör, eingelegte Früchte und süßer Anistee sind fester Bestandteil in der (Weihnachts-)Küche.

Gewürznelke   Das leicht scharfe Aroma harmoniert mit der süßen Bäckerei und gibt besonders süßem Punsch das gewisse Etwas.

Ingwer   verleiht getrocknet, gemahlen, in Sirup eingelegt oder frisch in Kuchenteigen und Süßspeisen einen erfrischenden Geschmack und wirkt wohltuend auf die Verdauung.

Kardamom   ist ein wichtiges Gewürz in der Weihnachtsbäckerei. Mit seinem süßlich-scharfen Aroma ist er Bestandteil von Lebkuchen-, Stollen-, Spekulatius- und Glühweingewürzen. Verfeinert aber auch Kaffee oder heiße Schokolade.

Muskatnuss und Muskatblüte   sind würzig im Aroma; für Süßspeisen, Kuchen und Backwaren ideal als Gewürzkick.

Piment   ist pfeffrig-scharf, gleicht aus und würzt ungemein. Ein beliebtes Gewürz für Lebkuchen und Weihnachtsplätzchen.

Safran   würzt als Pulver mit seinem aromatisch-herben Geschmack Süßes nicht nur gut, sondern färbt auch gelb.

Vanille   Das ausgekratzte Mark mit seinem würzigen, leicht süßen Aroma wird für Süßspeisen, Kuchen und Teige verwendet, um die süßen Noten hervorzuheben.

Weißer Pfeffer   wird aufgrund seiner milden Schärfe für Pfeffer- und Lebkuchen verwendet, um die Süße pikanter zu machen.

Zimt   Entweder den zart-süßlichen Ceylonzimt oder den kräftigen Kassiazimt für Desserts und Teige verwenden. Dadurch schmecken süße Backwaren auch würzig-erfrischend.

KNOBLAUCH Allium sativum

Knoblauch ist das meistverwendete Gewürz weltweit – hoch geschätzt, nicht nur geschmacklich, sondern auch wegen seiner gesundheitsfördernden Eigenschaften. Knoblauch wird überall auf der Welt angebaut und hat in in den Küchen aller Nationen seinen festen Platz. Schon lange wird die würzige Zutat nicht mehr nur in der Küche tropischer Länder geschätzt, wo Knoblauch von alters her nicht zuletzt wegen seiner antibakteriellen Eigenschaft verzehrt wurde. Auch die asiatischen Küchen „können nicht ohne". Die Brahmanen Kaschmirs allerdings meiden ihn, weil sie glauben, dass er die niederen Instinkte weckt. Die Knoblauchpflanze aus der Familie der Lauchgewächse ist eine etwa 70 Zentimeter hohe Pflanze mit einem röhrenförmigen Stiel und breiten, bläulichgrünen Blättern. Der als Gewürz verwendete Pflanzenteil ist in Form einer Knolle unter der Erde zu finden, die aus zusammengesetzten, einzelnen Zehen besteht. Das deutsche Wort „Knoblauch" stammt vom mittelalterlichen Begriff „Kloben" ab, was „Zehen" bedeutet. Liebevoll wird er auch Knofi, Knofel, Knobi, Stinkwurzel oder Alterswurzel genannt.

Ursprünglich beheimatet in Asien, wird Knoblauch heute weltweit angebaut. Das mit Abstand größte Anbaugebiet ist jedoch nach wie vor China.

Frische Knoblauchzehen sollte man am besten in der Knolle belassen und dunkel und kühl lagern. Eine tolle und dazu noch optisch ansprechende Aufbewahrungsmöglichkeit bietet ein Knoblauchzopf, für den frisch geernteter Knoblauch an den Strängen zusammengeflochten und aufgehängt wird. Getrockneter Knoblauch, ganz oder gemahlen, sollte luftdicht, dunkel und kühl gelagert werden. Knoblauchpasten kann man im Kühlschrank luftdicht aufbewahren.

Frisch geerntet schmecken die Knoblauchzehen saftig, lauchartig, leicht scharf und brennend und doch süßlich, sie riechen scharf. Bei längerer Lagerung trocknet das elfenbeinfarbene, rosa-weißliche Fruchtfleisch aus, die ätherischen Öle verduften. Das Knoblauchpulver riecht leicht süßlich und entfaltet beim Kochen seine milde Schärfe.

Die Beliebtheit des Knoblauchs zeigt sich in vielen internationalen Gerichten, wie etwa in Aïoli, der Knoblauchmayonnaise aus Spanien, in Spaghetti al aglio e olio aus Italien, in Tzatziki aus Griechenland oder dem arabischen Kichererbsenmus Hummus. In allen arabischen und orientalischen Vorspeisen ist Knoblauch eines der Hauptgewürze und auch in der asiatischen Küche gehört Knoblauch zur Grundgewürzausstattung.

In der Naturheilkunde gilt Knoblauch als desinfizierend und entzündungshemmend und wird zur Blutdrucksenkung und zur Linderung bronchialer Leiden eingesetzt. Knoblauch schärft das Gedächtnis, gilt als Sinnbild für Gesundheit und Fruchtbarkeit. Der natürliche Wirkstoff Allicin, der im frischen Knoblauch enthalten ist, wird auch erfolgreich gegen Arteriosklerose eingesetzt.

Aus den Balkanländern stammt wahrscheinlich der Aberglaube, dass der Verzehr von Knoblauch vor Vampiren schützt.

Zwischen dem in Europa und dem in Asien angebauten Koriander lassen sich grundsätzliche geschmackliche Unterschiede feststellen. Der europäische Koriander ist kleiner, enthält mehr ätherisches Öl und wird im Wesentlichen wegen der Früchte angebaut. Blüht das Kraut, so entstehen Dolden mit einer großen Menge an Korianderfrüchten bzw. -samen, die zuerst grün sind, bis sie an der Pflanze getrocknet werden. Der asiatische Koriander wird vor allem des Cilantro, also des Krauts, wegen angebaut, obwohl auch die Früchte in der Küche Verwendung finden. Das frische Koriandergrün wird vor allem in der Tex-Mex-, in der indischen und in der thailändischen Küche verwendet. Koriander ist unter einer Vielzahl von Namen wie Stinkdill, Wandläusekraut oder Wanzenkümmel bekannt. Der lateinische Name „Coriandrum" leitet sich übrigens vom Griechischen „Coris" (Wanze) und „Amon" (Anis) ab, da die Blätter etwas nach Wanzen und die Samen leicht nach Anis riechen. Der Botaniker Leonhart Fuchs schrieb 1543 über Koriander: „Kein Wantz kann nit so übel stincken als der gruen Coriander".

Ursprünglich aus dem östlichen Mittelmeer (europäischer Koriander) und Kleinasien (großfruchtiger indischer Koriander) stammend, wird er heute in Europa, Asien, Nord- und Südamerika sowie in Afrika angebaut.

Egal, ob ganz, geschrotet oder gemahlen – Koriander sollte man dunkel, kühl und luftdicht verwahren. Besonders intensiv wird das Korianderaroma, wenn man die Samen in einer Pfanne anröstet und dann im Mörser zerstößt – so können sich die ätherischen Öle voll entfalten. Korianderblätter und -wurzeln sind ganzjährig erhältlich, getrocknete sind kulinarisch uninteressant, da der Aromaverlust zu groß ist.

Die Samen riechen würzig-nussig und pomeranzenhaft nach Orangenschale; sie schmecken stark würzig und haben einen strengen Nachgeschmack. Die Blätter haben ein völlig anderes Aroma und riechen eher streng und scharf-würzig.

Koriandersamen ist ein klassisches Brotgewürz, da es nicht nur gut schmeckt, sondern auch zur Verdauung beiträgt. In der europäischen Küche findet Koriander in vielen schwer verdaulichen, fetten und säuerlichen Gerichten Verwendung. Aber auch herzhafte Ragouts und Gebäck sowie Lebkuchen profitieren von dem leicht rauchig-würzigen Geschmack. Koriander ist ein wichtiger Bestandteil von Gewürzmischungen wie Garam Masala oder Berbere. Weltweit wird Koriander zum Verfeinern von Suppen, Saucen, Fisch und Fleisch sowie für Relishes, Chutneys und eingelegtes Gemüse verwendet. In der mexikanischen, indischen und vor allem in der thailändischen Küche ist das Koriandergrün genauso beliebt wie bei uns die Petersilie. In der Tex-Mex-Küche ist es für Guacamole, Salsa, Chili con Carne oder Pico de Gallo unentbehrlich, an der Pazifikküste Südamerikas verfeinert es die Ceviche. Seite 169

In der indischen und chinesischen Medizin wird Koriander bei einem schwachen Immunsystem oder in der Rekonvaleszenz, aber auch bei Verstopfung oder Darmträgheit verabreicht. Zudem hat Koriander eine antibakterielle und pilztötende Wirkung. Als Aphrodisiakum wird Rotwein mit zerstoßenem Koriander empfohlen.

Koriander gibt Wermut, Gin, Kartäuserlikör und nichtalkoholischen Getränken wie Tee und Kaffee ein besonderes Aroma. Im Mittelalter waren Koriandersamen sogar ein bewährtes Gewürz zur Bierherstellung. Die ätherischen Öle des Korianders sind vielfach in der Parfümindustrie finden und sind Bestandteil von Räucherstäbchen oder aromatisierten Kerzen.

KREUZKÜMMEL Cuminum cyminum

Der Name Kreuzkümmel geht auf den kreuzförmigen Blattstand sowie die Ähnlichkeit der getrockneten Früchte mit dem echten Kümmel (Carum Carvi) zurück. Wie dieser gehört auch der Kreuzkümmel zur Familie der Doldenblütler. Er wird auch Cumin, Mutterkümmel, Haferkümmel, Pfefferkümmel oder römischer Kümmel genannt. Das Gewürz besteht aus den getrockneten, 5 bis 6 Millimeter langen, sichelförmigen Früchten (Samen). Im Orient ist er genauso beliebt wie in der lateinamerikanischen und fernöstlichen Küche.

Kreuzkümmel stammt vermutlich aus dem Orient (Mittelmeerraum), heutzutage finden sich große Anbaugebiete in Marokko, Ägypten, Syrien, Chile und Indien.

Er sollte luftdicht, trocken und kühl gelagert werden. Es ist zu empfehlen, ganze Samen kurz vor der Verwendung im Mörser zu zerstoßen.

Schmeckt leicht scharf, würzig und sehr intensiv, deshalb sollte man ihn auch vorsichtig dosieren. Trotzdem ist er geschmacklich nicht dominant, was ihn zu einem idealen Partner in Gewürzmischungen macht.

In der indischen Küche wird Kreuzkümmel, meist mit anderen Gewürzen, in Öl gebraten, sodass er sein volles Aroma entfalten kann. In der nordafrikanischen sowie der lateinamerikanischen Küche wird Kreuzkümmel verstärkt für Schmorgerichte mit Fleisch, Falafal, Lamm und Hackfleisch eingesetzt. In Indonesien sind die vielfältigen Reistafeln immer mit Kreuzkümmel gewürzt. Kreuzkümmel ist in der europäischen Küche als Würzzugabe in Käse, Brot und Bitterlikören beliebt. Seite 176

In der sanften Medizin wird das ätherische Öl (Cuminalkohol und Cuminaldehyd) vor allem als blutreinigend, krampflösend und magenstärkend geschätzt. Auch in der Veterinärmedizin wird Kreuzkümmel eingesetzt.

Kreuzkümmel gehört zu den ältesten Kulturpflanzen überhaupt, geschichtliche Beweise fanden sich in altägyptischen Gräbern. Im alten Rom war Kreuzkümmel für die Verdauung und zur Beruhigung sehr beliebt – er wurde allerorts gekaut und dann ausgespuckt. Es war auch bekannt, dass der Genuss von mit Kreuzkümmel versetztem Wasser eine vornehme Blässe erzeugt.

Das lateinische Wort „Cárum" (oder auch „Cuminum") bedeutet Kümmel, „Cárvi" echt – der echte Kümmel gehört zu den ältesten Gewürzen in Europa. Er wurde bereits weit vor der Kolonialzeit als heimisches Gewürz verwendet. In Asien kennt man den europäischen Kümmel kaum. Der Wiesenkümmel oder gemeine Kümmel, wie er auch genannt wird, ist eine zweijährige Pflanze aus der Familie der Doldenblütler. Erst im zweiten Jahr wachsen weiße Dolden, in denen sich die Früchte bilden. Die geernteten Früchte werden getrocknet, die jungen Blätter sowie die Wurzel des Kümmels können beispielsweise als Suppengewürz verwendet werden.

Die Kümmelpflanze lässt sich selbst sehr gut im Garten ziehen. Doch Vorsicht beim Wildsammeln: Im Freiland wird Kümmel oftmals mit ähnlichen Doldenblütlern, die teilweise giftig sind, verwechselt.

Wildwuchs vor allem in Europa; kultivierter Anbau in Skandinavien, Norddeutschland, der Niederlande und in den osteuropäischen Ländern. Anbau erfolgt auch in Ägypten und den nordafrikanischen Ländern.

Ganze Samen oder gemahlener Kümmel werden luftdicht, dunkel und trocken aufbewahrt.

Würzig-aromatisch im Geruch, beim ersten Biss leicht brennend mit Aromen von Zitrus, im Nachgang kräftig-würzig.

Da die wohltuenden Eigenschaften von Kümmel seit Jahrtausenden bekannt sind, wird dieses Gewürz zum Schutz vor Magen- und Darmbeschwerden unter schwer verdauliche Speisen gemischt: Kohlgerichte jeglicher Art, fette Gerichte mit Gans, Schwein oder Lamm, Bratkartoffeln mit viel Öl aber auch in Broten und pikantem Gebäck.

Schon Sebastian Kneipp empfahl Kümmel bei Magenkrämpfen und Blähungen. Die Inhaltsstoffe des ätherischen Öls, welches aus Carvon, Fettsäuren, Gerbstoffen und Vitamin C besteht, machen den Kümmel zu einem altbewährten Mittel in der Heilkunde. Er ist vielfacher Bestandteil von Arzneimitteln und Tees, aber auch sehr begehrt in der Kosmetikindustrie. Die Skandinavier haben ein beliebtes „Lebenswasser" auf Kümmelbasis, den Aquavit – dieser klare bis goldgelbe Branntwein hilft bei Magenverstimmungen. Es gibt auch einen Kümmellikör aus Deutschland namens Allasch, der aus Leipzig stammt. Doch ein zuviel an Kümmelöl kann die Leber reizen, deshalb sollte es moderat verwendet werden.

KURKUMA Curcuma longa

Auch chinesische Wurzel, Gelbwurz, Tumerik, gelber Ingwer oder indischer Safran genannt, fällt das Kurkumagewürzpulver als erstes durch seine kräftige gelbe Farbe auf, die auch der weltbekannten Gewürzmischung „Curry" die typische Farbe verleiht. Die in Asien beheimatete Kurkumapflanze gehört zur Familie der Ingwergewächse und erreicht eine Höhe zwischen 1 und 2,5 Metern. Die breiten, großen Blätter sind lanzettförmig, die Blüten sind weiß, gelb oder rosa. Als Gewürz findet aber nur der Wurzelstock Verwendung. Die dichten Rhizome sind von einer dicken Korkschicht umgeben, die mithilfe von heißem Wasser entfernt werden muss. Sie werden dann getrocknet und teilweise zu Pulver vermahlen. Außerhalb Asiens kennt man Kurkuma meist nur als Bestandteil von Gewürzmischungen.

Kurkuma stammt aus dem östlichen und südöstlichen Asien. Hauptanbaugebiete finden sich heute in Indien und Indonesien.

Es ist empfehlenswert das Gewürz nur für den unmittelbaren Gebrauch zu kaufen, denn sowohl die ganze Wurzel als auch das Pulver verlieren schnell an Aroma und „rauchen aus". Kleinste Mengen der Wurzel oder des Kurkumapulvers luftdicht, trocken und dunkel aufbewahren. Nur selten erhält man frische Kurkuma, die man als Gewürz wie frischen Ingwer verwendet. Sie hält sich im Gemüsefach des Kühlschranks einige Wochen frisch.

Frische Kurkumarhizome zeigen beim Aufschneiden ihr orangegelbes Fruchtfleisch. Aber Vorsicht beim Berühren, es wirkt stark färbend auf Hände und Schneidbrett. Das duftende Aroma ist intensiv, fast schon pfeffrig, im Geschmack ist es bitter und scharf. Bei Überdosierung kann das leicht pfeffrige Aroma eher modrig schmecken.

Wegen der schönen Farbe wird Kurkuma für Nudelteige, Senf, Chutneys, Relishes, Worcestershiresauce und vieles mehr verwendet. Seite 194

Kurkuma gilt als heilendes Mittel bei Schmerzen und Druck im Bauch, bei Blähungen und Völlegefühl. Besonders bei der gestörten Fettverdauung regen die Curcuminoide (Scharf- bzw. Bitterstoffe) die Produktion der Galle so stark an, dass eine (Fett-)Regulierung stattfindet. Die ätherischen Öle wirken krampflösend und beruhigend.

In der ayurvedischen Küche gehört Kurkuma zu den Hauptgewürzen. Insbesondere vegetarische Gerichte aus Indien bieten eine Fülle an mit Kurkuma gewürzten Speisen. In der Ayurvedaphilosophie gilt Kurkuma als energiespendend, reinigend und heiß.

Lavendula angustifolia LAVENDEL

Der immergrüne Halbstrauch mit den aufrechten, vierkantigen und graugrünen Stängeln hat längliche, filzige, graue und behaarte Blätter. Die Scheinähren, die Blüten, sind violett oder blau und blühen von Juni bis August. Es gibt die verschiedensten Sorten, wie etwa den „Loddon Pink" mit hellrosa Blüten, den „Nana Alba" mit weißen Blüten oder einen holländischen Lavendel namens „Vera" mit rosa Blüten. Die bekannteste sind jedoch die blau und violett blühenden Sorten wie „Hidcote", „Folgate" und „Munstead". Das südliche Frankreich wird wie keine zweite Region mit Lavendel assoziiert. Dort ist auch die Parfümindustrie ansässig, die die ätherischen Lavendelöle weiterverarbeitet. Die berühmte französische Gewürzmischung „Herbes de Provence" nutzt – neben Thymian, Rosmarin, Bohnenkraut, Majoran, Estragon und Kerbel – das Aroma des Lavendels. So ist es nicht verwunderlich, dass auch der Name „Lavendel" französische Wurzeln hat: Er stammt von dem französischen Wort „lavare" (waschen). Der Wäscheschrank wurde nämlich mit Lavendel ausgelegt, nicht nur um Motten zu vertreiben, sondern auch damit die Wäsche gut duftet.

Das Schwindelkraut, Spikanard oder Speik, wie der Lavendel auch genannt wird, ist ursprünglich im westlichen Mittelmeergebiet beheimatet. Es wird erstmals im 12. Jahrhundert in Andalusien erwähnt, die weitere Verbreitung ist aber erst seit dem 15. Jahrhundert bekannt. Große Zentren des Anbaus befinden sich heute in Frankreich (Provence), Ungarn und Dalmatien.

Frischen Lavendel am besten im Bund mit den Stängeln nach oben trocknen. Anschließend den getrockneten Lavendel luftdicht aufbewahren – es ist fast kein Aromaverlust durch diese Vorgehensweise zu verzeichnen. Auch das Einfrieren von frischem Lavendel bewahrt das Aroma hervorragend – einfach zum Gebrauch portionsweise entnehmen.

Der typisch blumige Geruch ist aromatisch und durchaus dem Kampfer ähnlich.

Zum Aromatisieren werden die Blätter und nicht die Blüten verwendet, da die Blüten zwar sehr stark duften, die Blätter aber eine bessere Würzkraft haben. Besonders gut harmoniert Lavendel mit Käse (Gorgonzola oder Roquefort), Fisch, Suppen, Salaten und Gemüse. Auch Lammfleisch oder Hammelbraten schmeckt mit Lavendel gewürzt hervorragend. In süßen Desserts setzt er aromatische Akzente. Oftmals werden die Blätter in gutem Öl, z. B. in Oliven- oder Maiskeimöl, eingelegt und für Dressings und ähnliches verwendet. Seite 209

Lavendel lindert Darmkrämpfe und hilft gegen Durchfall. Er wirkt blutdrucksenkend und entzündungshemmend. Lavendeltee hilft bei Kopfschmerzen und wirkt beruhigend.

Lavendel ist besonders in der südfranzösischen Küche ein geschätztes Gewürz, man findet es in Honig, Saucen, Eis und Brot bis hin zu Süßspeisen.

LIEBSTÖCKEL Levisticum

Maggikraut, Badekraut oder Luststock, so wird Liebstöckel auch genannt. Es ist eine Staude aus der Familie der Doldengewächse, die bis zu 2 Meter hoch wird und jedes Jahr eine Rosette doppelt bis dreifach gefiederter, glänzender Blätter hervorbringt. Im Sommer bilden sich blassgelbe Blüten an den großen Doppeldolden. Genau zu dieser Zeit verströmt die blühende Staude einen kräftigen, aromatischen Geruch, der von den zu etwa 2 Prozent enthaltenen ätherischen Ölen stammt.

Ursprünglich aus dem Iran und Afghanistan, fand der Liebstöckel schon seit langem Verbreitung in Europa. Auch in den USA wird er kultiviert und ist sehr beliebt. Liebstöckel wird überwiegend in Gärten und eher selten in Feldkulturen angebaut, da er eine problemlose Pflanze ist.

Die volle Würzkraft entfaltet sich am besten, wenn Liebstöckel frisch verwendet wird. In ein nasses Tuch gewickelt hält er sich im Gemüsefach des Kühlschranks bis zu 1 Woche. Er lässt sich auch problemlos einfrieren oder trocknen. Dann sollte er luftdicht, dunkel und trocken aufbewahrt werden. Erstaunlicherweise verliert gerebelter Liebstöckel auch nach längerer Lagerung nicht sein Aroma. Die Blättchen werden nicht gehackt, weil ansonsten die Verflüchtigung der wertvollen ätherischen Öle zu groß wäre.

Die Blätter sind in Geschmack und Form ähnlich wie Sellerieblätter. Sie riechen und schmecken frisch-würzig mit einem Hauch flüssiger Maggiwürze.

Liebstöckel eignet sich bestens zum Würzen von Suppen, Saucen, Braten, Ragouts und Salaten sowie zum Einkochen und Konservieren von Gemüse. Die Rüben (Wurzeln) werden getrocknet und für medizinische Zwecke sowie für die Herstellung von Kräuter- und Magenschnäpsen verwendet.

In der Naturheilkunde wird Liebstöckel als Diuretikum (ein Mittel, das zur Entwässerung dient) verwendet. Levisticum ist ein uraltes Kraut, das schon immer geschätzt wurde. Pedanios Dioskurides (1. Jh. n. Chr.) schrieb das wichtigste antike Werk der europäischen Arzneimittellehre. Er sprach von einem verdauungsfördernden Magenkraut namens Lygistikon, welches allen Vermutungen nach Liebstöckel war.

Das Aroma des Liebstöckels erinnert an die bekannt Flüssigwürze der Firma „Maggi". Anders als die verbreitete Bezeichnung „Maggikraut" annehmen lässt, ist Liebstöckel jedoch kein Bestandteil der Würzsauce, die auf der Basis von Weizen und Sojabohnen hergestellt wird.

LORBEERBLATT

Das strauch- oder baumförmige Hartlaubgewächs, der immergrüne Lorbeerbaum, auch bekannt als Kübelpflanze, ist im ganzen Mittelmeerraum ansässig. Die glänzenden, ledrigen, aromatisch duftenden Blätter sind unverwechselbar. Die Dolden bestehen aus gelblichweißen Blüten, aus denen sich bläulichschwarze, haselnussgroße Beeren (Fructus Lauri) bilden. Das Öl (Oleum Lauri) der Beerenfrüchte wird zum Aromatisieren von Salben und Likören verwendet. Die bis zu 10 Zentimeter langen, leicht gezahnten Blätter enthalten bis zu 3 Prozent ätherisches Öl, wovon auch getrocknet nichts verloren geht. Die Lorbeerblätter werden heute noch immer von Hand gepflückt. Das ist auch der Grund, warum die bis zu 15 Meter hohen Bäume zu Sträuchern kultiviert wurden.

Ursprünglich stammt der Lorbeerbaum aus Vorderasien, heute findet man ihn im ganzen Mittelmeerraum, aber auch in den USA.

Frische Lorbeerblätter sind im Sommer auf gut sortierten Wochenmärkten erhältlich. Diese halten sich in ein feuchtes Tuch gewickelt einige Wochen im Gemüsefach des Kühlschranks. Beim Einkauf sollte darauf geachtet werden, dass die Blätter nicht beschädigt sind, denn dadurch entsteht ein rascher Aromaverlust. Getrocknete Lorbeerblätter luftdicht, trocken und dunkel aufbewahren.

Frische Lorbeerblätter schmecken würzig-bitter, getrocknete dagegen harmonischer, würzig, mit einer nur leichten Bitternote.

Lorbeer ist eine gefragte Aromabeigabe für eingelegte Speisen wie Gurken und Heringe und eine beliebte Würze für Fisch- und Fleischspeisen, Suppen und Saucen. Bei Sülzen und Essigaromatisierungen ist Lorbeer ein Muss. Die frischen oder getrockneten Lorbeerblätter mit einem spitzen Messer leicht einritzen und dann in die zu würzende Speise geben – dadurch kann sich das Aroma noch besser entfalten.

In der sanften Medizin wird das ätherische Lorbeeröl zu Essenzen und Salben verarbeitet, die bei Rheumabeschwerden, Schwellungen und Verstauchungen eingesetzt werden. Lorbeer wirkt antibakteriell und als Tee auch gegen Blähungen.

Im Altgriechischen lautet der Name für Lorbeer „Daphne": Die Nymphe Daphne verwandelte sich auf der Flucht vor den Annäherungen des Gottes Apollon in einen Lorbeerstrauch. Apollon, dem die unerwiderte Liebe sehr nahe ging, trug aus Liebeskummer fortan Lorbeerzweige. Allgemein gelten sie jedoch nicht als Kummerzweige, im Gegenteil: Für den Sieg bei den Olympioniken, genauso wie bei den Römern, gab es Siegerkränze aus Lorbeeren.

Gewürzessige und Gewürzöle

Gewürzte Essige

Essig, der saure Genuss, dessen aromatische Grundlage in einem sehr guten Wein liegt, wird zum Würzen verwendet – ob der letzte Schuss in einer guten Sauce verschwindet, eine Suppe den letzten Pfiff erhält oder ob Salate erst mit der richtigen Sorte geadelt werden. Die Güte des Essigs ist entscheidend, hochwertigen Essig gewinnt man nur aus besten Rohstoffen, also besten Weinen, und durch sorgfältige Verfahrensweisen. Eine Methode der Herstellung stammt aus der französischen Stadt Orléans: Rot- und Weißweine werden in Eichenfässern bei 21 °C so lange vergoren, bis sich auf natürliche Weise durch Hefen und Bakterien ein (Essig-)Film auf der Oberfläche gebildet hat. Dieses natürliche Verfahren dauert lange, aber das Endprodukt ist hochwertig.

Der reine Essig wird mit Zusätzen wie Kräutern und Gewürzen angereichert und als Würzessig verkauft. Für die Zubereitung eines Kräuteressigs können einzelne Kräuter oder mehrere Kräuter zusammen verwendet werden. Beim Rosmarinessig wird beispielsweise ausschließlich Rosmarin zugesetzt, für Kräuteressige verwendet man mehrere Kräuter wie Oregano, Rosmarin, Thymian, Kerbel oder Estragon. Meist werden Würzessige fertig gekauft, es werden auch bestimmte Kräuteressige angeboten, die in der Naturheilkunde aufgrund des Zusatzes von Heilkräutern als Heilmittel eingesetzt werden. Da Essig ein natürliches Produkt ist, das entsteht, wenn zuckerhaltige Flüssigkeit zu gären beginnt, könnte man ihn durchaus selbst herstellen. Aber die unkontrollierte Gärung erzeugt keine gute Qualität, daher der Rat: Kaufen Sie einen guten Essig und würzen ihn nach Ihrem persönlichen Gusto mit Gewürzen oder Kräutern. Für selbst gemachte Gewürzessige eignen sich Zutaten wie Chili, Knoblauch, Ingwer, Pfefferkörner, Kümmel, Fenchelsamen, Wacholderbeeren, Senfsaat, Gewürznelken, Sternanis und Zimt.

Die enorme Vielfalt der gewürzten Öle

Rosmarin ist ein schönes Beispiel dafür, wie leicht es ist und wie schnell es geht, ein neutrales, einfaches Öl nach persönlichem Geschmack zu aromatisieren. Genauso vielfältig wie die Auswahl an Gewürzen und Kräutern für die Herstellung von Würzölen, ist auch die Auswahl an den zu verwendenden Basisölen. Im weitesten Sinne können auch Pflanzenöle als Gewürze gesehen werden, denn sie werden durch das Auspressen von ölhaltigen Pflanzen gewonnen. Das Öl kann aus Samen, Kernen und Früchten gewonnen werden. Besonders würzig schmecken Kürbiskern-, Walnuss-, Haselnuss-, Mandel- und Macadamiaöl. Am gebräuchlichsten sind Oliven-, Distel-, Raps-, Sonnenblumen-, Weizenkeim-, Maiskeim-, Lein-, Soja-, Sesam- oder Leinöl. Avocado-, Mohn-, Senfsaat-, Traubenkern-, Trüffel- und Pistazienöl sind noch intensiver im Geschmack, werden aber aufgrund ihrer hohen Preise nicht oft in der alltäglichen, dafür aber umso öfter in der gehobenen Küche verwendet. Alle diese Öle können noch zusätzlich mit Kräutern und Gewürzen verfeinert werden. Da Öl (Fett) alle Duftstoffe von Gewürzen gut auflösen kann, ist es ein leichtes, Speiseöle zu aromatisieren. Besonders toll schmecken Estragon-, Orangen- und Fenchelöle.

Selbst gemachter Würzessig
Ein Lorbeerblatt darf im selbst gemachten Würzessig nicht fehlen, es verleiht eine aromatische, herbe und leicht bittere Note. Nehmen Sie einfach einen schönen Sherryessig und füllen ihn mit 1 knallroten Chilischote, 2 Lorbeerblättern und 1 Teelöffel gemischter Pfefferkörner in eine kleine Geschenkflasche. Optisch und geschmacklich perfekt.

Selbst gemachtes Rosmarinöl
2 frische Rosmarinzweige im vorgeheizten Backofen bei etwa 100 °C 5–8 Minuten trocknen, herausnehmen und auf Küchenpapier abkühlen lassen. Eine sterilisierte Flasche (750 Milliliter) mit 1 Esslöffel schwarzen und weißen Pfefferkörnern sowie dem Rosmarin befüllen und mit qualitativ hochwertigem Olivenöl aufgießen. Luftdicht verschließen und dunkel sowie kühl lagern. Nach etwa 1 Woche ist der Rosmarin mit seinen Aromastoffen gut ins Olivenöl gedrungen. Der Rosmarin sollte vollständig im Öl liegen, da die Kräuter sonst schimmeln.

MAJORAN  Origanum majorana

Die mehrjährige und ausdauernde Majoranpflanze aus der Familie der Lippenblütler wurde im Laufe der Zeit zu einer einjährigen Pflanze kultiviert. Die 20 bis 50 Zentimeter hohen, verästelten Stängel tragen eiförmige und behaarte Blätter, deren Drüsen bis zu 1 Prozent ätherisches Öl enthalten. Am Ende der Stängel finden sich unauffällige, weiße bis leicht lilafarbene Blüten.

Ursprünglich stammt Majoran aus Kleinasien. Doch schon in der Antike wurde er im Mittelmeerraum angebaut. Heute sind große Anbaugebiete zudem in Ost- und Mitteleuropa zu finden.

Gerebelter Majoran wird luftdicht, kühl und dunkel aufbewahrt. In der sommerlichen Erntezeit gibt es frischen Majoran zu kaufen, der sich in ein feuchtes Tuch gewickelt einige Tage im Gemüsefach des Kühlschranks frisch hält.

Sehr aromatisch, leicht süßlich und würzig im Geschmack.

Majoran ist ein beliebtes Würzmittel bei Innereien, Wurstwaren, Pasteten und Fleischgerichten. Er gehört zum Gulasch, zum Gänsebraten, zu Fisch- und Gemüseeintöpfen, zu Sauerkraut und Bratkartoffeln. Majoran macht die Speisen bekömmlicher und macht das Fett der Gerichte besser verdaulich.

Majoran kommt bei Blähungen, Magen-Darm-Störungen, als Appetitanreger und Entschlackungsmittel zum Einsatz. Majorantee wird für die Rekonvaleszenz, trockenen Reizhusten und zur Förderung des gesunden Schlafs eingesetzt.

Im Libanon, in Jordanien und in Israel wird ein verwandtes Kraut, Zathar (Majorana syriaca), verwendet. Dieses Gewürz ist sehr aromatisch und geschmacklich zwischen Majoran und Oregano anzusiedeln.

Römische Frauen glaubten an die Magie des Majorans und mischten dementsprechend wohlriechende Majoranöle und -salben als Aphrodisiakum, um ihre Liebsten zu betören. Bei den Griechen galten Thymian, Rosmarin und Majoran als Pflanzen, die der Liebesgöttin Aphrodite geweiht waren. Die Majoranpflanze hat den Frauen durch die Jahrhunderte sehr wohl getan. Der griechische Arzt Dioskurides berichtet über die Anwendung von Majoransud zur Förderung der Menstruation und zum Abklingen der Bauchkrämpfe sowie auch zur Verabreichung im Klimakterium.

Der lateinische Name „Somniferum" dieser Mohnsorte setzt sich aus „Somnus" (Schlaf) und „Ferre" (bringen) zusammen, was auf die narkotische Wirkung des enthaltenen Opiums anspielt. Opium ist der getrocknete Milchsaft der unreifen Samenkapseln. Jede Kapsel enthält neben Wachsen, Harzen, Proteinen, Zucker und Alkaloiden bis zu 50 Milligramm davon. Das griechische Wort „Opium" stammt aus der Antike und heißt übersetzt „Pflanzensaft". Die einjährige, bis zu 1,2 Meter hohe Pflanze aus der Familie der Mohngewächse hat blaugrüne Blätter und weißviolette, leicht rötliche Blüten, aus denen sich die etwa walnussgroßen Kapseln bilden.

Höchstwahrscheinlich stammt die Mohnpflanze aus Westasien; parallel dazu ergaben Recherchen, dass auch das westliche Mittelmeergebiet das Herkunftsgebiet sein könnte. Heutzutage wird kontrollierter Mohnanbau in Indien, Türkei, Griechenland und Mitteleuropa betrieben.

Ganze Samen oder gemahlene Samen luftdicht und kühl lagern. Meist wird Mohn zum Backen verwendet und ist von vornherein in Backmischungen enthalten. Sollte Mohn öfter verwendet werden, so ist der Kauf von ganzen Samen zu empfehlen, die in einer speziellen Mohnmühle gemahlen werden können.

Mohn ist fast geruchslos, schmeckt aber außerordentlich nussig, würzig und aromatisch.

Der Samen vom Mohn ist der Lieferant für das wertvolle Mohn-Speiseöl. Die blaugrauen, runden Samen enthalten 40 bis 50 Prozent Öl, das durch Kaltpressung gewonnen wird. In Europa ist jedoch der Mohnsamen eher als würzende Ingredienz für Backwaren bekannt. Pikanten Broten, Brötchen und Knäckebroten gibt er ebenso wie süßem Gebäck, Kuchen, Strudeln und Germknödeln eine besondere Aromanote. Seite 224

Mohn soll entspannend auf Muskeln im Verdauungsbereich sowie die Atemfunktion wirken und Hustenreiz lindern. Die Opiate des Mohns werden heute noch als Schmerzmittel eingesetzt.

MÖNCHSPFEFFER Vitex agnus castus

Der kräftige, bis zu 6 Meter hohe Strauch aus der Familie der Eisenkrautgewächse bringt in der Blütezeit aromatisch duftende, rosa Blüten hervor. Nach der Bestäubung entwickeln sich dunkelbraune, pfefferkorngroße Früchte, die getrocknet als Gewürz verwendet werden. Es handelt sich nicht um eine Pfefferart, nur das Aussehen und der Pfefferduft gaben diesem Gewürz einst seinen Namen. Der lateinische Name „Vitex agnus castus" bedeutet übersetzt „keusches Lamm". Teilweise geriet der Keuschpfeffer oder Keuschlamm des Abrahamstrauchs, wie er auch genannt wird, in Vergessenheit.

Die Pflanze zählt zu den Eisenkrautgewächsen und kommt überwiegend im Mittelmeerraum und in Zentralasien vor.

Das exotische Gewürz ist ganz oder gemahlen erhältlich. Luftdicht, dunkel und trocken aufbewahren.

Riecht pfefferig, schmeckt aber eher scharf und etwas bitter.

Die Beeren wurden früher als Pfefferersatz verwendet, heutzutage sind sie wiederentdeckt. Mönchspfeffer kommt vor allem in Gewürzmischungen zum Einsatz wie in der marokkanischen Gewürzmischung Ras el Hanout (Seite 127). Solo schmeckt er in Eintöpfen, zu gegrilltem Fleisch und Wild. Seite 202

Agnus castus wird als hochwirksamer Pflanzenextrakt eingesetzt. In der Naturheilkunde sind die ätherischen Agnus-Castus-Öle ein pflanzliches Heilmittel, dessen therapeutische Wirkung und Unbedenklichkeit mittlerweile wissenschaftlich belegt ist. Mönchspfeffer gehört zu den wichtigsten Heilpflanzen für die Hormonregulierung der Frau. Empfehlung: Sollten Sie zu einem Gourmetessen eingeladen sein, bei dem der Koch raffinierte Würzungen vornimmt, u.a. mit Mönchspfeffer, ist unbedingt darauf zu achten, dass eine schwangere Frau dieses Gewürz nicht zu sich nimmt. Mönchspfeffer wirkt auf die Geschlechtshormone und sollte während Schwangerschaft und Stillzeit nicht verzehrt werden. Hierzu auch den Arzt oder Apotheker befragen.

Der Name Mönchspfeffer hat durchaus seine Bedeutung, denn die Heilpflanze kam in den katholischen Mönchstraditionen zum Einsatz, um den Mönchen zu helfen, ihre „niederen Gelüste" im Zaum zu halten und somit dem Zölibat treu zu bleiben. Die Pflanze wurde in den mittelalterlichen Klostergärten als „Anti-Aphrodisiakum" angebaut. Das Wunderkraut galt in der Antike als blutstillend und wurde seit jeher bei Menstruationsbeschwerden eingesetzt.

MUSKAT Myristica fragans

Der Muskatbaum wächst im Wildwuchs bis zu 15 Meter hoch. Im kultivierten Zustand erreicht er eine Höhe bis etwa 6 Meter und kann bis zu 100 Jahre alt werden. Die Bäume tragen erst ab dem achten Jahr. Die Reifezeit der Früchte dauert etwa 9 Monate, dann springen sie von selbst auf. Die aprikosengroße, purpurfarbene Muskatnuss liegt als Samenkern im Inneren der Muskatfrüchte. Umhüllt wird die Nuss von einem ebenfalls purpurnen Samenmantel, der als getrocknete, gelbbraune Hülle oder als Pulver unter dem Namen Muskatblüte oder Macis in den Gewürzhandel kommt. Die deutsche Übersetzung des Lateinischen „nuces moschatae" heißt „nach Moschus duftende Nüsse" – in der Umgangssprache wurde daraus die Muskatnuss.

Ursprünglich beheimatet auf den Banda-Inseln und Molukken (Indonesien), wird heute kultivierter Anbau in Indien, Brasilien, Grenada, Madagaskar und Mauritius betrieben.

Muskatnuss, auch als Suppennuss oder Bandanuss bekannt, und Muskatblüte kann man im Ganzen oder als Pulver gemahlen erwerben. Beides sollte luftdicht, dunkel und trocken lagern. Muskatnüsse je nach Gebrauch auf einer speziellen Muskatreibe reiben, da der Aromaverlust in pulverisierter Form sehr hoch ist.

Muskatblüte und Muskatnuss haben einen angenehmen, wohlriechenden Duft. Die Nuss hat einen würzigen, leicht brennenden Geschmack, wogegen die Blüte ein sehr liebliches, feines Aroma besitzt. Daher gilt, dass Macis die Muskatnuss als Gewürz ersetzen kann, aber nicht umgekehrt. Es gibt auch „falsche Muskatnüsse": die Makassar- oder Papuamuskatnuss (Myristica argentea) aus Neuguinea und die Bombaymuskatnuss (Myristica malabarica). Beide Sorten erkennt man an der Form und an der schwachen Würzung.

Mit der echten Muskatnuss wird viel gewürzt, von Suppen, Saucen, Ragouts, Fleisch- und Gemüsegerichten über Kartoffelbrei, Spinat und Vollkornnudeln. Auch zu Süßem wie Nuss- und Dattelkuchen oder Sahnelikör passt sie hervorragend. Die Faustregel besagt, dass alles, was

Muskatnuss

besonders salzig und besonders süß ist, mit Muskatnuss perfektioniert wird. Macis oder Muskatblüte, das feinere Gewürz von beiden, schmeckt in Desserts, in Wursterzeugnissen, in Reisgerichten und im (Weihnachts-) Gebäck. Die Muskatnuss wird auch in der Pharmaindustrie, in der Parfüm- und Kosmetikherstellung sowie in der Getränkeindustrie verwendet. Die Muskatblüte wird ob ihrer leuchtend gelborangenen Farbe oft zum Färben in der Nahrungs- und Genussmittelindustrie genutzt.  Seite 192

Muskatnuss ist ein „Prisengewürz", denn die Nuss ist im Bereich zwischen 5 bis 10 Gramm giftig! Dann wirkt Muskat wie ein Rauschmittel und verursacht Halluzinationen und Schwindelanfälle. Vorsicht mit Kindern, Muskat sollte unzugänglich aufbewahrt werden.

Muskat wirkt anregend, hilft bei Blähungen und stärkt den Magen.

Die Muskatnuss wurde bereits in Sarkophagen und Grabkammern im alten Ägypten gefunden. Etwa 400 n. Chr. brachten Gewürzhändler das exotische Gewürz nach Europa. Allerdings begann der Gewürzhandel erst ab dem 16. Jahrhundert, nachdem Vasco de Gama auf dem Seeweg aus Indien zurückkehrte, und somit auch die Verbreitung der Muskatnuss in Europa. Britische, spanische, portugiesische und niederländische Kolonialherren erkannten sehr schnell, dass in den ostindischen Ländern die Muskatnuss nicht mit Gold aufzuwiegen war, und bekriegten sich deswegen untereinander. Am 18.4.1667 fand ein Inseltausch statt: Die Briten bekamen die ostindische Insel Run und gaben im Gegenzug den Holländern die Insel Manhattan (heutiges New York). In der damaligen Zeit galt die etwa 3 Kilometer lange und nur knapp 1 Kilometer breite Insel Run als Goldinsel, da sie über und über mit Muskatnussbäumen bewachsen war. Die Briten verdienten sich mit der Muskatnuss wirklich eine goldene Nase, da diese als einzig wirksame Medizin gegen die Pest eingesetzt wurde. Ein Jahrhundert später, im Jahre 1770, ließ Pierre Poivre (Statthalter der damaligen Provinz Mauritius) Muskatpflanzen nach Afrika „schmuggeln" und initiierte damit den immer noch erfolgreichen Export der Muskatnuss aus Afrika.

Geriebene Macis (Muskatblüte)

PAPRIKA Capsicum annuum

Es gibt über 30 verschiedene Sorten von Gewürzpaprika, der auch unter den Namen Roter Pfeffer oder Beißbeere bekannt ist. Die meist leuchtend roten Früchte haben ein schlankes, kegelförmiges Aussehen und sind etwa 10 Zentimeter lang. Die Paprikapflanze aus der Familie der Nachtschattengewächse ist eine einjährige Pflanze, die eine Höhe von bis zu 60 Zentimetern erreicht. Oftmals wird die Frucht als Schote bezeichnet, botanisch gesehen ist die Frucht allerdings eine Beere.

Als Gewürz werden die getrockneten und gemahlenen Paprikabeeren der Gewürzpaprika verwendet; die roten, gelben oder grünen Gemüsepaprikaschoten eignen sich nicht zur Herstellung des Gewürzes. Mittlerweile gibt es auch neue Züchtungen des Gewürzpaprikas mit den Farben Weiß, Orange, Dunkelgrün, Violett, Schwarz sowie Schokoladenbraun.

Der Geschmack des Gewürzes ist auf ein ätherisches Öl und den bis zu 6 Prozent enthaltenen Zucker zurückzuführen. Das, was die frische Paprika so scharf macht, findet sich in den Kernen und in den Scheidewänden: Capsaicin. Dieser Scharfmacher ist je nach Sorte reichlich oder wenig vorhanden. In Ungarn wird die Schärfe des Paprikapulvers gesteuert: Man entfernt gezielt die scharfen Samen der Beere, zermahlt sie und gibt sie je nach gewünschter Schärfe dem Pulver wieder hinzu. Auf den Gewürzmärkten weltweit zieht die Farbenpracht der verschiedenen Paprikasorten die Menschen an. Die Färbekraft, aber auch das Aroma ist ausschlaggebend für die unterschiedlichsten internationalen Gerichte.

Südamerika gilt für alle Arten von Paprika als Ursprungsregion, allem voran Mexiko. Christoph Kolumbus hat die Paprika nach Europa gebracht. Heutzutage gelingt der Anbau weltweit, wobei Süd- und Mittelamerika führend sind. In Europa gilt Ungarn als Paprikaland. Wichtige Anbauländer sind auch Spanien, Frankreich und Italien.

Paprikapulver ist kühl, luftdicht und dunkel aufbewahrt etwa 1 Jahr haltbar, danach verliert es an Aroma, Schärfe und Würzkraft.

Im Geruch sind alle Qualitätsstufen angenehm wohlriechend, im Geschmack süß und aromatisch, einige davon sehr scharf und wiederum andere überhaupt nicht scharf. Gewürzpaprika wird für den Verkauf in vier Geschmacksstufen eingeteilt: Die mildeste Sorte ist der Delikatesspaprika, dann wird es steigend schärfer: edelsüß, halbsüß und Rosenpaprika. Die schärfste Stufe ist bei uns nicht im Handel, da die mindere Qualität nicht zugelassen ist.

In jedem Land gibt es besondere Gerichte mit Paprika, die bekanntesten sind in Ungarn zu Hause: Gulasch, Paprikaschnitzel, Letscho, Reisfleisch und Szegediner Gulasch. Die verschiedenen Paprikasorten lassen sich auch kreativ bei allen Gerichten von Gemüse, Fisch und Fleisch individuell einsetzen, am besten in Schmorgerichten. In der Türkei gibt es die Streuwürze Pul biber, ein grobes, etwas feuchtes Paprikapulver aus Paprikaflocken, und ein dunkelbraunes Pulver aus getrockneter Paprika namens Isot. In der arabischen Welt ist Paprika eine Ingredienz in der Gewürzmischung Baharat (Seite 124) und in Südamerika ist Paprika auch Bestandteil von vielen Gewürzmischungen wie beispielsweise Adobo. Da die Paprikaschoten Zucker enthalten, sollte man das Gewürz nicht im Fett „verbrennen", da es sonst bitter schmeckt. Seite 156

1937 erhielt Dr. Albert Szent-Györgyi den Nobelpreis für Medizin, denn es war ihm gelungen, aus Paprika Vitamin C zu isolieren und zu identifizieren. Paprikaschoten haben sogar einen höheren Vitamin-C-Gehalt als Zitronen und wurden von den amerikanischen Ureinwohnern seit jeher als Schmerzmittel, z. B. gegen Zahnschmerzen und Arthrose, eingesetzt. Heute findet man Paprika auch in ABC-Pflastern, die bei Rheumaschmerzen verwendet werden. Auch das Capsaicin kommt in Schmerzmitteln und Wundsalben zum Einsatz und trägt zur Verringerung der Thrombozyten bei.

Ungarn – das Paprikaland. In Kalocsa, eine Stadt ca. 100 Kilometer südlich von Budapest, gibt es das einzige Paprikamuseum in Europa. Es gewährt Einblicke in die Geschichte des „roten Goldes", wie es in Ungarn genannt wird. Der Paprikaanbau spielte im 18. Jahrhundert eine bedeutende Rolle in der Umgebung von Kalocsa, ein Erbe der türkischen Eroberer. Durch den weltweiten Gewürzhandel gelangten die Paprikaschoten per Schiff von Mittel- und Südamerika über den Handelshafen Venedig nach Indien und China. Die Türken fanden bei ihren Kriegszügen und der Eroberung um 1513 n. Chr. in Hormuz am Persischen Golf riesige Paprikaanbaugebiete vor. Die türkische Vergangenheit Ungarns bis zum endgültigen Abzug der Türken im Jahre 1699 erklärt das Heimischwerden der südamerikanischen Pflanze in ganz Ungarn. Mit der Industrialisierung im 20. Jahrhundert entstanden zunehmend Fabriken, die sich auf die Weiterverarbeitung von Paprika spezialisierten.

Die mehrjährige Krautpflanze aus der Familie der Ingwergewächse ist in Westafrika beheimatet. Die einzelnen rosa Blüten bilden bis zu 10 Zentimeter lange Kapseln, die braunrote Samen enthalten. Die getrockneten Samen bzw. Körner, die Paradieskörner, Guineapfeffer, Meleguetapfeffer oder auch Malagettapfeffer genannt werden, gelangten im Mittelalter vom tropischen Westafrika nach Nordafrika und von dort aus nach Europa. Lange waren sie ein günstiger Pfefferersatz. Sie wurden auch zeitweise als Kardamonersatz gehandelt, sind jedoch mit dessen Geschmack nicht zu vergleichen.

Stammen aus den Ländern entlang der Westküste Afrikas: Liberia, Ghana, Elfenbeinküste, Togo sowie Nigeria.

Im Handel sind die ganzen Körner, aber auch das gemahlene Pulver erhältlich. Luftdicht, kühl und trocken lagern.

Die pikant-scharfen Körner schmecken angenehm würzig, jedoch nicht pfeffrig und brennend. Die Samen sind in Größe und Gestalt den Kardamomsamen sehr ähnlich, aber rötlichbraun gefärbt. Im gemahlenen Zustand sind sie blassgrau.

Die ganzen Körner können nicht mitgekocht werden und sollten daher erst kurz vor der Verwendung gemahlen werden. Teilweise waren die Paradieskörner ganz aus unseren Küchen verschwunden, früher nahm man sie vielfach für Wurstbrät, für Lebkuchen und für die Likörherstellung. Heute erleben sie ihre Renaissance in der Küche, ob nun in Fleisch-, Fisch- oder Gemüsegerichten. Meleguetapfeffer ist in Afrika in verschiedenen Gewürzmischungen zu finden, so auch als Ingredienz in der bekannten Mischung Ras el Hanout (Seite 127). Paradieskörner werden in den Herkunftsländern nicht ausschließlich zum Kochen verwendet, sondern auch als wärmendes Mittel gekaut. Seite 158

„So nym witten ingever, muschatenblomen, paradieskorne unde neghelken unde stod tosammende.", so steht es in einem Kochbuch aus dem 15. Jahrhundert, das in der Herzog-August-Bibliothek zu Wolfenbüttel aufbewahrt wird. Ein Beweis für die lange Verwendung der aromatischen Körner in den Küchen Deutschlands. Sie gaben zudem mit ihrem unvergleichlichen Duft nicht nur Speisen, sondern auch Wäsche, Schränken und Räumen einen wohltuenden Geruch.

Der Name Paradieskörner entstand im Mittelalter, denn diese Gewürzkörner mit ihrem himmlischen Duft schürten die Vorstellung vom irdischen Paradies nach dem Motto: Ein Land, in dem ein solches Gewürz wächst, muss paradiesisch sein. Interessant: Im Duftbereich und in der Astrologie stehen Gewürz- und Kräuterdüfte wie z. B. Paradieskörner, Safran, Salbei, Flieder, Borretsch, Ysop, Lavendel, Muskatnuss und -blüte, Zimt, Nelke, Anis und Myrrhe im Zeichen des Jupiter. Die Kraft wird aus dem Genuss sowie dem Duft geschöpft und steht für Glück, Erfolg und Heilkraft. Jupiter steht für Optimismus und Gerechtigkeitsstreben. In der Esoterik sollte man sich also mit dem Duft von Gewürzen und Kräutern umgeben, denn er hat eine reinigende Wirkung – schlechte Energien verschwinden und lassen Platz für alles Positive.

PFEFFER Piper Nigrum

Neben Salz gehört Pfeffer mit einem jährlichen Pro-Kopf-Verbrauch von etwa 250 Gramm zu den meistverwendeten Gewürzen Deutschlands. Die grünen oder roten Pfefferbeeren der immergrünen, tropischen Kletterpflanze aus der Familie der Pfeffergewächse werden zweimal im Jahr mit der Hand geerntet. Die erste Ernte erfolgt frühestens nach 8 Jahren, wenn die Pfeffersträucher ihre volle Reife erlangt haben, sie können dann aber bis zu 30 Jahre Beeren tragen. Die Beerenrispen ähneln in Größe und Aussehen Johannisbeeren. Sie können reif oder unreif geerntet werden.

Indien ist die Pfefferheimat, der beste Pfeffer stammt von der indischen Malabarküste. Wichtige Pfeffer-Exportländer sind zudem Sri Lanka, Malaysia, Indonesien, Brasilien und die karibischen Antillen.

Weiße und schwarze Pfefferkörner sowie Pfefferpulver sollten luftdicht, kühl und dunkel lagern. Empfehlenswert ist eine Pfeffermühle, um die gewünschte Menge frisch zu mahlen. Ganze Pfefferkörner sind bis zu 3 Jahre haltbar, hingegen verliert Pfefferpulver schnell an Aroma. Grüne und rote eingelegte Pfefferkörner im Glas sollte man im Kühlschrank aufbewahren und nach dem Öffnen des Glases innerhalb von 6 Wochen verbrauchen.

Weltweit wird gepfeffert, es ist ein „Muss-Gewürz" in jedem Haushalt. Jede pikante Speise wird neben dem Salzen auch gepfeffert. Dabei ist es Geschmackssache, ob der scharfe schwarze oder der mildere weiße Pfeffer zum Einsatz kommt. Im Allgemeinen verwendet man für helle Gerichte weißen, und für dunkle Gerichte eher schwarzen Pfeffer. Eine tolle Aromamischung erhält man, wenn weiße und schwarze Pfefferkörner in der Mühle vermischt werden. Die weichen, grünen, aromatisch-milden Pfefferkörner werden weniger verwendet, passen aber auch zu jedem Gericht. Vor allem bei den Süßspeisen und Desserts gibt es schöne Kombinationen mit Feigen und Erdbeeren – milde Schärfe trifft auf zarte Süße.

In der Naturheilkunde wird das im Pfeffer enthaltene Alkaloid Piperin bei Entzündungen, Kopfschmerz, Rheuma, Koliken und Verdauungsstörungen eingesetzt. Das zu etwa 3 Prozent enthaltene ätherische Pfefferöl verleiht dem Gewürz einen äußerst angenehmen Duft und wird vielfach in der Lebensmittel- sowie in der Parfümindustrie eingesetzt. Laut der tropischen Volksmedizin wirkt die Beigabe von Pfeffer in Gewürzmischungen und Gerichten desinfizierend und keimtötend.

Pippali, Pfeffer, wurde schon im indischen Sanskrit erwähnt. Dieses Gewürz gilt im Sprachgebrauch von jeher als Synonym für Würzigkeit (Pfeffrigkeit). Gerichte, Gebäck und Kuchen, die einen scharf-würzigen Geschmack haben, wie z. B. Pfefferpotthast (Eintopf aus Westfalen), Pfefferkuchen, Pfefferschinken oder Pfeffernüsse, wurden nach dem Gewürz benannt. Umgangssprachlich heißt es auch oft: „Hier liegt der Hase im Pfeffer", was so viel heißt wie „Hier ist die Quelle des Übels". Ein ebenso bekannter Ausspruch ist „Geh doch dahin, wo der Pfeffer wächst!", was so viel heißt wie „Verschwinde!", in der Annahme, dieses Land sei ganz weit weg.

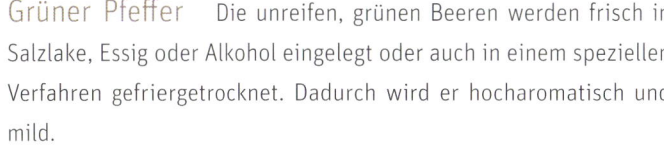

Schwarzer Pfeffer Um schwarzen Pfeffer herzustellen, werden die grünen, unreifen Beeren des Piper nigrum zum Fermentieren und Trocknen in die Sonne (oder auch in Öfen) gelegt. Dabei werden sie schwarzbräunlich und runzelig. Ganze Körner werden vielfach auch mitgekocht oder zum Einlegen und Marinieren verwendet. Schwarzer Pfeffer schmeckt scharf-brennend.

Weißer Pfeffer Die reifen, roten Beeren werden für 8 bis 10 Tage in Meerwasser eingelegt. Dadurch lösen sich Schalen und Fruchthäute, die übrig bleibenden weißgelblichen Samenkerne werden getrocknet. Das Aroma des weißen Pfeffers ist feiner, milder und runder als das der anderen Pfeffersorten; er schmeckt auch nicht so scharf.

Grüner Pfeffer Die unreifen, grünen Beeren werden frisch in Salzlake, Essig oder Alkohol eingelegt oder auch in einem speziellen Verfahren gefriergetrocknet. Dadurch wird er hocharomatisch und mild.

Roter Pfeffer Die rötlichen, vollreifen und ungeschälten Beeren sind selten im Handel erhältlich, da die Produktion sehr aufwendig ist. Rote echte Pfefferkörner gelten als Delikatesse und sind sehr teuer. Durch das Reifestadium schmecken sie leicht süßlich und dabei doch sehr scharf. Dieser Pfeffer wird üblicherweise zur Verstärkung des Aromas direkt nach der Ernte in Lake eingelegt – das verhindert die Fermentation und einen möglichen Aromaverlust der süßlichen Fruchthülle. Roter Pfeffer wird wie der grüne Pfeffer im Glas angeboten. Die rosa Pfefferbeeren, die man in einer bunten Pfeffermischung findet, haben nichts mit dem roten, echten Pfeffer zu tun, denn sie gehören nicht zu den echten Pfefferarten, sondern stammen vom brasilianischen Pfefferbaum.

Indisches Gold und Pfeffersäcke

Pfeffer, das Universalgewürz weltweit, macht sogar fade Gerichte interessant und spannend. Der Ausdruck „aufpeppen" kommt nicht von ungefähr, denn die Früchte der Pfefferpflanze frischen die Speisen mit einer ungeheueren Würzkraft auf. Doch damit nicht genug: Pfeffer wurde lange Zeit dazu benutzt, um mangelnde Frische von Nahrungsmitteln und verdorbenen Speisen zu übertünchen, was durch die Entwicklung moderner Konservierungsmethoden überflüssig wurde. Was blieb, ist ein seit seiner Entdeckung unverzichtbares Gewürz für unsere Speisen.

Die Geschichte des „Piper nigrum" ist eine lange Geschichte, bereits in der Antike wurden Pfefferkörner den Göttern als Geschenk dargebracht, um sie milde zu stimmen. Später war Pfeffer ein Währungsmittel wie Geld, mit dem Steuern, Mieten, Söldnerlöhne, Zölle, Bestechungsgelder und vieles mehr bezahlt wurde – es zeugte von immensem Reichtum. Durch Pfeffer entstanden Machtintrigen und Kriege, jede Nation und jeder Händler wollte das Pfeffermonopol besitzen, es herrschte immer wieder der Pfefferkrieg. Der rege Handel von Indien nach Europa erreichte im 16. Jahrhundert seinen Zenit.

Der Gewürzhandel mit Asien versprach Händlern durch das „indische Gold" reich zu machen. Kaufleute, die sich mit dem Zwischenhandel von Pfeffer große Reichtümer erwirtschafteten, bezeichnete man spöttisch als „Pfeffersäcke". Die Steinfrucht „Piper nigrum" war nicht zuletzt so begehrt, weil sie mit Männlichkeit und Macht verbunden wurde.

Bei den Römern war Pfeffer derart beliebt, dass es als das meistverwendete Gewürz galt. In den Rezeptüberlieferungen von Apicius ist zu lesen, dass jedes Gericht mehr als üppig mit Ingwer, Kardamom und vor allem mit Pfeffer gewürzt wurde. Sogar die Süßspeisen wurden kurz vor dem Servieren mit Pfeffer bestreut. Als die Goten Rom besetzten, forderten sie zur Auslösung der Stadt zusätzlich 3.000 Pfund Pfeffer. Und beim Untergang Roms erhielten die Barbaren ihren Tribut in Form von Pfefferkörnern.

Im Mittelalter trug man Pfefferketten als Luxusgut und die „schwarzen Perlen" galten als direktes Zahlungsmittel. Der Besitz bzw. der Reichtum wurde in Pfeffersäcken aufgewogen. Kaufleute, Abenteurer und Missionare reisten in die legendären Pfefferländer ostwärts nach Indien, auf den Spuren des schwarzen Goldes. Wenn Lieferungen von Schiffen aus-

blieben, was immer wieder aufgrund von Zwistigkeiten, Piraterie und schweren Stürmen auf See vorkam, gab es schnell Ersatz in Form von falschem Pfeffer. Und dies konnte von Mönchspfeffer über Mohrenpfeffer bis Myrtenbeeren so ziemlich alles sein. Echte Pfefferkörner wurden auch „im Säckchen" mit anderen, ähnlich aussehenden Zutaten wie Beeren, Aschantipfeffer oder Steinchen gestreckt.

Pfeffer in der Küche – ein scharfes Vergnügen

Gewürzliebhaber geben sich nicht mit einer kleinen Prise fertig gemahlenem Pfeffer zufrieden: „Zu ausgeraucht und keine Herkunftsbezeichnung". Dafür wird mit Körnern aus aller Welt, zuhause selbst frisch gemahlen, ein Pfeffer-Erlebnis geschaffen. Die Auswahl ist riesengroß, ob in gut sortierten Gewürzgeschäften, Bioläden, Feinkostabteilungen oder im Internet (Bezugsquellen Seite 232). Und zudem macht es riesigen Spaß explizit einen Pfeffer mit Herkunftsbezeichnung aus dem brasilianischen Hochland oder von einem karibischen Küstenstrich der Antillen zu bestellen, denn die individuellen Besonderheiten wie Bodenbeschaffenheit und klimatische Verhältnisse kann man in den verschiedensten Pfeffersorten der Welt auch schmecken. Eine ganz besondere Delikatesse ist auch der Bergland-Pfeffer, der im Süden des indischen Westghat-Gebirges inmitten von Tee- und Kaffeeplantagen gedeiht. Er hat eine blumige Fruchtigkeit mit angenehmer Schärfe.

Bergland-Pfeffer

◂ Langer Pfeffer (Piper longum)

VIELFÄLTIGSTE PFEFFERARTEN UND PFEFFERÄHNLICHE

Weltweit gibt es über 1.000 verschiedene Pfefferarten der Gattung „Piper", von denen die überwiegende Anzahl als Schlingpflanzen, Sträucher oder kleine Bäume vorkommen. Darunter auch diejenigen, die in der Küche zum Einsatz kommen.

Langer Pfeffer Der Bengalpfeffer „Piper longum" ist dem schwarzen Pfeffer sehr ähnlich. Auch ist das Verfälschen und Unterschmuggeln von Javapfeffer „Piper retrofractum" nicht unüblich. Der Lange Pfeffer genießt in der ayurvedischen Ernährung und Medizin hohes Ansehen, ihm werden Qualitäten wie scharf, erhitzend und süß zugeschrieben. In der tantrischen Liebeskunst wird er als Aphrodisiakum eingesetzt und auch bei den Gourmets ist er aufgrund seines sehr scharfen, äußerst aromatischen Geschmacks überaus hochgeschätzt. Man sollte ihn sparsam dosieren.  Seite 213

Rosa Pfeffer Die rosafarbenen, süßlichen, leicht scharfen Beeren des Sumachgewächs „Schinus terebinthifolius", einem Pfefferbaum aus Brasilien, sind zwar keine echte Pfefferart, aber trotzdem vielfach in bunten Pfeffermischungen zu finden.

Pfefferstrauch

Kubebenpfeffer Die gestielten, unreifen Früchte vom „Piper cubebe", beheimatet in Indonesien, waren im Mittelalter wegen ihrer heilenden Wirkung bei Erkrankungen im Magen- und Darmbereich eine begehrte Handelsware. Das bitterscharfe Gewürz mit Nelkenpfefferaroma, auch als Jawa- oder Stielpfeffer bekannt, ist wichtiger Bestandteil der bekannten Gewürzmischung Ras-el-Hanout (Seite 127). Schmeckt besonders gut zu Fleisch und Gemüse, kann auch bei jedem anderen Gericht anstelle von Jamaikapfeffer verwendet werden.

Cayennepfeffer Das scharf-pfeffrige Pulver ist nicht mit Pfeffer verwandt. Vielmehr werden die Chilischoten des Cayennestrauches, zugehörig zu den Caspicumgewächsen, getrocknet und gemahlen. Der Name kommt durch den als scharf-pfeffrig empfundenen Geschmack.

Jamaikapfeffer Jamaikapfeffer kennt man auch unter dem Namen Piment oder Nelkenpfeffer (Pimenta dioica). Er gehört zu den Myrtengewächsen und nicht zur Familie „Piper", der beste Nelkenpfeffer soll aus Jamaika stammen, daher der Name. (Siehe auch Seite 84)

Szechuanpfeffer Auch Chinesischer Pfeffer oder Blütenpfeffer genannt. Er gehört ebenfalls nicht zur Pfefferfamilie. Die rotbraunen, hohlen Beeren des Gelbholzbaums aus der Familie der Rautengewächse haben ein holziges Aroma und entwickeln bei der Verwendung ihre Schärfe. Unabdingbares Gewürz für die Szechuanente.

Meleguetapfeffer Die pikanten Paradieskörner stammen von einem westafrikanischen Ingwergewächs und haben mit echtem Pfeffer nichts zu tun. (Siehe auch Seite 77) Meleguetapfeffer, auch Malaglettapfeffer genannt, ist nicht mit der Malaguetachili zu verwechseln – diese gehört zu den weltweit schärfsten Chilisorten.

Szechuanpfeffer

PIMENT Pimenta dioica

Der Pimentbaum aus der Familie der Myrtengewächse kann bis zu 12 Meter hoch und bis zu 100 Jahre alt werden. Er ist ein schlanker, immergrüner Baum, der erst im siebten Jahr Früchte trägt und dessen Beeren sich aus den weißen Blüten bilden. Die faltige Haut der noch unreif geernteten Beeren entsteht durch die Fermentation und die anschließende Trocknung. Der lateinische Name „Pimenta dioica" stammt vom ebenfalls lateinischen „Pigmentum" (Würze) ab. Piment ist auch unter den Bezeichnungen Jamaikapfeffer, Nelkenpfeffer, Allgewürz und Neugewürz bekannt – diese Namen gehen auf den Umstand zurück, dass die Gewürzkörner aus der Neuen Welt kamen und erst in der Neuzeit bekannt wurden.

 Ursprungsland und Hauptexporteur ist Jamaika. In anderen mittelamerikanischen Staaten wie Honduras und Mexiko wird auch Piment angebaut, aber von minderer Qualität.

Wie bei fast allen Gewürzen empfiehlt es sich auch beim Piment die ganzen Körner zu kaufen, denn diese sind 2 bis 3 Jahre ohne Aromaverlust gut lagerfähig, während gemahlenes Piment schnell an Aroma verliert. Beides luftdicht, trocken und dunkel aufbewahren.

Im Geruch sind die ganzen oder gemahlenen Beeren sehr aromatisch, erinnern an Gewürznelken, Zimt und Muskat. Sie sind diesen Gewürzen auch im Geschmack ähnlich, haben aber eine leichte Pfeffernote.

Piment heißt im Englischen „Allspice", denn es hat so einen „Rundumgeschmack", dass es wirklich als Allrounder in der Küche eingesetzt werden kann. Es passt zu Wurst- und Backwaren, genauso wie zu Fisch, Saucen, Suppen, Gemüse, Rotkohl, Fleisch und Schmorgerichten. In der Gewürzmischung Curry ist Piment genauso Bestandteil wie in verschiedenen Likören. In England wird der berühmte „Plumpudding" mit Piment abgeschmeckt und der Likör Chartreuse wird damit aufgepeppt.

Die Pimentblätter, die wie die Beeren auch wertvolle ätherische Öle, allen voran das Eugenol, enthalten, werden frisch oder getrocknet zu Tee aufgebrüht. In der sanften Medizin gilt Piment als appetitanregend und es soll Blähungen beruhigen.

Kolumbus wollte nach Indien, um das Pfefferland zu finden, und fand irrtümlicherweise die Westindischen Inseln. Die Pimentkörner, dem Pfeffer nicht unähnlich, wurden von ihm für Pfeffer gehalten und bekam deshalb den Namen „Pimienta", spanisch für Pfeffer.

Die lateinischen Wörter Ros und Marinus bedeuten Tau und Meer. Das Benetzen des Rosmarins mit Meerwasser in der Sprühwasserzone oder vielleicht auch die meerblauen Rosmarinblüten bilden den Ursprung dieses schönen Namens. Laut Sage ist der Rosmarin der Liebesgöttin Aphrodite geweiht, er galt als Fruchtbarkeitssymbol. Kranzkraut, Weihrauchkraut, Brautkraut, Balsamstrauch oder Marienkraut wird das nadelige Würzkraut auch genannt. Der immergrüne Halbstrauch aus der Familie der Lippenblütler kann bis zu 1,5 Meter hoch werden und mag Frost überhaupt nicht, sondern sonnt sich gerne in mildem Klima. Der Strauch riecht etwas harzig, zerreibt man die Nadeln in der Hand, duften die ätherischen Öle angenehm und intensiv.

Der Name „Meertau" verleitet vielleicht zu dem Glauben, dass Rosmarin nur in Küstennähe gedeiht, tatsächlich hat der Rosmarin aber im ganzen Mittelmeergebiet seine Wurzeln und wächst auch im Inland. Besonders intensiven Anbau findet man heute in den Mittelmeerländern und den USA, in England und Mexiko.

Man sollte stets auf frischen Rosmarin zurückgreifen, dieser ist aromatischer als getrockneter, bei der Lagerung raucht er schnell aus und schmeckt dann eher bitter und herb. Getrockneten Rosmarin sollte man luftdicht, kühl und dunkel lagern.

Rosmarin riecht wie geharztes Heu und schmeckt leicht herb, würzig und erfrischend.

Mit dem Duft von frischem Majoran assoziiert man sofort viele mediterrane Gerichte wie Pizza und Focaccia. Rosmarin ist der Klassiker für Lamm, er würzt Wild, Schweinefleisch, Geflügel und durchaus auch Fisch. Mit Rosmarin werden Öle, Essige, Pasten, Brotaufstriche, Marmeladen und Honig verfeinert.

In frischen Rosmarin „könnte man sich reinsetzen" – das hat auch die Industrie für Badezusätze entdeckt. Die nadeligen Blätter enthalten bis zu 2,5 Prozent ätherisches Öl. Es ist sehr wertvoll, denn es enthält Terpene (antimikrobielle Geruchs- und Geschmacksstoffe) wie Cineol, Kampfer und Borneol. Diese Wirkstoffe macht sich die Naturheilkunde zunutze: Innerlich angewendet als Rosmarintee regt er den Kreislauf an und lindert Blähungen. In der äußeren Anwendung als Badezusatz hilft er bei Kreislaufschwäche, Durchblutungsstörungen, Gicht und Rheuma. Rosmarinöl hat eine stark antiseptische Wirkung.

Rosmarin galt im Mittelalter als Symbol der Treue, man übergab seiner Liebsten zum Zeichen der Treue einen Rosmarinzweig. In Deutschland trugen die Bräute einen Rosmarinkranz, der böse Dämonen vertreiben sollte. Mit der Zeit löste aber Myrte den Rosmarin als Brautkranz ab, weil diese Pflanze für Liebe, Leidenschaft, Schönheit und vor allem für Dauer steht. In Ägypten legte man seinen Toten Rosmarinzweige in die Hände, damit die Reise mit dem Duft versüßt wurde. Rosmarin ist der Liebe und dem Gedenken geweiht.

SAFRAN Crocus Sativus

Die Ernte und Herstellung des Safrans ist so aufwendig und zeitintensiv, dass er zum teuersten Gewürz der Welt avancierte. Die Krokusart Safran hat lange, grasartige Halme und blüht zwischen September und Oktober leuchtend lila. Nur die mittigen drei Blütennarben werden nach einer sechswöchigen Blütezeit per Hand abgezwickt und getrocknet. Sie allein bilden den echten Safran. Für 500 Gramm davon werden etwa 300.000 Blütennarben benötigt. Die oberen Fadenteile am Blütenständer werden separat als teurere Coupéware verkauft.

Da Safran so exorbitant teuer ist – 1 Kilogramm Safran kostet etwa 20.000 Euro – gibt es natürlich Fälschungen. Saflor, die Samen der Öl- oder Färberdistel, werden in arabischen Ländern oftmals als rote Fäden zum Safranpreis angeboten und der pulverisierte gelbe Safran ist meist eine billige Kurkumamischung. Auch Löwenzahnblüten oder Ringelblumen (vor allem Korbblütler) werden als Färbemittel verkauft; schon in Römerzeiten galten diese als „Safran des kleinen Mannes".

Ursprünglich stammt Safran aus Vorderasien, bekannte Anbaugebiete finden sich heute in China, Indien, Iran, Irak und dem ganzen Mittelmeerraum, dort besonders in Italien, Spanien und Griechenland (das Wort Crocus stammt aus dem Griechischen und bedeutet Faden). Aber auch in der Schweiz wird hervorragender Safran hergestellt.

Im Handel ist Safran als orangegelbe bis rote Fäden oder als gelbes Pulver in 1- bis 5-Gramm-Dosen erhältlich. Die echten Fäden sind dem Pulver im Hinblick auf den Geschmack in jedem Fall vorzuziehen. Safran sollte dunkel, luftdicht und trocken gelagert und am besten nur für den sofortigen Gebrauch gekauft werden.

Das würzige, stark intensive, leicht bittere und herbe Gewürz färbt nicht nur gelb, sondern gibt vor allem vielen Gerichten eine ganz besondere Note. Safran sollte aber nur in Spuren verwendet werden. Sehr intensiv ist das Safranerlebnis, wenn die roten Fäden kurz vor Gebrauch im Mörser zerstoßen werden.

In den Safrananbauländern haben sich im Laufe der Jahrhunderte viele Küchenklassiker mit Safran etabliert, so wie die Paella in Spanien, der Risotto Milanese in Italien, die Bouillabaisse und die Sauce Rouille in Frankreich, der Badami Kheer, ein Mandel-Grieß-Pudding, in Indien oder der Safrankuchen in der ehemaligen indischen Kolonialmacht England. Safran schmeckt aber auch in Saucen und Suppen, zu Gemüse wie Blumenkohl und in iranischem Eis mit Pistazien und Rosenwasser. Seite 172

Safran galt bei den Assyrern, den Phöniziern und sogar bei den Griechen als aphrodisierendes Extrakt. Ihm wurden auch harntreibende und entzündungshemmende Eigenschaften zugeschrieben.

Alexander der Große muss es wie Hexerei vorgekommen sein, als sein Zeltlager und auch seine Kleider im indischen Kaschmir über Nacht goldgelb gefärbt wurden. Sein Heer befand sich inmitten eines riesigen Krokusfeldes, das über und über lila blühte. Der Legende nach suchte der geängstigte Feldherr unverrichteter Dinge schnellstmöglich das Weite. Ein Glück für die Kaschmiri. Schon Spuren von Safran färben stark gelb – das enthaltene gelbe Crocin ist wasserlöslich, während der ziegelrote Anteil nicht färbt.

In der Südschweizer Region Wallis wächst Safran

Mund im Wallis ist der einzige Ort in der Schweiz und einer der wenigen in Mitteleuropa, in dem das edle Gewürz produziert wird. Die mageren Böden in 1.200 Metern Höhe oberhalb des Rhônetals und das alpine Klima sind scheinbar ideal für den exotischen Safran. Jedes Jahr im Oktober öffnen sich die Blüten für wenige Tage und geben ihren Schatz frei: Nur die oberen drei Narbenschenkel enthalten das intensive Safranaroma, das Färbemittel und die Heilstoffe. Die Gewinnung der leuchtendroten Safranfäden aus der zarten, violettfarbenen Krokusblüte erfordert Fingerspitzengefühl. Anbau und Ernte erfolgen heute noch genauso wie seit 600 Jahren. Fast das ganze Dorf erntet in geselliger Runde. Noch am gleichen Tag werden die Narben aus den Blüten gezogen und getrocknet. Die Ernte bringt jährlich 3 Kilogramm reinen Safran aus knapp 400.000 Blüten ein. Die leichten Fäden verlieren nach der Trocknung noch einmal an Gewicht. Das in Mitteleuropa einzigartige Luxusgut mit dem AOC-Siegel (geschützte Ursprungsbezeichnung) kann man im Wallis auf dem Munder Safranlehrpfad und im Safranmuseum kennenlernen. Die Safranzunft bietet im ganzen Jahr Führungen und Diavorträge an. Weitere Informationen unter www.mund.ch

SALZ Natriumchlorid

Das älteste Würzmittel der Welt ist das Meersalz. Jenes Salz, das durch Verdunsten von Meerwasser in sogenannten Salzgärten gewonnen wird. Der Vorteil in der Nutzung von Meersalz liegt darin, dass dieses Salz im Vergleich zu Kochsalz weniger salzig schmeckt, aber viel reicher an Mineralien (u. a. an Kalium, Magnesium sowie Mangan) und Spurenelementen, und daher besonders bekömmlich und würzig im Geschmack ist. Natriumchlorid, aus der Familie der Chloride, wird durch seine Gewinnung aus Meer, Stein oder Saline unterschieden. Salinensalz wird aus unterirdischer Sole durch Verdunstung gewonnen, die Salzlösung wird eingedampft — so leitet sich auch der handelsübliche Name Kochsalz ab. Das Steinsalz wird in Salzbergwerken unterirdisch abgebaut, die Salzbrocken werden gemahlen und gesiebt. Zusätzlich hat man die Wahl Jodsalz zu kaufen; das ist Kochsalz mit zugesetztem Jod (in geringen Mengen) und oft auch noch Fluor, besonders wichtig für Menschen, die häufig Jodmangel aufweisen.

Deutschland liegt mit seiner Salzproduktion weltweit auf Platz drei, hinter China und den USA, wobei jedoch lediglich 3 Prozent davon als Speisesalz in den Handel kommt.

Salz unbedingt trocken lagern, denn sonst wird es feucht und verklumpt. In Salzstreuer einige Reiskörner zugeben, damit das Salz rieselfähig bleibt.

Salz riecht nach Erde und Meer, im Geschmack ist es – salzig.

Eine Prise oder eine Drehung aus der Salzmühle passt zu jedem Gericht, egal ob pikant oder süß. Speziell bei der Teigherstellung von Broten gibt Salz den richtigen Pfiff und verzögert zudem den Gärungsprozess. Salz konserviert und wirkt antibakteriell, Fisch oder Fleisch wurden früher dadurch haltbar gemacht.

 Salz-Wasser-Lösungen, sogenannte Solen, gelten in Form einer Trinkkur als vitalisierend, entschlackend und belebend. Der Arzt Wilhelm Heinrich Schüßler (1821–1898) entwickelte die Schüßler-Salze, ein System aus zwölf Grundsalzen – unter ihnen auch Natriumchlorid (Kochsalz) – die bei vielen Alltagsbeschwerden eingesetzt werden können.

Die empfohlene Dosis Salz liegt bei 3 bis 5 Gramm täglich, aber das ist ein Richtwert und eher vernachlässigbar, denn über die Salzzufuhr braucht man sich im Großen und Ganzen keine Sorgen zu machen (außer bei Krankheiten, die den Elektrolythaushalt durcheinander bringen, aber an dieser Stelle ist der Arzt gefragt), denn unsere Gesellschaft ist eher „übersalzen". Das hängt mit den industriellen Fertigprodukten, von Brot über Knabbereien bis hin zu Komplettmahlzeiten, zusammen, die „versteckte Salze" zur Geschmacksintensivierung fast schon verschwenderisch einsetzen. Zu viel Salz bindet viel Wasser. Bei gesunder Ernährung und unter bewusstem Verzicht auf Fertigprodukte werden unserem Körper nicht nur die besten Zutaten zugeführt, sondern auch die darin enthaltenen wichtigen Mineralien und Vitamine. Wer bei dieser gesundheitlich fördernden Ernährung sein Lieblingssalz mal ein bisschen verschwenderisch verwendet, kann beruhigt sein, denn die „versteckten Salze" sind außen vor.

Salze im Überblick

Kochsalz ist eine andere Bezeichnung für Natriumchlorid und wird auch oft als Speise- oder Tafelsalz bezeichnet. Seinen Namen hat es übrigens nicht, weil es zum Kochen verwendet wird, sondern weil es durch das Aufkochen und Ausdampfen der unterirdischen Sole gewonnen wird.

Meersalz wird in Europa überwiegend in den südlicheren Ländern gewonnen. Dafür wird Meerwasser in flache Sammelbecken geleitet und durch die Wärme, die Trockenheit und den Wind entstehen feine Salzkristalle. Im Handel findet man eigentlich nur gewaschenes Meersalz, denn bittere und schwerlösliche Beistoffe müssen herausgefiltert werden.

Steinsalz findet man überall in der Welt, seine chemische Formel ist NaCl. Die würfelförmigen Kristalle sind meist farblos, können aber auch rot oder rosa sein.

Das Salz des Lebens

Schwarzes oder weißes Salz?

Manche Restaurants machen sich einen Spaß daraus, Gäste mit Fragezeichen im Gesicht schmunzelnd zu beobachten, wenn das Salz im Streuer schwarz und der Pfeffer in der Mühle weiß ist. Die Welt ist vernetzter und schneller erreichbar geworden, es ist heutzutage kein Problem mehr zig verschiedene Salze aus aller Welt im Handel zu bekommen. So hat beispielsweise einer der größten Salzhersteller, Cargill aus Amerika, über 60 Sorten im Angebot. Es handelt sich dabei aber hauptsächlich nicht um Salze verschiedener Herkunfts- und Gewinnungsarten, sondern um Unterscheidungen wie grob, fein, gemahlen, extrafein oder mehlig. Eine gut gemachte Margarita braucht anderes Salz am Glasrand als eine Brezel, die mit grobkörnigem Salz bestreut wird. Verschiedenfarbig angebotene Meersalze werden mit natürlichen Zusatzstoffen wie Algen oder Ton gefärbt, im Naturzustand ist Meersalz grau oder weiß.

Welcher Salztyp sind Sie?

Es gibt Menschen, die rieseln das Salz aus dem Streuer über ihr Essen, ohne vorher probiert zu haben. Wiederum andere versuchen ihre Kost möglichst salzarm zu halten und gleichen dies mit einer gehörigen Portion anderer Gewürze aus. Sicherlich ist Salz immer wieder mal in Verruf geraten, aber eigentlich nur in der Diätszene. Wir Menschen brauchen täglich Salz, aber in Maßen. Ob das nun Meer-, Stein- oder Salinensalz ist, das ist völlig unerheblich. Doch machen Sie den Salztest selbst: Es gibt doch so einige geschmackliche Unterschiede und jeder wird für den täglichen Gebrauch sein persönliches Salz nach Geschmack und vor allem auch nach dem Preis auswählen. Sogenannte „Mode-Salze" sind äußerst teuer, gewöhnliches Salz hingegen ziemlich günstig. Grundsätzlich sind Salze, die grobkörnig angeboten und in einer Salzmühle frisch gemahlen werden, empfehlenswert, da Zusätze wie z. B. Rieselhilfen, die man in fein gemahlenem Salz häufig findet, fehlen.

Geräucherte Salze

Räuchersalz kennt man schon seit ewigen Zeiten, vor allem in Küstengebieten. Wenn frisch gefangener Fisch aus dem Meer direkt am Strand oder an der Küste über offenem Feuer gebraten wurde, löschte man nach Beendigung der Mahlzeit das Feuer überschwänglich mit Meerwasser. Am nächsten Tag, wenn die Sonne die Holzscheite richtig durchgetrocknet hatte, konnte anhaftendes Salz vom Holz abgekratzt werden. Dieses wurde dann zum Würzen verwendet, quasi als geräuchertes Salz. Heute wird Salz, überwiegend Meersalz, geräuchert, bis es einen intensiven Räucher-

geschmack annimmt. Entscheidend für den Geschmack des Räuchersalzes ist die Wahl der Hölzer, jedes Rauchsalz kann dadurch auch anders schmecken. International beliebt ist das amerikanische, mit Hickoryholz geräucherte Rauchsalz. Daneben gibt es noch viele andere geräucherte Salze im Angebot, die sich durch die Verwendung von unterschiedlichen Hölzern unterscheiden. Zusätzliche Beigaben wie Wacholder geben differenzierte Aromanuancen. Nach dem Räuchern kann die Farbe des Salzes, je nach Dauer und Intensität des Räucherns, von beige bis dunkelbraun variieren. Doch Vorsicht beim Kauf von Räuchersalzen: Lesen Sie unbedingt die Packungsangabe, denn über 90 Prozent der angebotenen Räuchersalze sind nur künstlich mit Raucharomen versetzt. Die tatsächlich geräucherten Salze sind im Vergleich zu den künstlich versetzten Räuchersalzen wesentlich teurer, aber auch wesentlich besser in der Qualität. Räuchersalze sind sehr beliebt als Finish für Salate, Gemüse, Eiergerichte und Steaks.

Das Restaurant Weißgold am Salzufer 1 hat sich bewusst auf Salze konzentriert, denn es befindet sich auf dem ehemaligen Salzspeicher Berlins, einem großen Salzmagazin, das sich dort Mitte des 19. Jahrhunderts befand. Der Name Weißgold ist naheliegend, denn in früheren Zeiten war Salz so wertvoll, dass es sparsam als „weißes Gold" verwendet wurde. Im Restaurant werden verschiedene Salze zum Essen gereicht und entsprechend erklärt. Alle Salze – von naturbelassenen über zig Salzmischungen – können in Apothekergläschen gekauft werden. www.weissgold-restaurant.de

Der Midtown Grill im Marriott Hotel Berlin darf unter Erlebnisgastronomie laufen: Restaurantleiter Artur Czopek offeriert allen Steak-, aber auch Fisch- und Gemüseessern die große Salzpalette: etwa 30 verschiedene Salze von Mallorca Meersalz über Hawaii Salz, Black Lava, Meersalz mit Kaffee und Vanille bis hin zu Safran-, Senf- und Hibiskusmischungen. Und – Czopek macht sich einen Spaß daraus, die verblüfften Gesichter der Gäste zu beobachten, wenn sie die Salz- und Pfeffermühlen auf dem Tisch fragend betrachten: „Ja, das Salz ist schwarz und kommt aus Hawaii, unser Pfeffer ist weiß." www.midtown-grill.de

Das Salz des Lebens

Von würziger Seeluft und salzigem Meerwasser

Es heißt ja, die würzige Seeluft macht hungrig. Wenn die See schon so würzig bzw. salzig ist, werden in der Küche dann weniger Gewürze verwendet?

Seeluft macht zwar hungrig, aber gewürzt wird hier an Bord wie an Land auch.

Wird weniger oder mehr gesalzen als an Land?

Auch wenn man die salzige Seeluft auf den Lippen hat, benötigen die Gerichte Salz, damit sie schmecken. Ein Nachlassen des Salz-Appetits wie zum Beispiel beim Fliegen konnte ich an Bord noch nicht feststellen.

Welche Salzsorten verwenden Sie?

In den Hauptküchen wird Jod-Salz verwendet, wie von der deutschen Gesellschaft für Ernährung empfohlen. In unseren Gourmetrestaurants verwenden wir Spezialsalze wie Maldon Salz oder Fleur de Sel.

Viele Passagiere haben oftmals einen flauen Magen, wird da speziell gewürzarmes Essen serviert?

Unsere Schiffe sind mit den neuesten Technologien ausgerüstet. So sorgen Stabilisatoren auch bei Seegang für eine ruhige Fahrt. Ich habe die Erfahrung gemacht, dass zum Beispiel Ingwer das „flaue Gefühl im Magen" bei mir sehr positiv beeinflusst. Prinzipiell bekommt der Gast auf Nachfrage auch gewürzarmes Essen angeboten, wobei die Zufuhr von Mineralien (Salz) aber trotzdem wichtig ist.

Welche Gewürze werden hauptsächlich verwendet?

Aufgrund der großen Vielfalt an nationalen und internationalen Gerichten, die wir auf unseren Schiffen anbieten, kommt eine große Auswahl an Gewürzen zum Einsatz. Von A wie Anis bis Z wie Zimt ist alles dabei. Es macht Spaß, Gewürze an Land frisch einzukaufen wie beispielsweise Muskat in Grenada. Ein Hauptaugenmerk legen wir natürlich auf frische Kräuter wie Salbei, Rosmarin, Petersilie, Thymian, Dill, Estragon, Pfefferminz, Schnittlauch oder Koriander.

Welche Gewürzmischungen werden gerne verwendet?

Je nach Themenabend werden spezielle Gewürzmischungen wie zum Beispiel indische Currys oder asiatische Gewürzmischungen eingesetzt. In Marokko habe ich im Sommer Ras el Hanout, eine Mischung des Ladenbesitzers, gekauft. Sie bestand unter anderem aus Malaguetapfeffer, Lavendel, Thymian, Kreuzkümmel, Kardamom, Bockshornklee, Nelken und Zimt – einfach toll. Der Orient ist beim Thema Gewürze einfach sagenhaft. Ich habe einmal einen Gewürzkaffee beim Frisör im Oman getrunken und den werde ich immer im Gedächtnis behalten.

Frank Meissner ist Culinary Manager der AIDA Cruises. Er ist von der Landseite aus zuständig für F&B, also Food (Essen) und Beverage (Trinken), an Bord. www.aida.de

DIE TOP TEN DER KOSMOPOLITISCHEN SALZE

1 Fleur de Sel heißt übersetzt „Blume des Salzes". Die hauchdünnen Salzblüten entstehen nur unter ganz bestimmten klimatischen Bedingungen (viel Sonne, kein Wind oder Regen) an der Wasseroberfläche der Salzgärten. Das Kostbare an diesem Salz ist die Manpower, denn es wird von Hand abgeschöpft. Der Preis wird nochmals erhöht, wenn eine Jahrgangskennzeichnung auf der Packung steht.

2 Himalayasalz überwiegend in Reformhäusern, Naturkost- und Bioläden zu bekommen. Es ist ein rosafarbenes bis rötliches Steinsalz, das gar nicht aus dem Himalaya stammt, sondern aus dem pakistanischen Mittelgebirge. Es wird als natürlich belassenes Kristallsalz, in Brocken oder als Granulat angeboten. In seiner chemischen Zusammensetzung unterscheidet sich das Himalaya-Salz nicht von anderen Steinsalzen.

3 Murray River Pink Salt Flakes australisches Sole- bzw. Salinensalz; Die Salzflocken werden aus der Sole gewonnen und erhalten ihr rosa bis pfirsichfarbenes Aussehen durch Algen. Wegen seines milden Geschmacks ideal als Tischsalz.

4 Hickorysalz erfreut sich aufgrund seines rauchigen, schinkenartigen Geschmacks bei den Amerikanern und erstaunlicherweise auch bei den Vegetariern großer Beliebtheit. Bei der Herstellung wird Meerwasser über Hickory-Holz, einem Baum aus der Familie der Walnuss, verdampft. Vorsicht bei sehr preiswertem Hickory Rauchsalz: Hier werden oftmals einem einfachen Salz künstliche Aromastoffe beigefügt.

5 Inka Sonnensalz wird auch Anden- oder Marassalz genannt und stammt aus Peru. Auf terrassierten Becken in über 3000 Metern Höhe ernten peruanische Salzbauern schon seit rund Tausend Jahren das Salz, das dem Fleur de Sel nicht unähnlich ist.

6 Rotes Hawaiisalz „Hawaiian Red Alaea" stammt von der Insel Molokai; gefiltertes Pazifikwasser wird von der Sonne getrocknet und mit roter Vulkanerde (rotem Lehm) mineralisiert. Im Geschmack sehr würzig.

7 Schwarzes Hawaiisalz „Black Lava" wird genauso hergestellt wie das rote Hawaiisalz, aber mit hochreiner Aktivkohle gefärbt. Im Geschmack sehr würzig und bekannt für eine verdauungsfördernde Wirkung. Es gibt auch Hawaiisalz ohne Zusätze, dann heißt es „Hawaii Kai".

8 Maldon-Salz ist ein Meersalz mit schönen, pyramidenförmigen Naturkristallen und einem kräftigwürzigen Geschmack. Es wird in England, genauer gesagt in Maldon/Essex, mit der Hand abgeschöpft und eignet sich besonders als Finish der Speisen. Seite 206

9 Kalaharisalz ist ein naturbelassenes Solesalz aus einem Salzsee nahe der Kalahariwüste. Das grobkörnige, weiße bis leicht rosafarbene Salz hat oftmals keinen besonderen Eigengeschmack.

10 Tibet Salz auch Mongolisches Salz genannt, wird aus dem Qinghai-Salzsee in 3.200 Metern Höhe in Tibet geerntet. Sehr würzig, aromareich und leicht erdig im Geschmack.

Wikinger Rauchsalz ➤

„Nachgesalzen" – Salzmischungen

Speisesalz, vornehmlich Meersalz, wird mit Kräutern oder Gewürzen vermischt und als Fertigprodukt verkauft. Davon gibt es unzählige Sorten und Geschmacksrichtungen. Gewürzsalze müssen nach dem deutschem Lebensmittelgesetz aus mehr als 40 Prozent Salz und mindestens 15 Prozent Gewürzen bestehen. Der Konsument sollte die Inhaltsangaben auf den Verpackungen sorgfältig lesen, denn mindere Qualitäten enthalten oft Geschmacksverstärker oder naturidentische Aromen (was übersetzt künstlich heißt). Im Handel finden sich sonst noch Gewürzaromazubereitungen und Gewürzaromasalze, bei denen die Gewürze ganz oder teilweise durch Gewürzaromen ersetzt sind, von denen der geneigte Genießer besser die Finger lassen und lieber selbst sein persönliches Gewürzsalz herstellen sollte. Eine Salzmischung nach individuellem Geschmack ist schnell selbst zusammengestellt, ob nun mit Safran, Koriander, Chili, Ingwer oder Kardamom – der Kreativität sind keine Grenzen gesetzt. Am einfachsten ist es, ein gutes Meersalz als Grundprodukt zu verwenden und je nach Gusto das Salz mit gewünschten Zutaten zu aromatisieren. Die Salzkreationen lassen sich am besten an guten Rohprodukten „pur" erschmecken, z.B. eine Salzmischung mit Lavendel über Tomaten, Gurken oder Kohlrabi streuen. Stöbern Sie ein bisschen in Gewürzregalen und nehmen Sie gute Ideen mit nach Hause.

Von links nach rechts: Meersalz mit Chili und Kakao, Meersalz mit Safran, Meersalz mit Ingwer und Rosenblättern, Meersalz mit Bärlauch, Meersalz mit Hibiskus, Meersalz mit grünem Pfeffer und Bourbonvanille, Meersalz mit Steakpfeffer und geräuchertem Paprika

Bekannte Meersalzmischungen

Meersalz mit Bärlauch schmeckt über Eiergerichte, Nudeln, Pellkartoffeln oder auf ein Butterbrot gestreut hervorragend. Jeder gemischte Salat fühlt sich durch Bärlauchsalz geadelt und zu Spargel mit Sauce Hollandaise schmeckt es einfach frühlingshaft.

Meersalz mit grünem Pfeffer und Bourbonvanille riecht süßlich-würzig, schmeckt aber salzig und frisch-herb mit einer nur leicht scharfen Pfeffernote. Eignet sich zum Abschmecken für einfache Pfannensaucen zu Geflügel, Fisch und Meeresfrüchten. Ein geschmorter Hase im Pfeffer oder süße Crêpes bekommen durch dieses Salz ein interessantes Finish.

Meersalz mit Steakpfeffer und geräuchertem Paprika schmeckt zu kräftigen Schmorgerichten mit Wildschwein und Rindfleisch, passt aber auch sehr gut zu Gerichten mit viel Chili, zu Steaks, Nudel- oder Gemüsegerichten.

Meersalz mit Hibiskus verbindet das würzige Meeresaroma mit den leicht nach Himbeere und Rhabarber schmeckenden Fruchtnoten des Hibiskus – eine Offenbarung für den Gaumen. Schmeckt sehr gut zu Fischgerichten mit mediterranem Charakter, aber auch zu gebratener Entenbrust, zu Kartoffelbrei mit Erbsen oder zu gebratenen Lammfilets. Mein Tipp: Garnelenrisotto mit Hibiskussalz bestreut servieren.

Meersalz mit Safran passt gut zu Meeresfrüchten wie Hummer, Garnelen oder sautierten Jakobsmuscheln. Es ist auch ein gutes Grundgewürz für Mayonnaisevariationen und für gebundene oder klare Fischsuppen. Der enthaltene gemahlene, gelbe Safran und die roten Fäden geben dem Salz herbe und erdige Noten, die übrigens toll mit Schokolade, z. B. als Finish für eine Mousse au Chocolat, harmonieren.

Meersalz mit Ingwer und Rosenblättern verströmt einen betörenden Duft und ist optisch sowie geschmacklich ein Genuss – viel zu schade, um im Gericht verkocht zu werden. Deswegen kommt dieses Salz vor allem zur Abrundung eines Gerichts zum Einsatz und peppt so Hummer- oder Garnelencocktails, Sushi, gegrillten Fisch oder auch asiatische Fischcurrys auf.

Meersalz mit Chili und Kakao schmeckt salzig, scharf und herbsüß und ist als Basisgewürz für Chiligerichte oder Rindfleischgeschnetzeltes ein echter Gewürzkick. Als Finish schmeckt es hervorragend auf einem gegrillten Steak vom Rind oder Strauß, aber auch zu gegrillter Entenbrust, über geschmorten Okraschoten oder Kichererbsen in Tomatensauce. Die Kombination mit einem dicken, fetten Schokoladenkuchen muss man unbedingt einmal probiert haben.

Knoblauchsalz schmeckt fantastisch als Streuwürze für Backkartoffeln, Pastagerichte, gegrillte Maiskolben oder als Grundwürze für Grilladen sowie für kalte Dipsaucen.

Meersalz mit Petersilie oder mit gemischten Kräutern eignet sich hervorragend für Gemüse-, Fisch- und Nudelgerichte. Der Allrounder verfeinert jedes Salatdressing und verleiht auch Rohkost eine würzige Note.

Meersalz mit Orangen- und Zitronenzesten passt gut zu leichten Geflügelgerichten oder als besonderer Aromaträger für gemischte Salate, aber auch zu Fischgerichten und Meeresfrüchten.

Meersalz mit Sellerie schmeckt in Kartoffelbrei, Gemüsegerichten, Salaten und in Schmorgerichten mit Rind- oder Schweinefleisch.

Meersalz mit Lavendel passt zu Käse, vor allem zu Ziegenkäse, oder zu einer pikanten Orangen-Möhren-Suppe. Auch lecker zu allen Lammgerichten.

Meersalz mit Rosmarin passt zu Lammgerichten, aber auch pur zu Weißbrot und Olivenöl. Spaghetti oder Bandnudeln lassen sich wunderbar mit Butter und Rosmarinsalz vermischen. Eine tolle Geschmackskombination sind auch Kartoffelgerichte oder Innereien, die pikant mit Rosmarinsalz abgeschmeckt wurden.

SCHWARZKÜMMEL Nigella sativa

Das einjährige, bis etwa 40 Zentimeter hoch wachsende Kraut aus der Familie der Hahnenfußgewächse trägt mehrfach gefiederte Blätter. Aus den weiß-blauen Blüten bilden sich Samenhüllen, in denen die schwarzen, scharf schmeckenden Samen stecken. Besonders auf Fladenbroten sind die schwarzen Körner weltweit zu entdecken und zu schmecken. Die Ähnlichkeit der Schwarzkümmelsamen mit Zwiebelsamen hat den schwarzen Körnern den Beinamen Zwiebelsamen eingebracht, genauso wie die Verwendung von Kümmel für jüdisches Schwarzbrot den Namen Schwarzkümmel prägte. Weltweit spricht man einfach vom Gewürz „Nigella", denn in den Samen ist der Bitterstoff Nigellin enthalten.

Bereits im Alten Testament wurde Nigella erwähnt. Seine Heimat ist der Nahe Osten, heute wird der Anbau auch in Ägypten, im Iran, im Libanon und in der Türkei betrieben.

Ganze oder gemahlene Samen luftdicht, kühl und dunkel aufbewahren.

Die dreieckigen und samtigschwarzen Nigellasamen sind fast geruchlos. Erst beim Zerstoßen im Mörser oder beim Rösten in Öl entfalten sie ihr wohlriechendes Aroma. Im Geschmack ist Schwarzkümmel bitter, würzig und aromatisch.

Die bekannte indische Fünf-Gewürzmischung Panch Phoron (Seite 126) beinhaltet neben Fenchel, schwarzen Senfsamen, Kreuzkümmel und Bockshornklee auch Nigella. Die orientalische, indische und auch die türkische Küche verwendet Schwarzkümmel für Fleisch, Eintöpfe, Salate und für Hülsenfrüchte. Dieses Gewürz ist aber auch vom gesundheitlichen Standpunkt sehr empfehlenswert Er lässt sich wie Pfeffer verwenden, dafür einfach Pfefferkörner und Nigella hälftig in die Pfeffermühle geben. Auch das Kaffeearoma wird intensiver, wenn einige Nigellasamen unter das gemahlene Kaffeepulver gemischt werden. Seite 176

Grundsätzlich ist Nigella für die Stärkung des Immunsystems bekannt: Aus den Nigellasamen wird natives, kalt gepresstes Öl hergestellt. Dieses weist einen hohen Gehalt an mehrfach ungesättigten Fettsäuren auf. Schwarzkümmelöl wird in der Naturheilkunde als schleimlösend, galletreibend und förderlich gegen Menstruationsbeschwerden beschrieben.

Unter den Grabfunden von Pharao Tut-Ench-Ammun entdeckte man Schwarzkümmelöl. „Al barakha", der ägyptische Schwarzkümmel, gehört zu den ältesten Kulturpflanzen der Menschheit. Die Pharaonen-Leibärzte verabreichten Schwarzkümmelöl bei Magenverstimmungen und Verdauungsstörungen, aber auch bei allgemeiner geistigen und körperlichen Schwäche.

Die einjährige Krautpflanze mit einer Höhe von bis zu 1,3 Metern trägt fiederspaltige Blätter sowie Doppeltrauben mit hellgelben Blüten, die zu länglichen Schoten wachsen. Darin befinden sich die Samen von etwa 2,5 Millimetern Durchmesser, die als weiße Senfkörner (Sinapis alba) geerntet werden. Neben 30 Prozent fettem Öl und viel Eiweiß enthalten Senfsamen auch Sinalbin, das für die Schärfe zuständig ist. Neben den weißen Senfsamen gibt es auch schwarze (Brassica nigra). Sie wachsen ebenfalls an einer einjährigen Krautpflanze, die der Pflanze des weißen Senfs ähnelt. Die schwarzen Senfkörner werden hauptsächlich zur Senfverarbeitung und zu medizinischen Zwecken genutzt. Nur in der asiatischen Küche werden schwarze Senfsamen verwendet, die europäischen weißen Senfkörner sind dort unbekannt.

Die Verbreitung erfolgte vom Mittelmeergebiet aus, verschiedene kultivierte Sorten werden auch in Nord-, Mittel- und Südeuropa angebaut.

Ganze Senfkörner und gemahlene Senfkörner halten sich luftdicht, trocken und kühl gelagert einige Jahre.

Die Senfkörner riechen nach nichts, beim Verzehr entwickeln sie aber eine angenehme Schärfe.

Die ganzen Körner sind eine wichtige Zugabe beim Einlegen von Gewürzgurken und zu Kürbis, in Sülzen, Marinaden und für Wurstbrät. Ein Großteil der geernteten Senfkörner kommt direkt in die Industrie, wo sie gemahlen mit Essig, Meerrettich und anderen Gewürzen zu Senf verarbeitet werden. Gemahlene weiße Senfkörner werden gerne mit etwas Flüssigkeit (Wasser, Brühe oder Essig) klumpenfrei angerührt und zum Abschmecken für Saucen, Suppen, Wild und Geflügelgerichte verwendet.

In der Naturheilkunde werden Senfwickel (weiße und schwarze Senfkörner) oder -bäder empfohlen, um Beschwerden bei degenerativen Gelenkerkrankungen und Durchblutungsstörungen zu lindern.

In England gibt es eine „Senfmethode nach Coleman": Feinstes schwarzes Senfpulver wird mit etwas Weizenmehl und weißem Senfpulver vermischt und als „Coleman's mustard" angeboten. Dieser wird, vergleichbar mit Wasabi, erst kurz vor der Verwendung mit Wasser angerührt. Aus Frankreich ist der Dijon-Senf, hergestellt aus schwarzem Senfmehl, saurem Traubensaft und Salz, weltbekannt. In Deutschland werden der scharfe Löwensenf aus schwarzem Senfmehl und der bayerische süße Senf aus grob gemahlenen weißen Senfsamen, Kräutern und Honig hergestellt. Die schöne gelbe Senffarbe stammt von der Kurkuma, die auch die Currymischungen färbt.

SESAM Sesamum indicum

Sesam ist die wahrscheinlich älteste Ölpflanze der Welt. Das tropische einjährige Kraut aus der Familie der Sesamgewächse hat lange, gerade Halme (bis zu 2 Meter hoch) mit ovalen Blättern. Die Blüten sind weiß bis weinrot und nach 12 bis 15 Wochen sind die eiförmigen, etwa 2 Millimeter langen Samen reif. Das Gewächs bringt platzfeste Kapselfrüchte hervor, die gelbweiß oder schwarz sind. Das Aufplatzen geschieht erst nach dem Ernten, Trocknen und Nachreifen. Die Samen enthalten 50 bis 60 Prozent fettes Sesamöl, das durch Lignane (Pflanzenwirkstoffe) wie Sesamolin und Sesamin im Geruch und Geschmack bestimmt wird. Sesamöl wird in sehr unterschiedlichen Qualitäten hergestellt und verkauft.

Sesam stammt aus Indien und Afrika. Der heutige Anbau erstreckt sich quer über den Globus, von Südamerika bis China, von Indien bis Afrika.

Ganze Samen luftdicht, kühl und trocken lagern. Nicht überlagern, da das enthaltene Sesamöl schnell ranzig wird und muffig riecht. Es gibt auch gemahlenen Sesam, aber besser ist es, die ganzen Samen mit beispielsweise Meersalz im Mörser zu zerstoßen, denn so kommt das volle Aroma zum Tragen.

Sesam wird zur Intensivierung des Aromas geröstet und bekommt dadurch einen intensiv nussigen Geschmack. Ohne Röstung ist Sesam geruchlos und schmeckt süßlich, verhalten nussig.

In Japan wird aus Sesam und Meersalz Gomasio, ein Sesamsalz, hergestellt. In Afrika knabbert man die gerösteten Sesamsamen wie andernorts Erdnüsse. Gerösteter Sesam ist wesentlicher Bestandteil in der japanischen Gewürzmischung Shichimi togarashi (Seite 127) und auch in Korea hat er seinen festen Platz im Würzregal. In China gilt Sesamsamen noch immer als lebensverlängernd und in der orientalischen Küche kommen Leckerbissen wie süßes Halva oder pikantes Tahin (Sesampaste) auf den Tisch. Die jordanische Gewürzmischung Zatar beinhaltet ungeröstete Sesamsamen. Sesam kann auch zu Keimlingen gezogen und über Salate gestreut werden. Aber auch in Müsli, Fitnessriegeln, auf Brötchen und im Brot, als Knusperschicht auf Fisch, Gemüse und Fleisch, pikant überbacken oder als Ingredienz für vegetarische Aufstriche eignet er sich hervorragend. Seite 148

In der chinesischen Heilkunde gilt Sesam aufgrund seiner Vielzahl an Vitaminen, ungesättigten Fettsäuren und Mineralien als gesundheitsfördernd und stärkend.

Dunkles Sesamöl aus geröstetem Sesam schmeckt leicht rauchig und nussig. Es wird zum Würzen verwendet und ist nicht zum Erhitzen geeignet. Das helle Sesamöl wird aus ungerösteten Sesamsamen gepresst, ist raffiniert und schmeckt neutral. Es wird vor allem in der asiatischen Küche im Wok verwendet, da es hoch erhitzbar ist.

Die birkenartigen, immergrünen Sternanisbäume, die bis zu 10 Meter hoch werden können und zu den Magnoliengewächsen zählen, bringen dieses sternförmige Gewürz hervor. Aus den üppig vorhandenen, roten und gelben Blüten entstehen oberständige Sammelbälge, die nach bis zu 4 Monaten aufspringen und jeweils zwei bis vier rundliche, etwa 8 Millimeter große Samen erkennen lassen. Als Gewürz werden sie getrocknet verwendet, da sie dabei etwa drei Viertel an Frischgewicht verlieren und sich die Würzkraft auf die Essenz reduziert. Gleichzeitig werden und sie dadurch auch haltbar. Die ätherischen Öle bzw. der Geschmack des Sternanises steckt in den Fruchtwänden der Samen. Normalerweise hat ein Sternanis eine charakteristisch achtzackige Form, es gibt aber auch welche mit mehr als acht Karpellen.

Seit 3.000 Jahren ist Sternanis in Südchina und Vietnam bekannt. Die meisten Importe stammen aus China, Laos, von den Philippinen und von Jamaika.

Sternanis luftdicht, trocken und kühl lagern, dann hält das Aroma einige Jahre. Gemahlenen Sternanis am besten grammweise für das benötigte Rezept kaufen, denn das Pulver verliert schnell an Aroma.

Der warme, süße und aromatische Sternanis erinnert geschmacklich an Anis, ist aber nicht mit dem Gewürz verwandt.

Die chinesische Gewürzmischung Fünf-Gewürze-Pulver beinhaltet neben Sternanis auch noch Zimt, Gewürznelken, Fenchel und Szechuanpfeffer (Seite 82). In der chinesischen Küche ist Sternanis für viele Leckerbissen wie Ente und Schweinefleisch unabdingbar. Die europäische Küche beschränkt die Verwendung des süßen Gewürzes oft auf Backwaren, Lebkuchen, Kompotte, Glühwein, Punsch und andere weihnachtliche Heißgetränke. Seite 215

In der Naturheilkunde wird Sternanis bei Katarrhen der Luftwege, bei Verdauungsbeschwerden mit leichten Krämpfen im Magen-Darm-Bereich, Völlegefühl und Blähungen verwendet. In der traditionellen chinesischen Medizin hat Sternanis als Heilmittel schon immer seinen festen Platz gehabt. In Europa ist Sternanis erst seit ein paar Jahren als Heilpflanze im Einsatz, davor war es lediglich als Backzutat bekannt.

Nachdem die weltweite Nachfrage nach dem Grippemedikament „Tamiflu" steigt, ist auch das chinesische Gewürz Sternanis gefragt. Illicum verum enthält Shikimisäure, aus der die Pharmaindustrie Oseltamivir gewinnt, welches unter dem Handelsbegriff Tamiflu angeboten wird. In der Phytopharmazie ist Sternanis auch als Medikament bekannt, denn die ätherischen Öle wirken gegen Husten und Erkältung.

SUMACH Rhus coriaria

Es gibt über 200 Arten von Sumachgewächsen, wobei für die Küche ausschließlich der Gewürzsumach (Rhus coriaria) interessant ist. Dieser Färberbaum, auch Gelbholz genannt, wächst als Busch oder kleiner Baum mit gefiederten Blättern. Die Blätter wurden schon in der Antike zum Gerben von Leder und zum Färben von Haaren oder von Wolle verwendet, daher der Ausdruck Färberbaum. Aus den Blüten entwickeln sich traubenförmige Rispen mit vielen kleinen, rotvioletten Steinfrüchten. Die rötliche Farbe kommt von den enthaltenen Anthocyan-Pigmenten. Der reine Sumach ist teuer, denn für ihn wird ausschließlich das vom Kern abgeschabte Fruchtfleisch verwendet, das unter Sonneneinstrahlung oder anderer hoher Hitzeeinwirkung trocknet. Für billigen, dunkleren Sumach werden die Kerne mitgemahlen. Der Name „Sumach" könnte durchaus von dem aramäischen Wort „Summaq", was „dunkelrot" bedeutet, abstammen.

 Sumach wächst heute noch wild im Mittelmeergebiet.

 Kühl, dunkel und luftdicht aufbewahren.

Der saure Grundgeschmack entsteht durch die verschiedenen enthaltenen Fruchtsäuren wie Zitronen- und Apfelfruchtsäure. Die enthaltenen Tanine und ätherischen Öle geben dem Sumach erfrischende und leicht harzige Noten.

Speziell in der orientalischen Küche wird der säuerlich schmeckende Sumach gerne als Tischgewürz und für Lahmacun (ein mit Olivenöl-Sumach-Gemisch bestrichener Fladen), Kebabs, Teigtaschen, Reisgerichte, Geflügel und Fisch verwendet. Joghurtsaucen für Salate verleiht er nicht nur ein feines Aroma, sondern auch eine schöne Farbe. Eine leckere Vorspeise besteht aus mit Sumach gewürzten Zwiebelringen, die zu Fladenbrot gereicht werden.

In der Naturheilkunde wird Sumach bei Magenverstimmungen verabreicht.

Im Nahen Osten wird statt Zitrone und Essig oftmals eine Marinade aus zerdrückten Sumachkörnern und Wasser (Verhältnis 1:4) gerührt. Nach einer Ruhezeit von etwa 20 Minuten wird alles durch ein Sieb gestrichen. Der Sumachsaft hält sich einige Tage im Kühlschrank und wird zum Würzen bzw. Ansäuern von vielen Gerichten verwendet.

Besonders in der persischen Küche hat Sumach einen hohen Stellenwert. Bei religiösen Festen, Familienfeiern oder beim Neujahrsfest stehen unter anderem folgende Speisen und Zutaten auf dem Tisch: Ùsabzeh (Weizen- oder Linsenkeimlinge, als Verkörperung der Wiedergeburt), Ùsamanu (Pudding aus Weizenkeimlingen, als Symbol für die Verwandlung und Weiterentwicklung, somit auch ein Sinnbild für die Kochkunst), Ùsib (Apfel, als Metapher für Gesundheit und Schönheit), Ùsenjed (Mehlbeere, sorbus aria, Frucht der Eberesche; steht für die Liebe), Ùsir (Knoblauch, steht für Medizin und Gesundheit), Ùsumagh (Sumach, als Metapher für die Farbe des Sonnenaufgangs, mit dem Gott das Böse aus der Welt vertreibt), Ùserkeh (Essig, repräsentiert Alter und Geduld), eine Schale mit Rosenblättern (für ein Leben voller Duft) und einige Münzen (für Reichtum).

Saure Gewürze

Sumach gehört gerade wegen seines sauren und würzigen Geschmacks zu den beliebtesten Gewürzen in der orientalischen Küche. Auch Tamarinde, Amchur, Sellerie, Kurkuma und Ceylon-Zimt zählt man zu den sauren Gewürzen. Ausschlaggebend für die säuerliche Note sind organische Säuren, die häufig nicht frei vorkommen, sondern gebunden sind. Die am häufigsten vorkommenden Säuren sind Wein-, Apfel- und Oxalsäure.

Bei der **Tamarinde**, auch Sauerdattel oder Indische Dattel genannt, handelt es sich um bis zu 20 Zentimeter lange, bräunliche, leicht gekrümmte, flache Hülsen, die im Inneren mit Samen gefüllt sind. Diese werden von Fruchtmark (Pulpa) umhüllt, das bis zu 24 Prozent organische Säuren, hauptsächlich Wein- und Apfelsäure, enthält. Als Gewürz wird es frisch, eingelegt oder getrocknet verwendet. Der immergrüne Tamarindenbaum stammt aus Ostafrika, ist aber mittlerweile in allen Tropengebieten verbreitet. Das Gewürz Tamarinde ist ursprünglich ein afrikanisches Gewürz, wird aber in Südamerika genauso geschätzt wie in Asien. Es wird wie Zitronensaft oder Essig als würzendes Säuerungsmittel verwendet und bildet zusammen mit Chili ein wunderbares Aroma. Häufig wird Tamarinde auch als Zutat für Würzsaucen (wichtiger Bestandteil in der Worcestershiresauce) oder Würzpasten (Sambals, Samballan) verwendet.

Als säuerliche Würzbeigabe wird auch **Amchoor oder Amchur**, ein Pulver aus getrockneten Mangos, verwendet. Der leicht herbe und säuerliche Geschmack ist besonders in der indischen Küche in Currygerichten mit Fisch, Fleisch und Gemüse sehr beliebt.

In der orientalischen Küche (Persien, Afghanistan) setzen hauptsächlich **Granatapfelkerne** und **Berberitzen** saure Akzente. Speziell in Reisgerichten mit Lamm erzeugen sie als reiner Saft oder als ganze Kerne verwendet eine angenehm säuerliche Frische. Berberitzen sind getrocknet im Angebot, werden kurz vor der Verwendung einige Minuten in Wasser eingeweicht und unter das Gericht gerührt.

In der asiatischen Küche wird mit **Reisessig**, **Sojasauce** sowie mit **Kokosessig** fein säuerlich abgeschmeckt. In der thailändischen Küche geben feine Streifen oder ganze Blätter von der **Kaffirlimette** zahlreichen Currygerichten eine säuerliche Note.

Sauer macht lustig

Hinter diesem Sprichwort verbirgt sich durchaus eine Wahrheit, denn es gibt wissenschaftliche Beweise dafür, dass bestimmte Inhaltsstoffe in unseren Lebensmitteln indirekt den Gehirnstoffwechsel beeinflussen und so die Produktion von stimulierenden Substanzen, Neurotransmittern, fördern. Gerichte mit sauren Lebensmitteln und/oder sauer schmeckenden Gewürzen fördern die Serotoninproduktion. Fröhlichkeit steht also im direkten Zusammenhang mit dem Genuss von Essiggurken, saurem Hering, Mixed Pickles, Zitronen, Sauerkraut, Rhabarber, sauren Früchten, wie Sauerkirschen, Brombeeren, Johannisbeeren, und Sauermilchprodukten. Im Endeffekt beleben saure Gewürze und Säuerungsmittel den Kreislauf, sie bringen ihn in Schwung und vertreiben traurige Stimmungen.

Süßsauer – eine belebende Grundmischung

Die schöne Harmonie aus süßen und sauren Anteilen schmeichelt und belebt den Gaumen. So ist eine Vinaigrette mit Zitronenpfeffer und einer Prise Zucker eine interessante Mischung für Blattsalate. Auch ein Zitronensirup aus Zitronensaft und -zesten mit Zucker kann belebende Akzente setzen. Probieren Sie doch einmal Zitronenöl aus Zitronensaft und Oliven- oder Walnussöl selbst zu machen. Es ist auch perfekt für blanchiertes Gemüse oder einfach mit Brot zum Tunken. Ananas kann man einerseits zum Säuern verwenden, sie kann aber auch der Süßfaktor in einer Pfeffer-Zucker-Mischung sein.

SÜSSHOLZ Glycyrrhiza glabra

Die kräftige gelbe Wurzel der ausdauernden Staude aus der Familie der Schmetterlingsblütler ist als Gewürz und vor allem als Heilmittel bekannt. Dazu werden im Herbst die Glycyrrhiza-Wurzeln geerntet, zu Brei gekocht und filtriert. Der klebrige, eingedickte Saft, auch Lakritze genannt, erstarrt dann zu schwarzbraunen Stücken, die vor allem in Lakritzwaren, Hustenmittel und auch als Zusatz für Biersorten wie Porter und Ale verwendet werden. In der Küche taucht Süßholz in Gewürzmischungen auf, aber auch als Einzelgewürz verbessert es Saucen, Süßspeisen, Kuchen und Gebäck.

Ursprünglich aus dem Mittelmeerraum stammend, hat es sich heute bis nach China und Indien verbreitet, wo es traditionellerweise als Heilpflanze kultiviert wird.

Süßholzpaste und geraspeltes oder gemahlenes Süßholz kühl, dunkel und trocken lagern. In Reformhäusern oder Apotheken erhältlich.

Das starke Aroma, süß und wärmend, erinnert an Anis und Fenchel. Aufgrund des enthaltenen Glycyrrhizin besitzt es die 150-fache Süßkraft von Zucker.

Geraspeltes Süßholz eignet sich hervorragend zum Würzen und Süßen von Saucen und Desserts, aber auch von Gerichten mit Kokosnuss und Chili. In Finnland gibt es einen dunklen Süßholzschnaps, Salmiakki Koskenkorva, der stark nach Lakritze schmeckt, und – in geringen Dosen – Saucen noch den letzten süßen Schliff gibt. Gemahlenes Süßholz wird seltener auch als Zuckerersatz verwendet. Seite 196

In der Naturheilkunde wird die Süßholzwurzel als entzündungshemmend beschrieben. Zusätzlich sind noch krampflösende Flavonoide in der Wurzel enthalten. Im alten Ägypten wurde Süßholz gegen Erkrankungen der Atemwege eingesetzt.

In kargeren Zeiten war Süßes reiner Luxus, bekam man geraspeltes Süßholz, löst dies große Begeiserung aus. Heute wird bei Schmeicheleien von „Süßholz raspeln" gesprochen.

TONKABOHNE

Der in Südamerika beheimatete Waldbaum, der Tonkabaum, gehört zu den Schmetterlingsblütengewächsen. Er hat elliptische Blätter und violette Blüten. Die Tonkabohnen sitzen als ca. 6 Zentimeter große dunkelbraune, mandelförmige Samen in den Tonkafrüchten. Da in den frischen Tonkabohnen Cumarin glycosidisch gebunden ist, werden die Bohnen für etwa 1 Tag in Rum eingelegt, anschließend getrocknet und fermentiert, bevor sie in den Handel kommen. Der Tonkabaum wird in der Holzindustrie verwendet, die Bohnen hatten als Gewürz nie denselben Stellenwert wie z. B. Vanille, aber in den Heimatländern waren sie schon immer als Medizin, Glücksbringer und Gewürz im Einsatz.

Die Tonkabohne stammt aus Südamerika, heute wird sie vorwiegend aus Guayana, Nigeria und Venezuela importiert.

Die ganzen Bohnen kühl, trocken und luftdicht in Behältern oder Dosen lagern.

In früheren Zeiten wurden Tonkabohnen als Ersatz für die teurere Vanille verwendet. Im Geschmack erinnern sie an Bittermandel und Vanille, schmecken jedoch auch sehr eigenwillig süß, leicht nach Heu und stark aromatisch. Im Nachgeschmack sind sie leicht bitter.

Die Tonkabohne kommt in den letzten Jahren speziell in der gehobenen Gastronomie vermehrt zum Einsatz. Sie gibt vielen Gerichten eine kreative Note. Die harten Bohnen werden mit einer Reibe, meist einer Muskatreibe, in sehr homöopathischen Dosen zum Verfeinern verwendet. Desserts, Gebäck, Kuchen, Pralinen, Eiscreme, aber auch Saucen und Dressings bekommen so den gewissen Pfiff. Vielfach werden Tonkabohnen in Sahne mitgekocht und vor dem Verzehr wieder entnommen. Die im Handel erhältlichen Tonkabohnen (wobei man sie meist am besten im Internet bestellt) enthalten durch den Fermentationsprozess zwar nur noch einen ganz geringen Anteil an Cumarin, welches aber bei Überdosierung Übelkeit verursachen kann. Seite 222

Der französische Apotheker und Botaniker Jean-Baptiste Christian Fusée Aublet (1723–1778) hat im 18. Jahrhundert erstmalig über die Tonkabohnen und deren Wirkkraft geschrieben. In der Volksmedizin wurden eingeweichte Bohnen gegen Keuchhusten eingesetzt.

Die schwarze, leicht runzelige Tonkabohne weckte mit ihrem magischen Duft die Schutzgeister in Südamerika: sie diente als Amulett gegen Krankheiten, als Glücks- und Geldbringer in der Geldbörse und als Symbol für die Erfüllung von Wünschen.

VANILLE Vanilla planifolia

Die tropische Kletterpflanze ist die einzige Nutzpflanze unter den Orchideengewächsen. Sie rankt mit ihren sprossbürtigen Wurzeln bis zu 10 Meter hoch. Unter den fleischig-festen, bis zu 25 Zentimeter langen Blättern, sitzen Trauben mit grüngelblichen Blüten, die sich nur für wenige Stunden am Tag öffnen. Bei Befruchtung wachsen sie innerhalb von 4 Wochen zu einem bis zu 30 Zentimeter langen Fruchtknoten heran. Sie werden unreif und gelbgrün geerntet, mit heißem Wasser behandelt, fermentiert, tagsüber in der Sonne getrocknet und nachts in luftdichten Behältern zum „Schwitzen" gebracht. Nur so erhalten sie die typische dunkelbraune, fast schon schwarze Farbe und den charakteristischen Geruch. Der Name stammt aus dem Lateinischen: „Vaginella" bedeutet „kleine Schwertscheide, Schote". Es gibt weltweit etwa 100 Vanillearten, wobei nur 15 davon aromatische Früchte liefern. Eine davon ist die Bourbon-Vanille, sie hat ein intensives, dunkles Aroma und gilt als Favorit in Europa. Die Bezeichnung als „Bourbon-Vanille" ist nur einigen wenigen Anbauländern vorbehalten, darunter Madagaskar, La Réunion, Mexiko, Guadeloupe und Martinique. Des Weiteren werden Tahiti-Vanille (Vanilla tahitensis), eine fast moschusartige Vanille, die „Vanilla pompona" aus Guadeloupe sowie die aus Mexiko exportierte Vanille im Handel angeboten.

 Ursprünglich waren die Ureinwohner Amerikas die Entdecker der Vanille. Bis 1846 lag das Handelsmonopol bei den Mexikanern. Mit den Holländern gelangten allerdings Pflanzenstecklinge 1819 nach Java und mit den Franzosen nach Bourbon, dem heutigen La Réunion. Madagaskar und Indonesien sind heute die Hauptlieferanten von Vanille.

 Vanillestangen kühl, dunkel und luftdicht aufbewahren.

Der Duft ist intensiv betörend, leicht süßlich, der Geschmack sehr würzig.

Vanillezucker ist aus dem ausgeschabten Mark einer Vanilleschote und Zucker leicht selbst herzustellen. Der angebotene Vanillinzucker hat außer dem Geruch nichts mit echter Vanille gemein – er ist synthetisch hergestellt. Das Vanillearoma steckt in und auf der Oberfläche der Schote. Die Schoten werden oft mitgekocht oder eingelegt, um das wunderbare Aroma vollständig auszukosten, können aber nicht mitverzehrt werden. Die Vanille verfeinert Desserts, Kuchen, Schokolade, Getränke, helle Saucen, Suppen, Gemüse- und Fischgerichte. Die zu den teuersten Gewürzen der Welt zählende Vanille wird nicht nur als Geschmacksgeber verwendet, sondern findet auch als Duftstoff (z. B. in der Parfümindustrie) internationale Anerkennung.

Die echte Vanille gilt in der Naturheilkunde als Stimmungsaufheller, denn der Duft wirkt negativen Stimmungen, Müdigkeit und Ängsten wohltuend entgegen. Als Aphrodisiakum wirkt Vanille, weil ihr Geruch den sexuellen Duftlockstoffen des Menschen nicht unähnlich ist. Das ist auch der Grund, warum außerordentlich viele Parfüms, Cremes, Badezusätze und -öle auf Vanillebasis hergestellt werden.

Vanille ist eines der teuersten Gewürze, aber für die Menschen ist es so zentral, dass es eine eigene Geschmacksrichtung und Duftnote etablierte. Ob im Parfüm, in der Seife, in der Wäsche oder in der Küche – Vanille findet sich überall. Der Bedarf an Vanille kann natürlich nicht nur über den natürlichen Anbau gedeckt werden. Nach Schätzungen wird sechs- bis siebenmal so viel synthetische Vanille wie echte hergestellt. Diese synthetische Vanille ist unter dem Begriff Vanillin bekannt und kommt vor allem in der Lebensmittelindustrie zum Einsatz. Vanillearoma kann auch aus Holz gewonnen werden, aus dem Phenylpropan, welches im Normalfall für die Stabilität von Bäumen zuständig ist. Für 1 Kilogramm Joghurt reicht 1 Gramm „naturidentisches Vanillearoma", um den Joghurt im Handel als Vanillejoghurt zu deklarieren. Das Bild einer schönen Vanilleschote auf der Verpackung hilft beim Zugreifen. Mein Tipp: Kaufen Sie lieber eine frische Vanilleschote, kratzen Sie das Mark heraus und rühren dies in einen Bio-Vollmilchjoghurt. Der Unterschied in Qualität und Geschmack ist überragend.

WACHOLDER Juniperus communis

Der immergrüne, dicht verzweigte Wacholderstrauch ist ein Nadelgehölz aus der Familie der Zypressengewächse. Er wird zwischen 11 und 12 Meter hoch und ist in ganz Europa und in Nordasien beheimatet. Aus den weiblichen Blütenständen gehen die kurzen, beerenartigen Zapfen hervor. Die unreifen Beeren sind grün, brauchen aber über 1 Jahr Reife, bis sie gegen Ende des Sommers blauschwarz und erntefähig sind. Die Wacholder- bzw. Zapfenbeeren enthalten bis zu 33 Prozent Zucker, etwa 10 Prozent Harz und bis zu 2 Prozent ätherisches Öl. Besonders in der europäischen Küche, vor allem in den alpenländischen Regionen, wird Wacholder seit jeher zum Würzen verwendet .

Stammt von den Heiden und kargen Böden Mitteleuropas und Asiens.

Ganze Beeren sollten kühl, dunkel und trocken gelagert werden.

 Wacholderbeeren riechen nach Nadelbaum, schmecken aber sehr würzig und aromatisch mit süßen und terpentinartigen Noten.

 Wacholderbeeren können ganz oder im Mörser zerstoßen verwendet werden. Sie würzen Marinaden, Beizen, Sauerkraut, Braten und Schmorgerichte. Wacholder ist ein wichtiger Geschmacksträger in Wacholderschnäpsen wie Steinhäger und das destillierte Wacholderöl dient als Essenz für Branntweine wie Genever und Gin. Seite 211

Heute stehen die säulenartigen Wacholdersträucher oft als Zierde in Vorgärten, früher barg ihr dichtbewachsener Stamm eine ganze Hausapotheke in sich: Alle Bestandteile des Wacholders fanden eine Verwendung und wurden gegen Rheuma, Gicht, Magen- und Darmstörungen, Kopfschmerzen, Hautkrankheiten, Bronchitis und Asthma eingesetzt. Das Wacholderöl wird zum Einreiben und Einnehmen und als wohltuender Badezusatz verwendet.

Wacholderbeeren wurden im alten Ägypten auch als Füllmaterial beim Einbalsamieren der Leichen verwendet. Bei ansteckenden Krankheiten im Mittelalter wie auch zu Pestzeiten wurden Häuser mit Wacholderzweigen ausgeräuchert – eine Praxis, die auch lange Zeit später noch in Krankenhäusern Andwendung fand. Das unbewusste Gespür für die stark keimtötende Wirkung des Wacholders wurde erst später auch wissenschaftlich bewiesen.

„Gold des Nordens"

Sowohl Zweige als auch Beeren des Wacholders waren schon immer als Räuchergewürz bekannt und geschätzt. Im alten Ägypten wurden Rauchopfer dargebracht und in Deutschland wurde Wacholderharz als Ersatz für Weihrauch verwendet. Wacholder zählt zu den ältesten Räucherpflanzen der Menschheit, er wurde rituell und magisch und wird heute noch immer medizinisch genutzt.

Wacholderrauch zum Reinigen von Luft und Seele: Die mystische Wacholderpflanze soll als Rauch Schutz vor negativen Einflüssen geben. Dazu eine Mischung aus je einem Teil Bernstein, Angelikawurzel, Mistel, Fichtenharz und Wacholderbeeren mischen, teils im Mörser oder mit den Händen zerreiben und prisenweise verräuchern. Dabei entsteht ein herb-würziger und feiner Rauch, der die Lebenskräfte wecken soll und neue Energien frei gibt.

Räuchern von Gewürzen

Woher kommt der Geschmack?

Räuchern gehört zu den ältesten Arten der Haltbarmachung von Fisch und Fleisch. Dabei wird das Gargut durch den Rauch trockener, dunkler und geschmacksintensiver. Damit der Holzrauch rundum versiegeln und konservieren kann, hängen Schinken, Würste oder Fisch frei im Rauch. Das Entscheidende dabei ist das richtige Holz, das der Räucherware seinen Grundgeschmack gibt. Im Normalfall wird Hartholz von Buche, Eiche und Birke oder amerikanischem Hickory verwendet. Für spezielle Wurst- und Schinkenspezialitäten benutzt man noch zusätzlich aromagebende Hölzer von Wacholder, Rosmarin und Apfel. Speziell Wacholderzweige und -nadeln verströmen beim Räuchern einen leicht harzigen Rauch mit wohltuendem, würzigem Duft. Für die individuelle Note können in den letzten Räucherstunden auch noch Schalen vom Knoblauch, Rosmarin und Wacholderbeeren in das Holz gemischt werden. In Deutschland wird heiß (60 bis 65 °C), warm (30 bis 40 °C) und kalt (15 bis 25 °C) geräuchert. Aus gesundheitlichen Gründen sind dabei Räucherflüssigkeiten, die aus Rauchkondensaten bestehen und mit denen das Gargut nur noch angestrichen wird, verboten.

Gewürze zum (Mit-)Räuchern

Wenn ganze Fische oder große Fleischstücke geräuchert werden sollen, werden sie oftmals in eine aromatische Marinade aus den verschiedensten Gewürzen und Salz eingelegt. Das Einlegen bildet die Basis für das Konservieren und den Geschmack und schützt das Gargut vor dem Austrocknen. Zu den beliebtesten Räuchergewürzen zählen Wacholder, aufgrund seines würzigen Geschmacks, Pfefferkörner, aufgrund seiner angenehmen Schärfe, und Rosmarin, Thymian, Salbei, Petersilie, Dill sowie Estragon, aufgrund ihres intensiven Kräuteraromas. Da Fleisch oder Fisch beim Räuchervorgang aber nicht nass sein sollten, streift man die Lake und zwangsläufig auch einen Großteil der Gewürze zuvor ab und hängt sie dann direkt in den Rauch. Bei Würsten, die mit einer (Darm-)Hülle geschützt sind, wird das Brät, je nach Sorte, mit Senfkörnern, Pfefferkörnern, Wacholder oder entsprechenden Gewürzmischungen gewürzt.

Würzige Tipps zum Räuchern von:

Ganzen Fischen und Fischfilets Dillsamen, Dill, zerdrückte Wacholderbeeren sind empfehlenswert. Für eine Lake folgende Zutaten aufkochen, abkühlen lassen und den Fisch darin für mindestens 12 Stunden vollständig einlegen: 1 l Wasser | 80 g Salz | 1 TL Zucker | 2 Lorbeerblätter | ½ TL zerstoßene Wacholderbeeren | ½ TL zerstoßene Senfkörner | ½ TL zerstoßenen Piment | ½ TL getrocknete Thymian | ½ TL getrocknete Rosmarin

Schweine- und Rinderschinken Wacholderbeeren, Pfeffer, Piment, Koriander, Knoblauch, Zwiebelpulver, Gewürznelkenpulver

Geflügelfleisch Currymischungen, Koriander, Gewürznelkenpulver

Geräucherte Gewürze

Gewürze werden nicht nur als Geschmacksgeber zum Räuchern verwendet, sondern spielen beim Räuchern auch schon mal die Hauptrolle, denn manche Gewürze kommen geräuchert in den Handel. Ähnlich wie bei Fleisch und Fisch suchte man nach einer Methode, mit der sich z. B. dickfleischige Chili- oder Paprikasorten haltbar machen ließen, die durch einfaches Trocknen an der Luft einfach nicht konserviert werden konnten. Paprika- und Chilischoten wurden mithilfe von Rauch getrocknet. Je nachdem welche Holzsorte verwendet wurde – vorrangig wurden Obstbaumhölzer oder Pecanholz genutzt – entstand ein unverwechselbarer, rauchig-würziger Geschmack. Dieser macht Gerichte durch eine oft nur kleine Beigabe zu einem tollen Geschmackserlebnis. So ist die Beigabe von einer Prise Rauchsalz (wie bespielseise Smoked Sea Salt) zu einem Fischgericht ein gekonnter Würzpfiff, die Zugabe von ein paar Drehungen geräuchertem schwarzem Pfeffer aus der Mühle über ein Steak eine Würzkrönung. Geräuchertes Knoblauchpulver oder Paprikapulver wird oftmals bei vegetarischen oder veganen Gerichten verwendet, da der pikante Räuchergeschmack doch noch etwas andere Geschmacksnuancen vermittelt.

Aus Mexiko kommen beispielsweise geräucherte Chilis, „Chipotle", die aus frischen Jalapeños hergestellt werden und die man im Ganzen, zerrieben als grobes Pulver, oder grob zerbröselt und eingelegt in Öl kaufen kann. Doch Vorsicht: Durch den enorm hohen Wasserverlust beim Räuchern liegt das scharfe ätherische Öl noch konzentrierter vor, daher sind geräucherte Chilis wesentlich schärfer als frische. Aus dem La Vera-Tal in Spanien kommt die berühmte geräucherte Paprika, die für die Herstellung der Chorizo unerlässlich ist. Im Handel wird dieses Paprikapulver süß (dulce) oder in einer schärferen Form (picante) angeboten. Beide Sorten werden für kalte Dipsaucen, zum Abschmecken von Schmorgerichten oder Steaks aus der Pfanne verwendet – oder einfach pur mit Olivenöl und Weißbrot verzehrt.

Rauchsalz (Smoked Sea Salt)

ZIMT Cinnamomum verum

gen Bäume sehr kurz gehalten, damit sie bei der Ernte von Hand gut bearbeitet werden können. Die Zimtbäume haben eine Lebensdauer von bis zu 200 Jahren und treiben ständig neue Äste aus, deren Rinde für die Gewürzherstellung geschält wird. Die Ernte erfolgt während der Regenzeit. Dabei werden die etwa zweijährigen Schösslinge und Äste auf eine Länge von etwa 1,5 Meter abgeschnitten und gereinigt. Die längs in Streifen geschnittene Rinde wird einzeln getrennt, übereinander aufgestapelt und getrocknet. In den Verkauf kommen sie als „Quills", das sind Bündel aus acht bis zehn ineinandergeschobene Zimtrinden (je dünner die Rinden, desto feinwürziger). Hochwertiger Zimt stammt immer aus den Trieben, die in der Mitte des Baumes wachsen. Zimtabfälle wie Bruch und Reste kommen als gemahlener Zimt oder als Zimtöl in den Handel.

Zimt stammt aus Ceylon, dem heutigen Sri Lanka. Der Cylon-Zimt gilt als die beste Sorte für Stangenzimt. Anbau findet auch in Südostasien, China, Indonesien, Seychellen, Mauritius und Brasilien statt.

Stangenzimt sowie gemahlenen Zimt trocken, dunkel und luftdicht lagern.

Zimt schmeckt süßlich und hocharomatisch.

Traditionell findet sich Zimt in Europa vor allem zur Weihnachtszeit in Backwaren, Desserts, Fruchtsalaten, Milchreis, Glühwein und Honiggebäck. In der indischen und orientalischen Küche wird Zimt in einigen Gewürzmischungen, aber vor allem als Einzelgewürz für Currygerichte und Pilaws verwendet. Seite 167

Das bis zu 4 Prozent enthaltene ätherische Zimtöl wird in der Pharmazie, in der Kosmetik- sowie in der Likörindustrie (z. B. in Chartreuse oder Angostura) verwendet. Aber auch in Kaugummis und Colagetränken ist Zimt enthalten.

Im 14. Jahrhundert kam Zimt durch die Portugiesen nach Europa, in der chinesischen Küche wird er gar schon seit 4.500 Jahren verwendet.

Weltweit gibt es etwa 275 Zimtarten, von denen aber nur fünf Arten zur Herstellung als Gewürz verwendet werden. Neben dem Ceylon-Zimt (Zeylanicum) sind auch der aus China stammende Cassia-Zimt (C. aromaticum), der Padang- oder Burma-Zimt (C. Burmanni) aus Indonesien sowie der Saigon-Zimt (C. loureirii) im Handel erhältlich.

Im Wildwuchs können die zur Familie der Lorbeergewächse gehörenden Zimtbäume bis zu 20 Meter hoch wachsen. Im kultivierten Plantagenanbau werden die straucharti-

Cymbopogon citratus ZITRONENGRAS

Die Karriere des tropischen Grases außerhalb Asiens begann mit der Verschmelzung der Küchen. Typischer und fester Bestandteil war es schon immer für die thailändische und die indonesische Küche, beliebt aber auch in Vietnam und Kambodscha. Die bis zu 2 Meter langen Halme sind mehrjährig, wachsen wie zu Büschen dicht zusammen und gehören zur Familie der Süßgrasgewächse. Weltweit gibt es etwa 55 Arten von Zitronengras, wobei nur die Sorte Citratus in der Küche Beachtung findet.

Ursprünglich stammt Zitronengras aus Südasien und Südostasien, heutzutage ist es auch im restlichen Asien sowie in Afrika und Amerika heimisch.

Frische Zitronengrasstangen halten sich in Plastikfolie gewickelt im Kühlschrank etwa 1 Woche. Zitronengraspulver trocken, kühl und dunkel lagern. Es sollte möglichst immer frisches Zitronengras verwendet werden, getrocknetes und zu Pulver gemahlenes ist kein hinreichender Ersatz.

Die frischen Stiele riechen kräftig zitronig, mit einem Hauch nach Rosen. Der Geschmack ist würzig, leicht säuerlich und vor allem frisch.

In vielen thailändischen Currygerichten werden die frischen Stiele zur Aromatisierung mitgekocht, können aber wie Lorbeerblätter nicht mitgegessen werden. Einfach die Zitronengrasstange mit einem dicken Messerrücken anschlagen, damit die wertvollen ätherischen Öle frei fließen können und dem Gericht das volle Aroma geben. Die weiße Verdickung, von der aus der grüne Stängel hoch wächst, auch Bulbe genannt, kann oft hölzern und strohig sein, sodass Schneiden gar keinen Sinn macht. In Indonesien enthalten viele Chilipasten Zitronengras. Das Einlegen von Fleisch und Fisch in Marinaden mit Zitronengras erzielt ein fantastisch erfrischendes Aroma beim Braten oder Grillen. Seite 154

In Asien wird gegen die tropische Hitze viel Zitronengrastee getrunken, der auch für seine antibakteriellen Eigenschaften bekannt ist. Dafür die Stücke auskochen und mit Eiswasser aufgefüllt trinken.

Zitronengras ist kein Ersatz für Zitronen und umgekehrt, es besteht auch keinerlei Verwandtschaft.

ZUCKER Saccharum officinarum

Unser allgegenwärtiges Süßungsmittel, das vor langer Zeit den damals üblichen Honig ablöste, kam erst mit den Kreuzfahrern so um 1100 n. Chr. nach Europa. Das Zuckerrohr, das in tropischen Gefilden wächst, ist ein pflegeaufwendiges Gras, das bis zu 7 Meter hoch werden kann. Der Durchmesser der Stängel beträgt etwa 5 Zentimeter. Sobald die Sprösslinge erscheinen, werden die Zuckerrohre bis auf den Boden abgeschnitten, sodass sich wieder neue Gräser bilden können. Im Inneren des Zuckerrohrs befindet sich das Mark, das die Kohlenhydrate enthält.

Zucker wird auch aus Zuckerrüben (beta vulgaris) gewonnen, die in nördlichen Regionen wachsen und ursprünglich aus Europa stammen. Die zweijährige, bis zu 1 Kilogramm schwere Knolle enthält bis zu 20 Prozent Zucker. Die Zuckerrübe wurde allerdings erst gegen Ende des 18. Jahrhunderts als wichtiger Rohstofflieferant entdeckt.

Das Zuckerrohr stammt ursprünglich aus Polynesien, kam dann von Ostasien nach Indien und in den heutigen Iran (Persien). Heute wird vor allem in Brasilien, Mexiko und Indien Anbau betrieben. Zuckerrübenanbau findet man in Russland, China, USA, Frankreich, Polen und Deutschland.

Zucker ist in einem luftdicht verschlossenen Behälter trocken und bei Zimmertemperatur unbegrenzt lagerfähig.

Zucker hat fast keinen Geruch, wenn die Zuckerkristalle auf der Zunge schmelzen schmeckt es sehr süß.

Zucker stellt nicht nur eine Süßung, sondern auch eine Würzung dar, indem er andere Gewürze unterstreicht und harmonisiert. Egal, ob die Suppe den letzten Schliff erhält, die Essignote vom Salatdressing ein bisschen milder gestimmt wird oder die Marinade zum Einlegen die pikanten Gewürze balanciert, Zucker ist ein allgegenwärtiges Würzmittel.

Zucker ist Lebensmittel und Energiespender. Doch dieses Nahrungsmittel sollte im Hinblick auf die Gesundheit mit Bedacht und Maß konsumiert werden. Zu viele Fertigprodukte sind überzuckert und auch übersalzen, sodass der „versteckte Zucker" im Prinzip für den täglichen Bedarf schon ausreicht.

Im Jahre 1747 hat Andreas Sigismund Marggraf den Nachweis erbracht, dass im Rübensaft Zucker enthalten ist. Im Anschluss entwickelte Franz Carl Achard ein Fabrikationsverfahren für die Zuckergewinnung von Zuckerrüben. Dies führte dazu, dass schon bald genauso viel Zucker aus Zuckerrüben wie aus Zuckerrohr hergestellt wurde.

Zucker ist nicht gleich Zucker

Muscovado Zucker   In der Gourmetküche ist der unbehandelte Rohrohrzucker aus Mauritius überaus beliebt. Er wird hell und dunkel angeboten, wobei der dunklere Zucker noch intensiver nach Karamell und Lakritze schmeckt. Dieser naturbelassene Zucker verfeinert nicht nur Süßes auf eine wunderbare Weise, sondern passt auch zu Herzhaftem, wie dem Rezept mit Wolfsbarsch und Blutwurst. Seite 158

Brauner Zucker   Ein grob auskristallisierter Zucker, der als Zwischenprodukt bei der Herstellung von Zucker entsteht. Sirup, der noch an ihm haftet, färbt den Zucker braun und verleiht ihm eine feuchte, klebrige Konsistenz. Ein Irrglaube ist die Annahme, brauner Zucker sei gesünder als normaler, weißer Haushaltszucker.

Einmachzucker   besteht aus großen, gleichmäßigen Zuckerkristallen und eignet sich deswegen besonders zum Einkochen von Früchten und zur Zubereitung von Konfitüren oder Gelees. Die großen Kristalle lösen sich nur langsam auf – so bleibt die Marmelade oder das Kompott klümpchenfrei und der Zucker brennt nicht so schnell an. Im Gegensatz zu Gelierzucker wird dem Einmachzucker kein Geliermittel wie Pektin zugesetzt. Weißer und roter Einmachzucker werden beide aus Weißzucker hergestellt, der letztere wird lediglich rot eingefärbt.

Flüssiger Zucker   Eine konzentrierte Zuckerlösung, die nicht in Haushalten, aber in der Nahrungsmittelindustrie Anwendung findet.

Hagelzucker   Wird aus Raffinade durch das Zusammenwachsen von feinen Kristallen hergestellt. Findet Verwendung zum Verzieren von Gebäck.

Kandiszucker   Durch das langsame Auskristallisieren einer reinen Zuckerlösung entsteht Kandiszucker. Diese Zuckerkristalle sind von unterschiedlicher Größe und Farbe und werden gerne zum Süßen von Tee verwendet. Brauner Kandis enthält karamellisierten Zucker und hat die gleiche Süßkraft wie Raffinade.

Kristallzucker,   auch Zuckerraffinade genannt, besteht chemisch fast nur aus reine Sacchrose und wird durch die Raffination von Rohzucker gewonnen. In mehreren Schritten wird dieser gewaschen, zentrifugiert, aufgelöst, entfärbt, filtriert und kristallisiert.

Brauner Zucker

Gewürzzucker

Das Grundprodukt Zucker ist eigentlich prädestiniert für eine zusätzliche Beigabe an Gewürzen: Ob Vanille, Rosmarin, Curry, Muskat oder Paprika – der süße Grundgeschmack des Zuckers passt zu jedem Gewürz. Die Kreativität beim Mischen führte in den letzten Jahren zu einer großen Auswahl an Gewürzzuckern. Diese können sowohl in der herzhaften wie auch in der süßen Küche verwendet werden. Das Ausgangsprodukt Zucker wird in den verschiedensten Ausführungen angeboten, in den letzten Jahren spielt die Herkunft genauso wie bei Kaffee, Tee und Kakaobohnen mehr und mehr eine Rolle. Der Verbraucher möchte wissen, woher sein Zucker stammt. Für die eigene Herstellung von Gewürzzucker ist Haushaltszucker oder naturbelassener Rohrohrzucker zu empfehlen. Die beigegebenen Gewürze können im Zucker ihr volles Aroma entfalten und verfeinern und aromatisieren so Heißgetränke, Kuchen oder pikante Gerichte.

Zucker mit Zimt ist ein „Muss" für jeden Milchreisfan. Damit beide Aromen gut zur Geltung kommen, Zucker und gemahlenen Zimt schon 1 bis 2 Tage vor der Verwendung vermischen und in einem Behältnis gut durchziehen lassen. Danach luftdicht, trocken und kühl lagern. Zimtzucker ist auch in arabischen Gerichten, die leicht süßlich schmecken, und in Auberginengerichten der süditalienischen Küche sehr beliebt. Darin zeigt sich ihr arabisches Erbe.

Zucker mit Schokolade und Chili bereichert vor allem heiße Milch- und Kaffeemischgetränke. Eine Prise davon schmeckt auch in mexikanischen Gerichten wie z. B. Chili con Carne sehr gut. Einfach Zucker mit feinstem Kakao- und Chilipulver vermischen.

Gewürzzucker für Kaffeegetränke aus Zucker, Kakaopulver, Kardamom, Zimt, Muskatnuss, Nelken, Piment und Vanille herstellen. Eignet sich auch hervorragend für die süße Küche.

Aprikosen-Lavendel-Zucker ist ein beliebter Gewürzzucker für den Zuckerrand am Cocktailglas. Dazu sehr fein gehackte, getrocknete Aprikosenstückchen sowie getrockneten, fein zerriebenen Lavendel mit Zucker vermischen. Auch für Süßspeisen und Backwaren sehr empfehlenswert.

Kokos-Gewürz-Zucker Dazu Zucker mit Kokosraspeln, getrockneter und geriebener Orangenschale, Vanille und Zimt vermischen. Gibt Süßspeisen und Backwaren ein tolles Aroma.

Gewürzzucker mit Kakao 500 Gramm Haushaltszucker mit 100 Gramm reinem Kakaopulver, 1 Teelöffel gemahlenem Kardamom, ½ Teelöffel gemahlenem Nelkenpulver, 2 halben Zimtstangen und 1 Vanilleschote locker vermischen und in einen luftdichten Behälter abfüllen. Für Milch- und Kaffeegetränke sowie für Süßspeisen und Backwaren zu empfehlen.

Gewürzzucker für pikante Speisen 250 Gramm braunen Zucker mit je 1/2 Teelöffel gemahlener Muskatblüte, geriebener Muskatnuss, gemahlenem Kardamom und feinem Meersalz vermischen. Eignet sich hervorragend zum Abschmecken von südamerikanischen oder orientalischen Gerichten.

Gewürzzucker für orientalische Gerichte 100 Gramm braunen Zucker mit je ¼ Teelöffel feinem Meersalz, gemahlenem Ingwer und gemahlener Muskatblüte (Macis) sowie je ½ Teelöffel gemahlenen Gewürznelken und gemahlenen Zimt vermengen. Zum Abschmecken von Pilaws, aber auch für Kaffeegetränke oder zum Bestreuen von Obstsalat perfekt.

GEWÜRZMISCHUNGEN

Gewürzmischungen

Es ist alles so schön bunt hier

Wer die Augen schließt und an Gewürze denkt, hat wahrscheinlich sofort die Bilder von fernen Gewürzbasaren und Straßenständen vor sich. Die Menschen dort lachen, begrüßen sich, Kinder flitzen zwischen den Ständen umher, es geht laut und hektisch zu. In den Auslagen türmen sich die unterschiedlichsten Gewürze. Leuchtend bunt und betörend duftend warten sie darauf, mit ihren wundervollen Aromen die verschiedensten Gerichte erst perfekt zu machen. Eine Gewürzmischung vereint das Beste all seiner Bestandteile – die Komponenten ergänzen sich perfekt, gleichen sich aus oder verstärken einander und bilden so ein rundum ausgewogenes, vollmundiges Aroma. Neben den schon fertig gemischten Mixturen, die es zu kaufen gibt, lassen sich auch ganz einfach selbst tolle Kombinationen dem eigenen Geschmack entsprechend herstellen. Beim Mischen von Gewürzen gibt es viele Freiheiten, denn genauso wie bei jedem Kochrezept, kann man auch jeder Gewürzmischung eine eigene, persönliche Note verleihen. Der eine bevorzugt in der Quatre-éspices-Mischung mehr Muskat und der andere lebt seine Vorliebe für Ingwer aus. Der Kreativität und der Individualität sind dabei keine Grenzen gesetzt: Gut ist, was schmeckt!

Gewürzbasar in Istanbul

Gewürzmischungen selbst herstellen

1 Die **Zutaten** können Sie weitgehend überall kaufen. Je nach Anspruch an Qualität und Herkunft, ob beispielsweise Bio-Produkte bevorzugt werden oder nicht, gibt es die Möglichkeit, die Zutaten in der Apotheke grammgenau abwiegen zu lassen oder in Naturkostläden Sicherheit bezüglich der Herkunftsländer zu gewinnen. Des Weiteren sind für außergewöhnliche Gewürze auch asiatische oder orientalische Lebensmittelgeschäfte, Teeläden oder spezielle Gewürzläden zu empfehlen. Auch das Internet bietet eine Fülle von guten Gewürzhändlern mit Überraschungen aus der ganzen Welt (Bezgusquellen Seite 232).

2 Die **Basisgewürze** entsprechen den eigenen Kochvorlieben, je nachdem, ob man gerne asiatisch, mediterran oder international kocht und isst. Es gibt daher keine allgemeinen „Must haves". Die Empfehlung für aromareiches Würzen besteht in der Klarheit der Produkte. Anstatt Muskatwürzer – eine Aromazubereitung mit gemahlenem Muskat – besser ganze Muskatnüsse mit einer Muskatreibe vorrätig haben. Statt eines gefälligen Zimtwürzers besser ganze Zimtstangen oder hochwertig gemahlenes Zimt bereithalten. Das Gleiche gilt auch für Pfeffer oder Salz.

3 Das **Abmessen** der Gewürze erfolgt ganz einfach über Tee- oder Esslöffel. Diese Maßeinheiten stets gestrichen und nicht gehäuft oder überhäuft befüllen. Flüssigkeiten (z. B. für Gewürzpasten oder -saucen) lassen sich in der Regel ebenso abmessen: 1 Esslöffel ergibt etwa 15 Milliliter, 1 Teelöffel ergibt etwa 5 Milliliter.

4 Für das **Rösten** der Gewürze am besten eine unbeschichtete Pfanne verwenden. Die Pfanne bei mittlerer Temperatur erhitzen, die Gewürze einstreuen, bis der Pfannenboden gerade bedeckt ist, und 2–3 Minuten „erwärmen". Sofort verbreiten die ätherischen Öle ein betörendes Aroma. Das Rütteln oder das Schwenken der Pfanne ist wichtig, damit die Körner oder kleinen Pflanzenteile von allen Seiten etwas von der Hitze abbekommen. Leicht anklebende Gewürze können mit einem Holzspatel vom Pfannenboden gelöst werden. Wenn man Gewürze röstet, sollte man immer mit voller Aufmerksamkeit dabeibleiben, denn der Moment, in dem das duftende Rösten in ein Anbrennen übergeht, ist leicht verpasst.

5 Die Gewürze nach Geschmack in einem **Mörser** grob zerstoßen oder mithilfe eines Elektromixers fein mahlen. Ich bevorzuge grob zermahlene oder grobkörnige Gewürze, die ich während des Essens auf der Zunge schmecken kann.

6 Zur **Aufbewahrung** die fertig gerösteten, abgekühlten und zerkleinerten Gewürze in Schraubgläser luftdicht abfüllen. Wenn vorhanden, dunkle Gläser benutzen, denn der Schutz vor Licht bedeutet Aromaschutz. Die Gewürze nicht über dem oder um den Herd platzieren. Es sieht zwar hübsch aus, aber die Wärme tut den Aromastoffen der Gewürze nicht gut. Ein Trockenschrank, kühl und dunkel, das passt. Die Haltbarkeit der Gewürzmischungen liegt bei 1 Jahr. Doch generell ist es empfehlenswert, sie schnell zu verbrauchen und konsequent einmal im Jahr den Gewürzschrank ausmisten.

Die bekanntesten Gewürzmischungen

Kräuter der Provence setzt sich zusammen aus Basilikum, Bohnenkraut, Oregano, Lavendel, Ysop und Thymian.

Lebkuchengewürz besteht aus Kardamom, Anis, Sternanis, Zimt und Piment.

Glühweingewürz beinhaltet Nelken, Kardamom, Zimt und Sternanis.

Pizzagewürz enthält Oregano, Basilikum, Rosmarin und Thymian.

Pastagewürz vereint Tomatenpulver, Paprika, Basilikum, Oregano, Thymian, Pfeffer, Rosmarin, Lorbeer und Muskatnuss.

Gurkengewürz ist eine Mischung aus Dill, Borretsch und Liebstöckel.

Salatgewürz besteht aus Dill, Lauch, Koriander, Sellerieblättern, Basilikum, Oregano, Zwiebel, Kerbel, Knoblauchpulver und Pfeffer.

Chinagewürz vereint Paprika, Curry, Koriander, Kurkuma, Chili, Pfeffer, Zwiebel, Ingwer und Sellerie.

Quatre-épices (Vier-Gewürze-Mischung) besteht aus Pfeffer, Muskat, Nelken und Ingwer.

Gewürzmischungen

Von Curry und Masala

Die Currymischung ist eine Erfindung der Engländer. Die Briten fanden zu Zeiten ihrer Kolonialherrschaft so großen Gefallen an der vielfältigen, gewürzfreudigen indischen Küche, dass sie indisch angehauchte Gerichte auch zu Hause in England kochen wollten. Doch es war gar nicht so einfach alle Einzelgewürze herauszufinden, die das unverwechselbare indische Aroma ausmachten. Also ließen sie sich eine Gewürzzubereitung von ihren Gewürzhändlern entwickeln, um in den Genuss von indischer Sehnsuchtskost zu kommen.

In Indien werden Fleisch-, Fisch- und Gemüsegerichte, die in einer gelblichen, sehr würzigen Sauce schmoren, als Curry bezeichnet. Ein indisches Gewürz mit dem Namen Curry gibt es nicht. Vielmehr hat jede indische Hausfrau eine große Auswahl an Gewürzen vorrätig, die täglich für jedes Gericht neu gemischt werden. In Indien bezeichnet man diese Gewürzmischungen als „Masala" (Mischung). Einer der berühmtesten Masalas ist die „Garam Masala", die zusammen mit anderen Gewürzen beim Anbraten oder in den letzten Kochminuten eingestreut wird. Wörtlich übersetzt bedeutet Garam Masala „heißes Gewürz". Es wird zur Zubereitung der unterschiedlichsten Schmorgerichte mit Fleisch, Fisch und Gemüse benutzt.

Madras Curry

Folglich ist das, was wir Europäer als Currygewürzmischung betiteln, in Indien Garam Masala. Und umgekehrt ist in Indien Curry ein Gericht. Die Bezeichnung der uns bekannten Gewürzmischung als „Curry" stammt wahrscheinlich von dem Tamilenwort „Kari" (Sauce) ab. In Indien gibt es über 100 verschiedene Currygewürzmischungen.

Eine Currymischung besteht mindestens aus sieben Gewürzen, unter denen sich immer Kurkuma (Gelbwurz) als färbendes Element befindet. In einer gehaltvollen Mischung können bis zu 40 Gewürze vereint sein. Die wichtigsten Zutaten sind dabei Kardamom, Ingwer, Koriander, Pfeffer, Zimt, Kreuzkümmel, Piment und Paprika. Die ätherischen Öle der Einzelgewürze verbinden sich zu einem hocharomatischen und dennoch harmonischen Ganzen. Eine sehr hellgelbe Mischung bedeutet, dass der Anteil von Kurkuma hoch ist, die anderen beigefügten Gewürze moderat und würzig schmecken. Ist die Mischung von einem dunkleren Gelb, so ist sie von intensiver Würzkraft und kräftigem Geschmack. Eine rötlichgelbe Farbe zeugt von einem hohen Anteil an gemahlenem Chili und einer intensiven Schärfe.

Currymischung Bengalen Das würzige, leicht scharfe Pulver stammt aus der historischen Region Bengalen im Norden Indiens und beinhaltet u. a. Cayennepfeffer, Paprika, Curryblätter, Zitronengras, Gewürznelken, Zimt, Muskatblüte und getrocknetes Kokosmilchpulver.

Currymischung Madras Eine milde Mischung, die aus der indischen Hafenstadt Chennai, früher Madras, und Umgebung stammt. Gemahlener Kardamom ist dominierend, Piment und Bockshornkleesamen wirken harmonisch.

Currymischung Ceylon Sehr zimt- und pfefferlastig, so vielfältig wie die Insel Sri Lanka (früher Ceylon).

Currypulver Vindaloo Ein feurig-scharfes Pulver mit einer leichten Tamarindensüße, das von der indischen Insel Goa stammt. Vindaloo ist ein indisches Gericht, das von den portugiesischen Kolonialherren vom Gericht „Carne de Vinha d'Alhos" abgeleitet wurde. Ein absolut scharfes Gericht!

Currygewürz als Paste

Currypasten sind sehr beliebt, denn diese kompakten Massen enthalten Öl zur Konservierung sowie zusätzliche Ingredienzen wie Zwiebeln, Ingwer oder Nüsse, wodurch man sich so einige Arbeit für das schnelle Currygericht spart. Zähflüssig, streichfähig und geschmeidig wird die Paste mit dem Löffel aus der Dose, dem Plastikbecher oder der Zellophantüte in die Pfanne oder den Wok befördert. Meist in heißes Öl, damit sich die Paste verflüssigt und die übrigen Zutaten ummantelt, um dann zischend mit Kokosmilch oder Brühe abgelöscht zu werden. Die geöffneten Behältnisse lassen sich unkompliziert ohne weiteres 1 Jahr im Kühlschrank lagern. Es gibt alle Geschmacksrichtungen aus Indien, China, Thailand und Indonesien. Von leuchtend gelb bis bräunlichgrün, von feuerrot bis schmutziggelb. Von „very hot" und „spicy" bis mild, angenehm und süßlich – abhängig von den verschiedensten Zutaten. Es empfiehlt sich also die Zutatenliste genau zu lesen.

Gelbe Currypaste   Die Farbe gründet auf der großzügigen Beigabe von Kurkuma. Die Mischung ist sehr harmonisch und mild und passt hervorragend zu Fisch- oder Geflügelgerichten.

Rote Currypaste   Die feurigscharfen Chilis geben dieser Paste ihre Farbe und ihren Geschmack – sie ist die schärfste von allen und passt zu dunklem Fleisch und Shrimps.

Grüne Currypaste   Grüne Chilischoten und Koriandergrün sind für die grüne Farbe verantwortlich. Vorsicht, sie ist recht scharf, schmeckt aber auch sehr erfrischend.

Massamam Currypaste   Diese Currypaste wurde von Muslimen in Südthailand entwickelt. Sie zeichnet sich durch die getrockneten Chilischoten aus, aber auch dadurch, dass sie nie für Gerichte mit Schweinefleisch verwendet wird, sondern vor allem für vegetarische Currygerichte und für Lamm-, Rinder- und Geflügelcurrys.

Garam Masala Kaschmir

Gewürzmischungen

Currypulver selbst herstellen

1 EL Gewürznelken | 1 zerkleinerte Zimtstange | 1 EL Fenchelsamen | 2 EL Kreuzkümmel | 4 EL Koriander | 1 EL Kurkuma | 1 EL rosenscharfes Paprikapulver

Alle Gewürze in einer heißen, ungefetteten Pfanne unter Schwenken oder Rütteln etwa 1 Minute rösten, bis die Aromen zu duften beginnen. Die Pfanne beiseiteziehen, die Gewürze kurz abkühlen lassen und diese dann anschließend entweder im Elektromixer zerkleinern oder im Mörser zerstoßen. Sehr gut abgekühlt in ein Schraubglas füllen, luftdicht, dunkel und trocken im Schrank aufbewahren.

Currypulver Ceylon

3 EL Koriandersamen | 3 EL Kreuzkümmelsamen | 1 EL Fenchelsamen | ½ EL Kardamomsamen | 1 zerkleinerte Zimtstange | ½ EL Bockshornkleesamen | 1 TL getrocknete, zerbröselte Chilis | 2 zerkleinerte Curryblätter

Alle Zutaten in einer heißen, ungefetteten Pfanne rösten, bis sich das Aroma verbreitet. Abkühlen lassen und in einem Elektromixer fein mahlen oder im Mörser zerstoßen.

Grüne Currypaste aus Thailand

4 zerkleinerte Schalotten | 8 ungeschälte und zerkleinerte Knoblauchzehen | 1 daumengroßes Stück zerkleinerte Galgant | 3 Stängel zerkleinertes Zitronengras, nur das Weiße | 5 lange grüne Chilischoten | 2 Kaffirlimettenblätter | 1 TL Garnelenpaste | 1 TL Salz

Alle Zutaten im Elektromixer zu einer Paste verarbeiten oder im Mörser kräftig zerdrücken und zerstoßen. Diese frische Paste direkt für ein Currygericht weiterverarbeiten oder in einem Plastikbeutel einfrieren.

Massamam Currypaste

4 getrocknete Chilischoten, für 30 Minuten in warmem Wasser eingeweicht | 1 Stängel zerkleinertes Zitronengras | 1 TL Koriandersamen | 2 cm

Galgant | je 4 gewürfelte Schalotten und Knoblauchzehen | 1 kräftige Prise Nelkenpulver | je ½ TL Zimtpulver und Sternanis | 1 TL Garnelenpaste | 1 TL Kardamompulver | ½ TL schwarzer Pfeffer

Chilischoten, Zitronengras, Koriandersamen, Galgant, Schalotten, Knoblauch, Nelken, Zimt und Sternanis nacheinander in einer ungefetteten Pfanne kurz rösten. Die abgekühlten Zutaten zusammen mit der Garnelenpaste, dem Kardamom sowie dem schwarzen Pfeffer im Elektromixer zu einer Paste verarbeiten.

Garam Masala I

2 EL Koriandersamen | 1 EL Kreuzkümmelsamen | ½ EL schwarze Pfefferkörner | 1 TL Kardamomsamen | 2 zerkleinerte Zimtstangen | 1 TL Gewürznelken | ½ frisch geriebene Muskatnuss

Alle Gewürze in einer heißen, ungefetteten Pfanne rösten, bis sie duften. Kurz abkühlen lassen und in einem Elektromixer fein zermahlen.

Garam Masala II

2 zerkleinerte Zimtstangen | 1 EL Kardamomsamen | 1 TL Gewürznelken | 1 TL Macis (Muskatblüte)

Die Gewürze in einer heißen, ungefetteten Pfanne rösten, bis sie duften. Abkühlen lassen und im Elektromixer zermahlen oder im Mörser fein zerreiben.

Garam Masala Kaschmir

1 EL Kardamomsamen | 1 TL Schwarzkümmelsamen | 1 TL schwarze Pfefferkörner | 2 zerkleinerte Zimtstangen | 1 TL Gewürznelken | ½ frisch geriebene Muskatnuss

Alle Gewürze in einer heißen, ungefetteten Pfanne rösten, bis sie duften. Abkühlen lassen und im Elektromixer fein zermahlen oder im Mörser fein zerstoßen.

Garam Masala ➤

Gewürzmischungen

Baharat

Orientalische Gewürzmischung in vielen Varianten, meist aus Chili, Paprika, schwarzem Pfeffer, Koriander, Kreuzkümmel, Zimt, Muskat, Kardamom, Gewürznelken. Beliebtes Gewürz für Gerichte mit Lamm, aber auch für Fisch-, Gemüse- und andere Fleischgerichte geeignet. Seite 200

½ TL Macis | ½ TL schwarze Pfefferkörner | ½ TL getrocknete, nicht zu scharfe Chilischote | ½ TL Zimtblüte | ½ TL Kardamomsaat | ½ Knoblauch, frittiert | 10 Nelken | 1 EL Koriandersamen | 1 EL Cumin | 2 EL Rosenpaprika

Wenn eine Marinade mit Baharat verfeinert werden soll (wie im Rezept auf Seite 200), alle Gewürze in einen Mörser geben und nicht allzu fein zerstoßen. Für eine Gewürzmischung für den Vorratsschrank alles im Elektromixer sehr fein zermahlen.

Cajun-Gewürz

Eine sehr beliebte Gewürzmischung in Anlehnung an die Cajun-Küche aus den Südstaaten der USA. Es gibt kein einheitliches Rezept, aber sie muss scharf, fruchtig und würzig sein. Wichtige Bestandteile dafür: Chili, Knoblauch, edelsüßes Paprikapulver, Oregano, Cayennepfeffer. Bestens geeignet für Grillfleisch.

1 EL Knoblauchpulver | 1 EL Zwiebelpulver | ½ EL geschrotete Pfefferkörner | ½ EL Kreuzkümmel | 1/2 EL Korianderpulver | ½ EL Fenchel | ¼ TL Kardamom | ½ EL Thymian | 1/2 EL Oregano

Alle Gewürze gründlich vermischen.

Djah Oftadeh

Eine persische Gewürzmischung, wird gerne in Suppen verwendet (siehe auch Rezept Seite 163). Übersetzt heißt es „genau getroffen", denn es enthält eine gut gelungene Kombination der besten Gewürze aus dem Iran. So beispielsweise Kreuzkümmel, Zimt, Koriander, Chili, Gewürznelken, Safran, schwarzen Pfeffer und Granatapfel. Die Mischungen sind sehr vielfältig!  Seite 163

1 TL Kreuzkümmel | 1 TL gemahlener Zimt | 1 TL getrocknete und zerkleinerte Chilischoten | ½ TL gemahlene Gewürznelken | ½ TL Safranfäden | ½ TL geschroteter Pfeffer | 1 EL getrocknete Granatapfelkerne

Alle Zutaten gründlich miteinander vermengen.

Dukka

Eine ägyptische Gewürzmischung, die vor allem in Lammgerichten, aber auch in anderen Fleisch-, Reis- und Gemüsegerichten sehr gut schmeckt. Meist wird sie in Kombination mit Olivenöl zu Fladenbrot gegessen. Die Mischung besteht aus Nüssen, Sesam, Pfeffer, Kichererbsen und Salz.

100 g Sesam | 50 g Kichererbsen | 50 g Haselnüsse | 1 EL Kümmel | ½ EL Thymian | ½ TL Salz | ¼ TL Pfefferkörner

Sesam, Kichererbsen und Haselnüsse in einer Pfanne rösten und mit den anderen Zutaten im Elektromixer zermahlen oder im Mörser grob zerstoßen.

Gewürzmischungen

Fünf-Gewürze-Pulver

Das bräunlichrote Pulver ist in der chinesischen Küche unentbehrlich und besteht aus gemahlenem Fenchel, Sternanis, Zimt, Nelken und Szechuanpfeffer.

1 EL Sternanis | 1 EL Szechuanpfeffer | 1½ EL Fenchel | ½ EL Zimt | ½ EL Nelken

Alle Gewürze gründlich vermischen. Die Mengen je nach häufiger oder gelegentlicher Verwendung halbieren oder verdoppeln. Das Mischgewürz passt zu allen asiatischen, vornehmlich chinesischen, Wokgerichten.

Panch Phoron

Eine indische Gewürzmischung aus Bockshornklee, Fenchel, Kreuzkümmel, Nigella (Schwarzkümmel) und schwarzen Senfsamen, die zu exakt gleichen Teilen gemischt werden. In Indien wird das ungemahlene Gewürz in heißes Bratfett gegeben. Es verleiht den Gerichten das für Indien so typische Aroma. Seite 198

1 TL Kreuzkümmel | 1 TL Bockshornkleesamen | 1 TL Nigella | 1 TL braune Senfsaat | 1 TL Fenchelsamen

Alle Gewürze separat in einer Pfanne ohne Zugabe von Fett vorsichtig anrösten. Die Bockshornkleesamen brauchen etwas länger, da sie beim Rösten ein wenig ihrer Bitterstoffe verlieren. Abkühlen lassen, vermischen und in ein luftdichtes Gefäß füllen.

Ras el Hanout

Arabische Gewürzmischung aus Nordafrika. Übersetzt heißt Ras el Hanout „nach Art des Chefs" (oder des Ladens). Es gibt also kein einheitliches Rezept dafür, sondern es existieren genauso viele Rezepte wie arabische Gewürzchefs. Die Vielfalt des Ras el Hanout ist vergleichbar mit einem Currypulver: von mild über süßlich bis scharf, jede Mischung ist möglich. Häufige Bestandteile der Gewürzmischung sind Muskatnuss, schwarzer Pfeffer, Kardamom, Ingwer, Schwarzkümmel, Fenchel, Macis und Piment.

Nach „Chef Donhauser":
1 TL Kurkuma | 15 schwarze Pfefferkörner | ¼ TL Muskatblüte | 5 Gewürznelken | ¼TL Ingwerpulver | ¼ TL Schwarzkümmel | ¼ TL Zimt

Alle Gewürze im Mörser vermengen und die Nelken sowie die Pfefferkörner dabei gut zerstoßen.

Shichimi Togarashi

Die japanische Gewürzmischung heißt wörtlich übersetzt „Sieben-Gewürz-Chilipfeffer" und besteht aus Chilischoten, Sesam, Mohnsamen, Mandarinenschale, Sansho-Pfeffer (japanischer Bergpfeffer) und Nori (Seetang). In der heimischen Küche schmeckt es gut in Suppen, Nudel- und Reisgerichten. Seite 161

1 EL grob gemahlene weiße Sesamsamen | ½ EL grob gemahlene schwarze Sesamsamen | 1 EL grob gemahlener Sansho-Pfeffer | 1 TL getrocknete, zerkleinerte Seetangstücke (Nori) | 1 EL getrocknete, fein gehackte Mandarinenschalen | 1 EL Chilipulver (Togarashi) | ½ EL Mohnsamen

Alle Zutaten gründlich miteinander vermischen.

GEWÜRZE
IN DER KÜCHE

Übersicht Verwendung in der Küche

	Fleisch								Geflügel				Fisch	Suppen/Eintopf	Saucen	
	Schwein	Rind	Kalb	Lamm	Wild	Gulasch	Ragout	Hack	Huhn	Gans	Ente	Pute	Fisch	Suppen/Eintopf	Tomatensauce	dunkle Sauce
Ajowansamen	•						•	•					•	•	•	•
Anissamen	•			•	•						•		•	•		
Basilikum	•		•	•		•		•		•	•	•	•	•	•	
Beifuß				•						•	•		•	•		
Bockshornklee				•		•							•	•		•
Bohnenkraut	•			•		•					•			•		•
Chili						•	•		•		•	•		•	•	
Curryblatt											•	•	•	•		
Estragon			•	•	•		•		•	•	•	•				
Fenchelsamen	•			•									•			
Galgant													•	•		
Gewürznelke	•				•							•		•		•
Ingwer	•									•	•		•			
Kaffirlimette									•		•		•	•		
Kardamom				•				•	•		•	•		•		
Knoblauch	•	•	•	•	•	•	•	•	•	•	•		•	•	•	
Koriander				•			•		•			•	•	•		
Kreuzkümmel				•				•						•		
Kümmel	•			•						•	•			•		•
Kurkuma	•					•	•					•				
Lavendel			•	•			•						•	•		•
Liebstöckel	•					•	•					•		•	•	•
Lorbeerblatt				•	•	•	•						•	•		

		Gemüse													
helle Saucen	Marinade	Salat	Spinat	Kartoffeln	Karotten	Lauch	Blumenkohl	Rotkohl	Spargel	Hülsenfrüchte	Currygerichte	Süßspeisen	Brot	Gebäck	Heißgetränke
●	●			●			●			●			●			Ajowansamen
	●			●		●			●		●	●	●	●	●	Anissamen
●	●	●		●	●	●						●				Basilikum
				●						●						Beifuß
							●			●	●					Bockshornklee
●				●						●						Bohnenkraut
		●								●	●	●	●	●	●	Chili
										●	●					Curryblatt
●	●			●					●	●						Estragon
		●									●				●	Fenchelsamen
			●			●					●		●			Galgant
		●						●				●			●	Gewürznelke
		●								●	●	●	●			Ingwer
●					●		●				●	●				Kaffirlimette
		●		●			●			●	●	●	●		●	Kardamom
		●	●	●	●	●				●	●		●			Knoblauch
		●			●	●			●	●	●		●			Koriander
					●					●	●		●			Kreuzkümmel
		●		●	●					●	●		●	●		Kümmel
		●		●	●	●				●	●					Kurkuma
		●										●	●	●		Lavendel
	●	●		●	●					●						Liebstöckel
		●						●		●	●					Lorbeerblatt

Übersicht Verwendung in der Küche

	Fleisch								Geflügel					Suppen/Eintopf	Saucen	
	Schwein	Rind	Kalb	Lamm	Wild	Gulasch	Ragout	Hack	Huhn	Gans	Ente	Pute	Fisch	Suppen/Eintopf	Tomatensauce	dunkle Sauce
Majoran	●	●	●	●	●	●	●	●	●	●		●		●		
Mohn													●			
Mönchspfeffer	●	●	●	●	●				●					●		●
Muskat	●	●	●				●		●				●	●		
Paprika	●	●	●	●	●	●	●	●	●	●	●	●	●	●	●	
Paradieskörner	●	●	●	●	●	●			●					●		
Piment	●	●	●	●	●	●	●	●	●	●	●	●	●	●	●	●
Rosmarin				●					●		●	●		●		
Safran				●					●				●	●		
Schwarzkümmel		●	●	●	●				●			●				
Senfsamen	●		●			●	●							●	●	
Sesam	●	●	●						●		●	●		●		
Sternanis	●	●		●	●				●		●		●	●		
Sumach		●		●				●	●				●		●	
Süßholz											●					
Tonkabohne									●					●		●
Vanille														●		
Wacholder				●	●	●	●			●		●	●	●		●
Zimt					●	●		●					●	●		●
Zitronengras	●		●						●		●	●	●	●		

Einige Lebensmittel werden gewürzt, bevor sie gegart werden. Dazu gehören Aufläufe, Gratins, paniertes Fleisch, Fisch oder Gemüse sowie Produkte, die im Ganzen zubereitet und nicht zerkleinert werden.

helle Saucen	Marinade	Salat	Spinat	Kartoffeln	Karotten	Lauch	Blumenkohl	Rotkohl	Spargel	Hülsenfrüchte	Currygerichte	Süßspeisen	Brot	Gebäck	Heißgetränke	
		•		•						•	•					Majoran
												•	•	•		Mohn
	•		•			•		•					•			Mönchspfeffer
•	•		•		•	•	•	•			•		•	•		Muskat
	•			•		•	•			•	•			•		Paprika
	•	•								•	•	•		•		Paradieskörner
	•							•		•		•				Piment
	•	•		•						•			•			Rosmarin
•				•			•		•		•	•		•		Safran
				•						•			•	•		Schwarzkümmel
					•	•										Senfsamen
•	•	•	•	•	•	•	•		•	•			•	•		Sesam
•	•				•	•	•			•	•	•		•	•	Sternanis
	•					•				•						Sumach
	•											•			•	Süßholz
	•				•	•						•		•		Tonkabohne
•					•	•			•			•		•	•	Vanille
	•							•								Wacholder
		•						•			•	•		•	•	Zimt
•	•				•	•			•	•	•	•		•	•	Zitronengras

Diese Tabelle gibt einen Überblick über mögliche Grundkombinationen. Für ein vollendetes Geschmackserlebnis sollte man allen Komponenten und Zutaten und deren Zusammenspiel Beachtung schenken.

Spitzenkoch Danijel Kresovic — Meister der Aromen

Eine kulinarische Freundschaft

Rose Marie Donhauser über Danijel Kresovic

Es war im Frühjahr 2008, als das Swissôtel in einer Pressemeldung mitteilte, dass ein neuer Chefkoch das Restaurant 44 übernehmen wird. Wir Restauranttester waren neugierig: Wo kommt der neue Chefkoch her? Welche Stationen hat er vorzuweisen? Wer aus den eigenen Reihen würde die Chance nutzen, eine Kreation des Neuen zu probieren? Und was wüsste man im Anschluss über den Besuch zu berichten?

Da ich mir aber natürlich gerne mein eigenes Urteil bilde, ging ich ganz unbedarft zum ersten Restauranttest unter der neuen Küchenregie von Chefkoch Danijel Kresovic. Er gefiel mir: seine Art über die Produkte, die er in der Küche verwendet, zu sprechen; sein Selbstbewusstsein, nicht etwas nachahmen oder seinen Vorgänger ersetzen zu wollen. Im Gegenteil, er versuchte ganz konsequent von Anfang an seinen Stil zu zeigen, nach dem Motto: „Schaut her, kommt rein und probiert bei mir."

Wissbegierig ging ich fortan öfter ins Restaurant 44 und war erstaunt, dass eine immense Abwechslung von saisonalen, regionalen, internationalen und auch Crossover-Gerichten serviert wurde. Hinzu kam, dass ich auch an einigen Kochkursen von Danijel teilnahm und wir dabei feststellten, dass wir uns über die kosmopolitischen Gaumengenüsse und deren unendliche Vielfalt in einer zunehmend freundschaftlichen Weise unterhalten konnten, sodass ich jedes Mal Freude empfand, wenn ich wieder einen Termin mit ihm hatte. Lachend begrüßte er mich schon von Weitem, meist mit einer Gewürzdose oder einem frischen Kraut in der Hand, und sagte zum Beispiel: „Also, ich habe mir überlegt, dass eine Tranche vom Iberico-Schwein, mariniert mit persischer Minze, leicht gegrillt und bestreut mit Zatar, dazu eine Sauce aus Granatapfelkernen jetzt genau das Richtige für dich wäre. Was meinste?"

Zumeist lasse ich mir bei meinen Besuchen erst einmal seine neuen Gewürzentdeckungen und selbst hergestellten Gewürzmischungen zeigen und diskutiere dann mein somatisches Gewürzfeeling mit ihm. „Lass mich in frischen Rosmarin beißen, mein Kreislauf muss erst in Schwung kommen", sagte ich einmal und er meinte daraufhin schmunzelnd: „Ist es gestern wieder spät geworden? Vielleicht gebe ich dir eine Bruschetta mit Zitronenpfeffer und einem Hauch Schoko-Chili-Pulver – die bringt Tote zum Aufstehen ..."

Das macht für mich eine (kulinarische) Freundschaft aus: Wir sind uns äußerst sympathisch und wissen, dass wir beide einen unbändigen Spaß empfinden, über Kulinarisches zu diskutieren und rumzualbern. Und wir freuen uns jedes Mal darüber, wenn wir dem anderen irgendetwas Neues, eventuell noch nicht Gewusstes zeigen oder erzählen können.

Danijel zählt für mich mit seinen 35 Jahren zu den jungen, kreativen Köchen der Hauptstadt, die den Ruf Berlins als Herdschmiede der neuen deutschen Küche begründen. Er ist ein absolut integrer Teamplayer, wenn es bei einer großen Veranstaltung zusammen mit anderen Gourmet- und Sterneköchen Berlin zu präsentieren gilt und auch in seinem alltäglichen Umfeld als Küchenchef des Teams des Restaurant 44. Er ist ein unabhängiger, kreativer Küchenchef und ein Garant für immer neue kulinarische Überraschungen. Auf der Dachterrasse des Restaurant 44 im Swissôtel am Ku'damm hat er einen Kräutergarten angelegt, in dem die Gäste sitzen und so auch einen Einblick haben, was frisch gezupft auf ihrem Teller landete. Er ist Meister des Kulinarischen für Gewürze und Kräuter und wurde von der Berliner-Meisterköche-Jury von Berlin Partner zum „Aufsteiger des Jahres 2009" nominiert.

Danijel Kresovic mit Rose Marie Donhauser

Spitzenkoch Danijel Kresovic — Meister der Aromen

Doch nichts kommt von ungefähr, Danijel Kresovic hat eine harte Schule hinter sich. Geboren wurde Kresovic in Karlsruhe, als 12-jähriger kehrt er mit seine Familie zurück in die elterliche Heimat. Doch Kroatien bleibt dem Jungen mit dem badischen Akzent fremd. Als er 16 ist, kommt der Krieg. Danijel spricht nicht gern darüber, den Hass, die Brutalität, die er erlebte, die furchtbare Angst ums eigene Leben. Viel lieber erinnert er sich an seine Kindheit im Badischen, erzählt von den Gerüchen des Herbstes, vom Duft frischer Äpfel und der morgendlichen Stimmung bei der Weinernte, vom Maronensammeln und erdigen Waldgeruch, von ausgelassenen Familienpicknicks im Grünen.

Danijel Kresovic will Koch werden, die braucht man überall, denkt er sich – und er will hinaus in die Welt, will reisen. Nach der Lehre geht er zurück nach Deutschland, entdeckt bei Bernd Werner im „Walk'schen Haus", einem Gault-Millau gelisteten Haus in Weingarten, die feine Küche und seine Leidenschaft, die Menschen mit Essen zu verzaubern. Von dort geht er ins „Imperial" im Hotel Bühler Höhe in Baden-Baden, das zu den besten der Republik zählt. Doch es zieht ihn bald weiter, er geht nach Kapstadt, lernt exotische Gerüche und Geschmäcker kennen, kehrt nach einigen Lehr- und Wanderjahren schließlich wieder nach Deutschland zurück, kocht unter dem heutigen Sternekoch Marco Müller zunächst im Restaurant „Harlekin" des Hotels Esplanade, später als Sous-Chef im „Windspiel" im Hotel Hubertushöhe in Storkow und schließlich folgt er seinem Küchenchef weiter in die „Weinbar Rutz". Schnell entdecken Berliner Feinschmecker das Nachwuchstalent. Er bekommt seine erste Chefstelle im „Daimlers" am Ku'damm, wo er ein seit Jahren unbemerktes Restaurant zur Neu-Entdeckung der Restauranttester Berlins kocht. 2008 dann der Ruf ins Swissôtel:

„Ich war so stolz", erzählt er.

Das Swissôtel fördert lieber junge Talente, statt verdiente Sterneköche einzustellen. Kresovic braucht ein Jahr, um Tritt zu fassen, dann sind sich die Restaurantkritiker einig: Der fast immer leise lächelnde Küchenchef kocht bemerkenswert, zählt zu den 600 Besten in Deutschland.

Im „44" meldet sich eines Tages ein Gast an, der mit dem Küchenchef über Kräuter reden möchte. Aus geplanten 15 Minuten werden zwei Stunden und Kresovics Leidenschaft für die seltenen Kräuter des persischen Arztes Dr. Ali Moshiri ist geweckt. Der Koch und der Pharmakologe – der

Danijel Kresovic mit Sous-Chef Christoph Mezger

Spitzenkoch Danijel Kresovic — Meister der Aromen

Beginn einer Freundschaft. Kresovic besucht die Kräuterfarm im Berliner Westen, wann immer sich ihm eine Gelegenheit bietet. Inzwischen kennt er die fast 50 Sorten Basilikum ebenso wie die zig Arten Minze aus allen Regionen der Welt. Er liebt es zu schnuppern und zu probieren, kann stundenlang schwelgen in der Beschreibung der Aromen zwischen salzig und süß, bitter bis sauer. Wenn es Winter wird in Deutschland und er nicht mehr aus der Fülle seines Kräutergartenhimmels hoch über dem Ku'damm schöpfen kann, dann greift Danijel Kresovic zu Gewürzen: Getrocknete und geriebene Aromen aus Samen, Kernen und Wurzeln findet er längst ebenso faszinierend wie das Grün des Sommers. „Ein Hauch Curry gibt Fisch, Fleisch oder Gemüse einen so außergewöhnlichen Kick, dass Zunge und Gaumen jubeln können", schwärmt er.

Überhaupt: Neben grünen Blättchen und Stängeln und aromatischen Gewürzen liebt Kresovic vor allem alles, was Flossen hat und aus dem Meer kommt. Zander, Wolfsbarsch und Krustentiere, das findet sich immer wieder auf seinen Menükarten. Wenn er einkauft, dann am liebsten Bio-Produkte:

„Die schmecken einfach intensiver".

Nur ein einziges Gericht mag er bis heute nicht selbst kochen: „Rinderrouladen, die gelingen mir niemals so, wie sie bei meiner Mutter schmecken", sagt er. Einmal sagte er dies auch in einem Fernsehinterview – und seine Mutter sah zu und war zutiefst gerührt. Auch sein Vater lebt die kulinarische Genießertradition der Familie bis heute: Gerade erstand der 61-Jährige einen Olivenhain. Eine Flasche mit einer Abfüllung des kresovicschen Olivenöls hortet der Sohn wie einen Schatz in seinem winzigen Büro am Ende der Restaurantküche.

„Wer weiß, vielleicht kreiere ich dazu ja bald Gewürz- und Kräuteröle."

Das Küchenteam des Restaurant 44

Die Aromenvielfalt im Wein

Welche Aromen finden sich im Wein?

Folgende Grundaromen findet man im Wein:

1. Blumen
2. frisches Obst
3. getrocknete Früchte
4. Kräuter und Pflanzen
5. Röst- und Karamelltöne
6. Gewürze und Aromate
7. Aromen, die in anderen Lebensmitteln vorhanden sind
8. Wein
9. Animalische Düfte

Nimmt der Mensch das Gros des Aromas über die Nase wahr?

Ja, fast alle Geschmacksempfindungen werden über Gaumen und Rachenhöhle zur Nase transportiert. Das Aroma – der Duft, das Bukett – wird über unsere Nase (sensorischer Reiz) wahrgenommen. Die Zunge (mechanischer Reiz) signalisiert sauer, süß, bitter, salzig.

Welche Gewürzaromen „erschnüffeln" die Önologen?

Man kann Vanille, Lakritze (Süßholz), Anis, Fenchel, Ingwer, Zimt, Gewürznelke, Pfeffer, Lorbeer, Trüffel oder Muskatnuss in einem Wein ausmachen.

Woher kommen die Aromen?

DEs gibt über 800 bekannte Weinaromastoffe, aber nur etwa 100 Aromasubstanzen sind annähernd erforscht. Wissenschaftliche Studien und Analysen haben gezeigt, dass ein Wein beispielsweise nach Gewürznelken, Vanille und Kokos riechen kann, obwohl die jeweiligen Gewürze gar nicht enthalten sind. Der Geruch der Gewürze weist jedoch Gemeinsamkeiten mit dem Geruch des Weins bzw. des Eichenholzes der Fässer auf, in denen der Wein ausgebaut wurde. Auch sind beispielsweise die ätherischen Öle, die der Muskatnuss ihren charakteristischen Geruch verleihen, an der Muskatnote von Muskateller und Müller Thurgau kaum beteiligt, sondern Eugenol.

Wie erklären sich Gewürzaromen im Wein?

Ein gewisser Teil der Aromen wird schon in den Trauben gebildet. Des Weiteren entstehen sie bei der Vinifizierung, beim Pressen, bei der Gärung und durch biochemische Reaktionen im Zuge des Ausbaus und der Lagerung. Besonders intensiv und dominant sind Zimtaldehyd, Vanillin, Benzaldehyd (Marzipan/Bittermandel) sowie Eugenol (Piment, Zimt, Gewürznelke, Basilikum und Muskatnuss).

Ist es bei der Wahl des Weines für Sie wichtig, welche Gewürze in den Speisen verwendet werden?

Ja, absolut. Wein, Speisen und Gewürze müssen so aufeinander abgestimmt werden, dass ein kontrastreiches Geschmacksspiel entsteht, in welchem der Wein positiv hinzugewinnt. Ein absolut negatives Beispiel wäre Rosmarin mit einem Sauvignon Blanc zu kombinieren. Die ätherischen Öle würden sich mit der Weinsäure zu einem unangenehmen Mundgefühl vermischen.

Das Restaurant Berlin-Sankt Moritz steht für eine gehobene französische, mediterrane Küche und ist eine Oase für jeden Weinliebhaber. Die Weinkarte beinhaltet etwa 360 Positionen europaweit, die Hälfte davon im offenen Ausschank. Wer könnte also geeigneter für die Weinempfehlungen zu den Kreationen von Danijel Kresovic in diesem Buch sein, als der Inhaber und Sommelier Anton Stefanov?

Wie ordnen Sie Weine den Rezepten in diesem Buch zu?

Die Harmonie zwischen Speisen und Wein muss stimmen. Eine wichtige Rolle in der Geschmacksabstimmung spielen auch die Kräuter und Gewürze. Petersilie, Dill, Kerbel, Oregano, Majoran, Thymian, Rosmarin, Basilikum, Curry, Salbei, Wacholder, Piment, Lorbeer, Muskat und Pfeffer vertragen sich außerordentlich gut mit Wein. Zu asiatischen Gerichten, die meist mit Wasabi, Ingwer und unvermeidlicher Schärfe versehen sind, wie z.B. Sashimi und Sushi, passt ein halbtrockener bis milder Riesling, eine Spätlese, sehr gut dazu. Hier wird die Schärfe der Gewürze durch die Süße ausgeglichen. So wirkt der Wein geschmacklich schon fast trocken. Hingegen ist bei Kräutern mit einem großen Anteil an ätherischen Ölen wie bei Knoblauch, Estragon, Schnittlauch, Meerrettich oder Minze bereits Vorsicht geboten. Diese Würzstoffe sollten durch ein mehrmaliges Abkochen entschärft werden, um dem Wein die Chance zu geben, die ihm gebührt.

Und was passt zu mit Chili gewürzten Gerichten?

Kräftig gewürzte Speisen (z.B. mit Pfeffer, Chili, Curry) schmecken in Verbindung mit alkoholreichen Weinen noch kräftiger. Bei Weinen, die neben dem hohen Alkoholgehalt auch eine kräftige Säure haben, sollte man aber vorsichtig sein. Weine mit milder Süße mildern die Schärfe.

Welchen Wein würden Sie zu einem gut gesalzenen Schinken empfehlen?

Viel Salz in einer Speise verträgt sich nicht mit viel Säure im Wein. Vielmehr gleichen sich Salz im Fleisch und Süße im Wein positiv aus.

REZEPTE

Rezepte in der Übersicht

Vorspeisen

Gerösteter Rochenflügel | Erdbeeren | Purple Curry | Wildkräuter

Hummertatar | Flüssiges Eigelb | Emulsion vom Panzer | Piment d'Espelette

St. Petersfisch | Anissamen-Honig-Chicorée | Yuzugelee | Gefrorener Joghurt

Schweinebauch | Jakobsmuscheln | Thai-Lauch | La Ratte Kartoffeln | Zitronengrassorbet

Gebratener Kalbstafelspitz | Carne cruda | Paprikaflocken | Rosinen-Salsa-Verde | Kräutersalat

Stubenküken | Sommertrüffel | Birnen-Bohnen-Speck-Salat | Paradieskörner-Thymian-Muffins

Suppen

Geeiste Avocadosuppe | Shichimi Togarashi | Bachsaibling | Pfifferlinge | Holunderblütengelee

Jalapeño-Gazpacho | Djah Oftadeh | Papayasalat | Ziegenkäsetatar

Krustentierbisque | Tiefseegarnele | Melonensalat | Milchschaum | Kardamom

Suppe von Zuckerschote und Kopfsalat | Wachtel | Zimtblüte | Spearmintöl

Basilikumsuppe | Kaisergranat | Koriander-Zwiebel-Creme | Gelbe Pflaumen

Weiße Bohnensuppe | Ajowansamen | Geschmortes Bäckchen vom iberischen Schwein | Ingwer | Erbsensprossen

Vegetarisch

Büffelmozzarellapressterrine | Gewürztomaten | Basilikum-Safran-Granité

Artischocke | Steinpilze | Blumenkohl | Cumin | Humus

Gebackenes Bio-Ei | Nigella | Flüssiger Kräutersalat

Salat von gegrilltem Gemüse | Berbere-Joghurt mit Tomate | Schwarzes Olivenöl | Tomatenmousse

Fisch

Confierter Wildlachs | Limetten-Szechuanpfeffer-Kruste | Brunnenkressefond | Schwarzer Knoblauch

Heilbutt | Pata Negra | Pistazien | Süßkartoffel | Gewürznelke | Orangenhollandaise

Wolfsbarsch | Schokoladen-Blutwurst-Pastilla | Muscovado-Zwiebel | Petersiliensaft

Adlerfisch | Röstzwiebelgnocchis | Gomasio | Gurkensalat | Schwarzwurzel | Rauchaaljus

Seeteufel | Stockfischmousseline | Saurer Kerbel |
Urmöhren | Fenchelsamenjus

Bärenkrebs | Tahitivanille | Nektarine | Karotte |
Purple Shiso

Fleisch und Geflügel

Brust und Keule vom Schwarzfederhuhn | Kartoffel-Lauch-
Püree | Artischocken | Muskatblütenfond

Perlhuhn | Kurkuma | Wasabi-Farfalle | Gurkenjus |
Römersalat

Taubenbrüste | Selleriepüree | Trüffel | Birne | Süßholzsaft

Mieral-Entenbrust | Panch Phoron | Mairübenkraut |
Shiitake | Wilder Estragon | Granatapfeljus

Lammrücken | Baharat | Gratinierte Süßzwiebel |
Weiße Kapernpolenta | Kubaspinatpüree

Rehrücken | Mangold-Pfifferlings-Kuchen | Mönchspfeffer |
Orangenkarotten | Laugen-Macadamianüsse

Confiertes Kalbsfilet | Artischocke | Erbsen |
Zitronenverbene | Orangenkompott

Rinderrücken | Gelbe Navetten | Morcheln | Ackerbohnen |
PX-Balsamjus | Maldon Salz

Käse

Lauwarm geräucherter Camembert | Lavendelgrissini |
Fenchelsalat

Ziegenkäsesoufflé | Auberginen | Wacholder |
Tomaten-Honig-Marmelade

Bleu d'Auvergne | Marillenkompott | Bengalischer Pfeffer |
Geschmorte Rote Bete

Crème Caramel vom Mimolette | Sternanis |
Feigenchutney | Pumpernickelcroûtons

Desserts

Creme von der Valrhona-Schokolade | Mini-Oliven |
Diabolo-Zucker | Ananas | Joghurt-Rum-Parfait

Törtchen von der Amedei-Schokolade | Sesam |
Himbeer-Ingwer-Sorbet | Honigkresse

Pochierte Zitronentarte | Blood Lime | Limoncellogelee |
Beerensalat | Spätlesesorbet

Tonkabohnen-Mandel-Biskuit | Pistazienparfait |
Gelierter Mangosago | Kirschsalat

Mohnkuchen | Apfel | Frischkäse | Haselnüsse | Kahlúa-Eis

Crème brûlée von Akaziensamen | Zitrusfruchtragout |
Teesorbet

Menüempfehlungen

Das 3-Gang-Menü – In der Ruhe liegt die Kraft

" Dank dem Bio-Ei, dem flüssigen Kräutersalat, den Ur-Möhren und dem Teesorbet schöpfen Sie mit diesem Menü neue Kraft für den Alltag. Schließen Sie Ihre Augen, fühlen Sie wie die Energie Sie mit jedem Bissen neu durchströmt und kommen Sie zur Ruhe.

Gebackenes Bio-Ei | Nigella | Flüssiger Kräutersalat

Seeteufel | Stockfischmousseline | Saurer Kerbel | Urmöhren | Fenchelsamenjus

Crème brûlée von Akaziensamen | Zitrusfruchtragout | Teesorbet

Das 4-Gang-Menü – 1001 Nacht

" Die Gewürze dieses Menüs entführen Sie in die Welt der Maharajas und Rajputen, der Nomaden und Kaufleute. Während des Essens können Sie förmlich die Tampurinklänge der Bauchtänzerinnen hören, ihre bunten Kleider und Tücher im Wind flattern sehen und, wenigsten für einen Moment, in die Rolle von Scheherazade oder König Sharyâr schlüpfen.

Gerösteter Rochenflügel | Erdbeeren | Purple Curry | Wildkräuter

Weiße Bohnensuppe | Ajowansamen | Geschmortes Bäckchen vom iberischen Schwein | Ingwer | Erbsensprossen

Mieral-Entenbrust | Panch Phoron | Mairübenkraut | Shiitake | Wilder Estragon | Granatapfeljus

Törtchen von der Amedei-Schokolade | Sesam | Himbeer-Ingwer-Sorbet | Honigkresse

Das 5-Gang-Menü – Große Karawane

Die Karawane, die Sie durch dieses Menü führt, startet im südlichen Asien, dem Heimatland des Zitronengrases. Von dort aus zieht sie weiter über China, wo sie Szechuanpfeffer ersteht, zu den Gewürzmärkten des Orients, auf denen die Gewürzmischung Baharat frisch gemischt wird. Der bengalische Pfeffer führt die Karawane nach Indien. Dort kann sie jedoch nicht lange verweilen, denn für den krönenden Abschluss des Menüs macht sie sich auf die beschwerliche Reise über den großen Teich, um in Südamerika die Tonkabohne zu erstehen.

Schweinebauch | Jakobsmuschel | Thai-Lauch | La Ratte Kartoffeln | Zitronengrassorbet

Confierter Wildlachs | Limetten-Szechuanpfeffer-Kruste | Brunnenkressefond | Schwarzer Knoblauch

Lammrücken | Baharat | Gratinierte Süßzwiebel | Weiße Kapernpolenta | Kubaspinat-püree

Bleu d'Auvergne | Marillenkompott | Bengalischer Pfeffer | Geschmorte Rote Bete

Tonkabohnen-Mandel-Biskuit | Pistazienparfait | Gelierter Mangosago | Kirschsalat

Gerösteter Rochenflügel | Erdbeeren | Purple Curry | Wildkräuter

„ Aufgrund des hohen Hibiskusanteils hat diese Currymischung eine feine Säure, was ich an diesem Gericht sehr mag. Die Süße der Erdbeeren, die leichte Bitterkeit des Salats und die Säure des Currys ergeben ein sehr harmonisches Zusammenspiel im Mund.

Gerösteter Rochenflügel

480 g Rochenflügel ohne Haut | 60 g heller Sesam | 20 g dunkler Sesam | 2 EL Olivenöl | 1 EL Butter | 1 Knoblauchzehe | ½ Rosmarinzweig | 2 Thymianzweige | Salz | frisch gemahlener schwarzer Pfeffer

Erdbeeren mit Purple Curry

400 g tiefgefrorene Erdbeeren | 400 g Gelierzucker 1:1 | 2 Stangen Zitronengras | Saft von 1 Zitrone | 2 EL Purple Curry | 50 ml Olivenöl | 1 Msp. rote Currypaste | 200 g frische Erdbeeren

Wildkräutersalat

30 g Vogelmiere | 30 g Gundermann | 30 g Wiesenkerbel | 30 g Römischer Ampfer | 30 g Giersch | 30 g Taubnessel | 20 kleine Basilikumblätter | 40 g Friséesalat

Buttermilchdressing

2 EL Joghurt | 150 ml Buttermilch | Saft von ½ Zitrone | 1 TL Zucker (alternativ Ahornsirup) | 1 Msp. gemahlener Koriander | Salz | frisch gemahlener schwarzer Pfeffer

Gerösteter Rochenflügel | Den Rochenflügel vorsichtig mit kaltem Wasser abwaschen und mit einem sauberen Tuch trocken tupfen. Mit Salz und Pfeffer würzen, die Sesamsorten mischen und eine Seite des Rochenflügels eintauchen. Das Olivenöl in einer Pfanne erhitzen und den Rochenflügel darin vorsichtig braten. Kurz vor Schluss Butter, Knoblauch und Kräuter dazugeben und den Fisch mit der entstehenden Flüssigkeit immer wieder begießen.

Erdbeeren mit Purple Curry | Die gefrorenen Erdbeeren mit dem Gelierzucker mischen und ganz langsam auf dem Herd erwärmen. Zitronengras, Zitronensaft, Purple Curry, Olivenöl und die Currypaste dazugeben, alles etwa 10 Minuten köcheln lassen und durch ein Sieb abpassieren. Erkalten lassen. Die frischen Erdbeeren nun in kleine Würfel schneiden und in dem Erdbeer-Curry-Fond marinieren.

Wildkräutersalat und Buttermilchdressing | Den Salat von überschüssigen Stielen befreien, gründlich waschen und trocken schleudern. Für das Buttermilchdressing alle Zutaten verrühren und für 1 Stunde kalt stellen. Erst kurz vor dem Anrichten mit dem Salat vermengen.

Anrichten | Die Erdbeeren mit dem Erdbeer-Curry-Fond auf einen Teller geben, den Rochenflügel anlegen und die marinierten Wildkräuter darum verteilen.

Die Speise: ein spannendes Spiel zwischen Frucht-, Röst- und ätherischen Aromen. Die Gewürzmischung: aromatisch, würzig und weich. Ähnliche Tendenzen finden wir in einer aromabetonten Traube, trocken ausgebaut wie in einem jungen Gewürztraminer aus Südtirol oder einem Muscadet aus dem Loiretal.

Hummertatar | Flüssiges Eigelb | Emulsion vom Panzer | Piment d'Espelette

" Piment d'Espelette ist die einzige Chilisorte, die in Frankreich, im französischen Baskenland am Rande der Pyrenäen, angebaut wird. Sie eignet sich hervorragend für Gerichte, die nicht scharf, sondern angenehm pikant schmecken sollen.

Hummertatar
400 g gegartes Hummerfleisch | 1 Avocado | Saft und Abrieb von ½ Limette | 20 ml Orangenöl | 20 ml Olivenöl | 1 EL Crème fraîche | 4 cl Wodka | 2 Msp. frisch gemahlene Koriandersamen | Meersalz | frisch gemahlener schwarzer Pfeffer

Flüssiges Eigelb
4 Eier | 1–2 EL Essig | Salz

Emulsion vom Panzer
500 g Hummerpanzer | 2 rote Zwiebeln | 100 g Staudensellerie | 1 Orange | 1 Apfel | 1 l Geflügelfond (Grundrezept Seite 229) | 1 EL Butter | 50 ml Noilly Prat | 20 g Butter | 1 TL Piment d'Espelette | 4 Estragonzweige | 80 ml Traubenkernöl | Salz

Hummertatar | Das Hummerfleisch und die Avocado mit einem scharfen Messer in sehr feine Würfel schneiden, mit den restlichen Zutaten vermengen und mit Meersalz und Pfeffer abschmecken.

Flüssiges Eigelb | In einen mittleren Topf etwas Wasser mit dem Essig aufkochen. Auf 70 °C abkühlen lassen, die Eier trennen und das Eigelb langsam in das Wasser geben. Etwa 3 Minuten pochieren.

Emulsion vom Panzer | Den Backofen auf 130 °C vorheizen und den Hummerpanzer auf einem Backblech ausgebreitet für 30 Minuten darin rösten. Die roten Zwiebeln in feine Würfel, Sellerie, Orange und Apfel in kleine Stücke schneiden. Die Zwiebeln in der Butter andünsten, die Staudensellerie-, Apfel- und Orangenstücke dazugeben und mitdünsten. Den gerösteten Hummerpanzer zugeben, mit dem Noilly Prat ablöschen. Wenn der Alkohol verkocht ist, alles knapp mit Geflügelfond bedecken und für 2 Stunden langsam köcheln lassen. Dann das Piment d'Espelette unterrühren, auf die Hälfte einreduzieren, den Estragon dazugeben, ziehen lassen und durch ein Sieb passieren. Den warmen Fond kurz vor dem Anrichten mit Traubenkernöl vermischen, bis eine schöne, bindende Emulsion entsteht.

Anrichten | Das Tatar mittels eines Ringes (5 Zentimeter Durchmesser) mittig auf den Tellern anrichten. Die warme Emulsion vorsichtig außen herum gießen und zum Schluss das Ei auf das Tatar platzieren.

Piment d'Espelette ist eine Chiliart, die Röstaromen, eine moderate Schärfe und Nuancen von Heu aufweist. Der passende Wein dazu darf leichte, dezente Raucharomen besitzen, eine buttrigweiche Struktur und eine milde Säure haben. Die Burgunderfamilie, Grauburgunder, Chardonnay und Auxerois, in großen Holzfässern ausgebaut, ist der richtige Begleiter.

St. Petersfisch | Anissamen-Honig-Chicorée | Yuzugelee | Gefrorener Joghurt

> Anissamen haben einen süßlich-würzigen Geschmack, man verwendet sie meistens für Plätzchen, Brot und Kuchen, sie eignen sich aber auch hervorragend zum Aromatisieren von Salaten, Suppen, Gemüse, Fisch und Geflügel. In diesem Gericht geben sie Chicorée und Honig eine fruchtigere Note.

St. Petersfisch mit Anissamen-Honig-Chicorée
2 Stauden roter Chicorée | 20 g Butter | ½ TL gemahlene Anissamen | 2 EL Tannenhonig | 100 ml Geflügelfond (Grundrezept Seite 229) | 400 g St. Petersfischfilet | Salz | frisch gemahlener schwarzer Pfeffer

Yuzugelee
Saft und Schale von 4 Bio-Zitronen | 100 ml trockener Weißwein | 1 EL Yuzupulver | 180 g Zucker | 4 Blatt Gelatine | 2 g Agar-Agar

Gefrorener Joghurt
80 g Glukose | 50 ml Milch, 3,5 % | 300 g Joghurt | 30 g Zucker | 5 g Salz | 2 EL Olivenöl

Salatdeko
Frisée-Baby-Leaf-Salatmix | 1 EL Olivenöl | 1 Spritzer Zitronensaft | Salz

> In diesem Gericht prallen die unterschiedlichsten Aromen aufeinander: herzhaft, fruchtig, ätherisch, buttrig, weich und bitter – eine Herausforderung für jede Weinempfehlung. Ein Chenin Blanc aus Neuseeland oder ein Sémillion aus Sautern fängt die unterschiedlichen Komponenten auf, ordnet sie ein und wirkt unterstützend.

St. Petersfisch mit Anissamen-Honig-Chicorée | Den Chicorée unter lauwarmem Wasser waschen, die einzelne Blätter vom Strunk befreien. Butter, Anissamen und Honig in einer Pfanne erwärmen, den Chicorée dazugeben und mit dem Geflügelfond kurz cremig kochen. Mit Salz und Pfeffer würzen. Das Fischfilet in vier Stücke zu je 100 Gramm teilen, leicht salzen und in einer Pfanne von beiden Seiten scharf anbraten. Mit 1–2 Esslöffeln des Chicoréefonds übergießen und den St. Petersfisch damit bei kleiner Flamme 1–2 Minuten glasieren.

Yuzugelee | Den Zitronensaft mit dem Weißwein, dem Yuzupulver und 200 Millilitern Wasser aufkochen, die Zitronenschale dazugeben und etwa 25 Minuten ziehen lassen. Die Zitronenschale herausnehmen, den Zucker einrühren und aufkochen. Das Agar-Agar in die kochende Flüssigkeit geben, den Topf vom Herd nehmen und die Gelatine darin auflösen. Eine quadratische Form (10 x 10 Zentimeter) oder einen tiefen Teller mit Frischhaltefolie auskleiden, die Flüssigkeit etwa 2 Zentimeter hoch einfüllen und im Kühlschrank auskühlen lassen. Nach dem Erkalten stürzen und in etwa 2 Zentimeter große Würfel schneiden.

Gefrorener Joghurt | Die Glukose mit der Milch in einem Topf unter Rühren langsam erwärmen, bis sich die Glukose auflöst. Joghurt, Zucker, Salz und Olivenöl einrühren, alles gut miteinander vermischen, vom Herd nehmen und abkühlen lassen. Die Masse in ein tiefes Blech füllen und einfrieren. Alle 15–20 Minuten die frierende Flüssigkeit mit einer Gabel durchmischen, sodass sich kleine Kristalle bilden können. Dann in einen starken Mixer geben und zwei- bis dreimal etwa 10–15 Sekunden mixen, anschließend erneut für ca. 30 Minuten frosten.

Salatdeko | Den Salat waschen und in mundgerechte Stücke zupfen. Olivenöl und ein wenig Zitronensaft vermengen und mit Salz abschmecken.

Anrichten | Das Yuzugelee an den Tellerrand platzieren und mit etwas Kresse dekorieren. Die Chicoréeblätter auf dem Teller verteilen, den Salat dazwischenlegen. Zum Schluss den St. Petersfisch anlegen und eine Nocke des gefrorenen Joghurts danebensetzen.

Schweinebauch | Jakobsmuscheln | Thai-Lauch | La Ratte Kartoffeln | Zitronengrassorbet

" Zitronengras wird sehr gerne in der asiatischen Küche verwendet, in der es vielen Fleisch-, Gemüse- und Fischgerichten eine herrlich zitronige Note verleiht.

Schweinebauch
300 g Schweinebauch | 2 EL Rapsöl | 100 ml Sake | 100 ml Mirin | 100 ml Sojasauce | 2 EL Honig | 2 EL Hoisinsauce | 10 g Ingwer

Jakobsmuscheln
12 Stangen Thai-Lauch | 1 EL Rapsöl | 4 sauber geputzte Jakobsmuscheln ohne Rogen | 20 g Butter

La Ratte Kartoffeln
4 La Ratte Kartoffeln | 2 EL Olivenöl | 1 EL Kräuteressig | 1 TL Pommery-Senf | 60 ml Geflügelfond (Grundrezept Seite 229) | Salz | frisch gemahlener schwarzer Pfeffer

Zitronengrassorbet
10 Stangen Zitronengras | 125 g Zucker | ½ Zimtstange | 50 ml Orangensaft | 75 ml Zitronensaft | 5 g schwarzer Tee | 5 g grüner Tee | 1 Eiweiß

Die erfrischenden Aromen des Zitronengrases und des Thai-Lauchs nehmen den Kohlenhydraten der Kartoffel und den Röstaromen des Schweinebauchs die Schwere. Ein Petit Arvine aus dem Wallis, der dem Sauvignon blanc sehr ähnlich ist, passt mit seinen dichten, grasigen und sehr geschmeidigen Noten perfekt zu diesem Gericht.

Schweinebauch | Den Schweinebauch in einer Pfanne in etwas Öl scharf anbraten, Sake, Mirin, Sojasauce und 100 Milliliter Wasser aufgießen und den Honig, die Hoisinsauce und den grob zerkleinerten Ingwer zugeben. Mit einem Deckel bedeckt im Ofen bei 180 °C etwa 2 Stunden schmoren lassen. Das Fleisch dann herausnehmen, abkühlen lassen, würfeln und im Schmorfond warm ziehen lassen.

Jakobsmuscheln | Den Thai-Lauch blanchieren und in feine Scheiben schneiden. Das Rapsöl in einer Pfanne erhitzen und die Jakobsmuscheln darin kross anbraten. Butter und Lauch zugeben und warm ziehen lassen.

La Ratte Kartoffeln | Die Kartoffeln weich kochen, pellen und in etwa 1 Zentimeter dicke Scheiben schneiden. Aus Olivenöl, Kräuteressig, Pommery-Senf, Geflügelfond sowie Salz und Pfeffer eine Vinaigrette herstellen und die Kartoffeln darin marinieren.

Zitronengrassorbet | Das Zitronengras klein schneiden und mit 500 Millilitern Wasser, dem Zucker, der Zimtstange, dem Orangen- sowie dem Zitronensaft in einen Topf geben und unter Rühren erhitzen. Vom Herd nehmen, den Tee einrühren und für etwa 5 Minuten ziehen lassen. Alles durch ein Sieb passieren, etwas abkühlen lassen und in eine Metallschüssel füllen. Abgedeckt für 2½–3 Stunden ins Tiefkühlfach stellen, und fünf- bis sechsmal im Abstand von je 30 Minuten mit einem leistungsstarken Pürrierstab durchmixen, um die Eiskristalle aufzubrechen. Zum Schluss Eiweiß steif schlagen und unterheben, bis das Sorbet cremig und ohne Eisstückchen ist.

Anrichten | Den marinierten Kartoffelsalat mittig auf den Teller geben und den Thai-Lauch darauf und daneben legen. Die gebratenen Jakobsmuscheln links und das Fleisch rechts anrichten. Das Fleisch mit etwas Sauce bestreichen und eine Nocke Zitronengrassorbet daneben platzieren. Die Teller sollten kalt sein.

Gebratener Kalbstafelspitz | Carne Cruda | Paprikaflocken | Rosinen-Salsa-Verde | Kräutersalat

> Paprikapulver gehört klassisch in ein Tatar. Ich habe mich für die Flockenvariante entschieden, um einen leichten Knuspereffekt und eine moderate Schärfe zu erzielen.

Gebratener Kalbstafelspitz
400 g Kalbstafelspitz | 60 ml Olivenöl | 5 Rosmarinzweige | ½ Bd. Thymian | ½ Knoblauchknolle

Carne Cruda (Kalbstatar)
200 g Kalbsfilet | 10 g Kapern | 1 EL Pinienkerne | 30 g Parmesan | 20 ml Olivenöl | 20 ml Zitronenöl | 1 EL Senf | 2 EL Tomatenketchup | 1 TL Zucker | 1 EL Schnittlauch | 20 g Paprikaflocken | ca. ½ TL grüner Tabasco | Koriander aus der Mühle | Salz | frisch gemahlener schwarzer Pfeffer

Rosinen-Salsa-Verde
1 Bd. Blattpetersilie | 100 ml Rapsöl | Saft von 1 Limette | 50 g Rosinen | Zucker | Salz

Kräutersalat
30 g Blattpetersilie | 30 g Kerbel | 30 g Sauerampfer | 30 g Basilikumblätter | 15 g Estragon | 10 g Liebstöckel | 40 g Friséesalat | ½ Knoblauchzehe | 75 ml Olivenöl | 25 ml dunkler Balsamico | 25 ml Tomaten- oder Paprikasaft | 1 EL Olivenpüree | Salz | frisch gemahlener schwarzer Pfeffer

> Die süßlichen, fruchtigen und kräutrigen Aromen des Essens werden durch einen Grünen Veltliner aus der Wachau wunderbar aufgefangen. Der Wein verströmt einen Duft nach frischem Laub, Zitrone, Kräutern und grünem Tee, die fein eingearbeitete Frische und die kräftige Mineralität balancieren das Gericht stimmig aus.

Gebratener Kalbstafelspitz | Backofen auf 180 °C vorheizen. Den Kalbstafelspitz mit Salz und Pfeffer würzen, das Olivenöl in einem Bräter erhitzen und das Fleisch darin von beiden Seiten scharf anbraten. Die Kräuter sowie den Knoblauch dazugeben und 5 Minuten in den vorgeheizten Ofen geben, die Temperatur dann auf 80 °C senken und das Fleisch darin für 4 Stunden unabgedeckt garen.

Carne Cruda (Kalbstatar) | Das Kalbsfilet sauber putzen und in kleine Würfel schneiden. Kapern hacken, die Pinienkerne trocken rösten und ebenfalls hacken, den Parmesan reiben. Mit Olivenöl, Zitronenöl, Senf, Tomatenketchup, Zucker und Schnittlauch vermengen und die Filetwürfel darin marinieren. Mit Tabasco, frisch gemahlenen Koriandersamen, Salz und Pfeffer abschmecken und in vier Metallringe (5 Zentimeter Durchmesser) etwa 2 Zentimeter hoch einfüllen. Die Paprikaflocken darüberstreuen.

Rosinen-Salsa-Verde | Die Blattpetersilie waschen, mit einem Küchentuch trocken tupfen und mit dem Rapsöl und dem Limettensaft fein mixen. Die Rosinen klein hacken, unterrühren und mit Salz und etwas Zucker abschmecken.

Kräutersalat | Die Kräuter und den Friséesalat vorsichtig in kaltem Wasser abspülen und trocken schleudern. Die Kräuter von den Stängeln und den Friséesalat in mundgerechte Stücke zupfen. Knoblauch fein würfeln und mit Olivenöl, dunklem Balsamico, Tomaten- oder Paprikasaft, Olivenpüree sowie Salz und Pfeffer zu einer Vinaigrette verrühren und den Salat darin marinieren.

Anrichten | Den gebratenen Tafelspitz mit einer Aufschnittmaschine in etwa 5 Millimeter dünne Streifen schneiden. Rinde entfernen und je vier Streifen überlappend auf den Teller legen. Mit etwas Olivenöl bestreichen und mit Maldon Salz nachwürzen. Oberhalb der Streifen das Tatar vorsichtig aus dem Ring lösen, mit Paprikaflocken bestreuen und nach Belieben mit etwas Crème fraîche dekorieren. Den Kräutersalat sowie die Salsa auf dem Teller verteilen.

Stubenküken | Sommertrüffel | Birnen-Bohnen-Speck-Salat | Paradieskörner-Thymian-Muffins

❝ Paradieskörner sind in Europa schwer zu bekommen, aber die Suche danach lohnt sich, denn sie haben einen angenehm scharfen Geschmack und passen zu nahezu jedem Gerichten, besonders aber zu Geflügel und Gemüse.

Stubenküken
30 g Sommertrüffel (Wintertrüffel geht natürlich auch) | 4 Stubenküken-brüste | 2 EL Butter | 2 Thymianzweige | ½ Rosmarinzweig | 1 TL Trüffel-honig | Salz | frisch gemahlener schwarzer Pfeffer

Birnen-Bohnen-Speck-Salat
2 Birnen | 200 g Keniabohnen | 80 g Bauchspeck | 40 ml roter Portwein | 25 ml dunkler Balsamico | 25 ml Walnussöl | 50 ml Pflanzenöl | 40 ml Oli-venöl | 1 TL Zucker | 1 TL gemahlene Walnüsse | Salz

Paradieskörner-Thymian-Muffins
Vorteig | 50 g Mehl | 40 ml Milch | 20 g Zucker | 21 g Hefe

Hauptteig | 45 ml Milch | 1 Ei | 2 Eigelb | 200 g Mehl | 5 g Salz | 10 ml Gin | 1 TL gehackter Zitronenthymian | 10 g fein gemörserte Paradieskörner

Stubenküken | Den Trüffel in sehr feine Scheiben schneiden, die Haut der Stubenküken vorsichtig mit einem Messer an einer Seite lösen, leicht an-heben und die Trüffelscheiben darunterschieben. In einer Pfanne etwas Butter zerlassen, die Brüste mit Salz und Pfeffer würzen und auf der Haut-seite 3–4 Minuten darin anbraten. Dann wenden, die Kräuterzweige dazu-geben und mit der Butter glasieren. Kurz vor dem Anrichten noch einmal mit Trüffelhonig bepinseln.

Birnen-Bohnen-Speck-Salat | Den Speck in feine Streifen schneiden, in ei-ner beschichteten Pfanne auslassen und beiseitestellen. Die Birnen und die blanchierten Keniabohnen in gleich lange Streifen schneiden und mit dem abgekühlten Speck vermengen. Portwein, Balsamico, Walnussöl, Pflanzenöl, Olivenöl, Zucker sowie Walnüsse zu einem Dressing anrühren und mit Salz abschmecken. Den Birnen-Bohnen-Speck-Salat etwa 10 Mi-nuten vor dem Anrichten marinieren.

Paradieskörner-Thymian-Muffins | Die Zutaten für den Vorteig mit saube-ren Händen vermischen und an einem warmen Ort ca. 45 Minuten gehen lassen. Die Zutaten für den Hauptteig miteinander verrühren, mit dem Vorteig mischen und nochmals an einem warmen Ort ca. 45 Minuten ge-hen lassen. Den Backofen auf 160 °C vorheizen, den Teig zu kleinen, etwa 20 Gramm schweren Bällchen formen, in ein gebuttertes Muffinblech le-gen und 6–8 Minuten backen.

Anrichten | Den Birnen-Bohnen-Speck-Salat am Tellerrand verteilen, mit der Marinade beträufeln und mit einigen Trüffelscheiben dekorieren. In die Tellermitte etwas Sauce geben und die halbierte Stubenkükenbrust mit der Schnittfläche nach oben darauf platzieren. Den noch warmen Paradieskörner-Thymian-Muffin danebensetzen.

Die Paradieskörner bringen ein pi-kant-scharfes Aroma in das Gericht, der Trüf-fel steuert dezente Farn- und Moosaromen bei und der Birnen-Bohnen-Speck-Salat fügt fruchtige Röstaromen hinzu. Gepaart mit ei-nem jungen, frischen Silvaner Spätlese des nördlichen Rheinhessens, der durch den Kalkgehalt der Saulheimer Böden kräftig und konzentriert schmeckt und mit seiner feinen Säure die anderen Aromen gut unterstützt, ein tolles Geschmackserlebnis.

Geeiste Avocadosuppe | Shichimi Togarashi | Bachsaibling | Pfifferlinge | Holunderblütengelee

> Shichimi Togarashi ist eine beliebte Gewürzmischung aus Japan, bestehend aus japanischem Bergpfeffer, Sesam, Orangenschale, Algen und Chili. Wir benutzen sie gerne für Suppen, Gemüse, Nudelgerichte, Fleisch und Eintöpfe. Das Gewürz unterstützt die Frische der Avocadosuppe und passt mit seiner feinen Schärfe wunderbar zu dem süßlichen Holunderblütengelee.

Geeiste Avocadosuppe

2 Avocados | 400 ml Geflügelfond (Grundrezept Seite 229) | 100 ml Fischfond (Grundrezept Seite 229) | Saft von 1–2 Limetten | 100 ml Mineralwasser mit Kohlensäure | 30 ml Holunderblütensirup | 1 EL Shichimi Togarashi (Rezept Seite 127) | Salz | frisch gemahlener schwarzer Pfeffer

Bachsaibling

400 g Bachsaiblingsfilet | 2 EL Olivenöl | 1 EL Butter | 1 Knoblauchzehe | 2 Thymianzweige | Salz | frisch gemahlener schwarzer Pfeffer

Pfifferlinge

200 g Pfifferlinge | 1 Schalotte | 1 EL Olivenöl | 1 EL Schnittlauchröllchen

Holunderblütengelee

80 ml Holunderblütensirup | 20 ml trockener Weißwein | 100 ml Mineralwasser mit Kohlensäure | 4 Blatt Gelatine

Geeiste Avocadosuppe | Die Avocados schälen, den Kern entfernen und mit den Fonds, dem Zitronensaft, dem Mineralwasser und dem Holunderblütensirup fein aufmixen. Mit Salz, Pfeffer und Shichimi Togarashi abschmecken und mindestens 1 Stunde kühl stellen.

Bachsaibling | Die Saiblingsfilets von beiden Seiten mit Salz und Pfeffer würzen. Das Olivenöl in einer Pfanne erhitzen und den Fisch darin auf der Hautseite für etwa 4 Minuten bei mittlerer Hitze anbraten. Wenden, Butter, angedrückten Knoblauch und Thymianzweige dazugeben und den Fisch damit aromatisieren.

Pfifferlinge | Die Pfifferlinge sauber putzen und die Schalotten fein würfeln. Das Olivenöl in einer Pfanne erhitzen, die Pfifferlinge darin anschwitzen. Die Schalotten dazugeben, kurz mitbraten und auf einem Küchenpapier abtropfen lassen, da sie sonst Wasser ziehen. Anschließend in eine Schüssel geben, den Schnittlauch untermischen und mit Salz und Pfeffer würzen.

Holunderblütengelee | Holunderblütensirup und Weißwein aufkochen, die eingeweichte Gelatine dazugeben und mit dem Mineralwasser aufgießen. Masse in eine große Form (6 x 6 Zentimeter) gießen und für 24 Stunden im Kühlschrank durchkühlen lassen. Das erkaltete Gelee auf ein Brett stürzen und in etwa 2 Zentimeter große Würfel schneiden.

Anrichten | Die Suppe auf einen flachen Teller geben, die Geleewürfel in einer Reihe danebensetzen. Die Pfifferlinge an das Gelee legen, mit etwas Dill ausgarnieren und den warmen Saibling auf die Avocadosuppe geben.

Einen wunderbaren Begleiter zu diesem Gericht findet man in der Garganega-Traube, die am Gardasee beheimatet ist, oder aber in einem Soave Classico oder Superiore aus derselben Gegend. Er balanciert die nussigen und weichen Töne der Avocadofrucht sowie die süßen, feinherben und bitteren Nuancen der Holunderblüte perfekt aus.

Jalapeño-Gazpacho | Djah Oftadeh | Papayasalat | Ziegenkäsetatar

> Die Gewürzmischung Djah Oftadeh vereint die besten Gewürze Persiens, in diesem Gericht hebt sie den Ziegenkäse hervor und gibt ihm die nötige Kraft und das Aroma gegen die Intensität der anderen Zutaten zu bestehen.

Jalapeño-Gazpacho

1–2 eingelegte Jalapeños | 1 grüne Paprika | 2 Gurken | 3 Ochsenherztomaten | 1 Bd. Blattpetersilie | 200 g Joghurt 3,5 % | 100 ml Geflügelfond (Grundrezept Seite 229) | 1 EL Djah Oftadeh (Rezept Seite 125) | Saft von ½ Zitrone | Zucker | Salz

Papayasalat

½ Papaya | 80 g Friséesalat | 20 ml Olivenöl | 1 TL Himbeeressig | Salz | Zucker

Ziegenkäsetatar

200 g Ziegenweichkäse | 2 EL Olivenöl | 40 g geröstete Brotwürfel | 6 Basilikumblätter

Jalapeño-Gazpacho | Jalapeños, Paprika und Gurken halbieren, vom Kerngehäuse befreien und zusammen mit den Ochsenherztomaten klein schneiden. Blattpetersilie von den Stängeln zupfen und mit den Jalapeños, der Paprika, den Gurken und den Tomaten aufmixen. Joghurt, Geflügelfond und Djah Oftadeh zugeben und im Mixer zu einer feinen Masse verarbeiten. Für 3–4 Stunden im Kühlschrank kalt stellen, dann durch ein Sieb passieren und mit Salz, Zucker und Zitronensaft abschmecken.

Papayasalat | Papaya schälen, die Kerne entfernen und das Fruchtfleisch in sehr feine Streifen schneiden. Friséesalat in mundgerechte Stücke zupfen und waschen. Mit den Papayastreifen und einem Dressing aus Olivenöl, Himbeeressig, Salz und Zucker vermengen.

Ziegenkäsetatar | Ziegenkäse fein würfeln, in Olivenöl marinieren und beiseitestellen. Basilikum in feine Streifen schneiden, die Brotwürfel in einer Pfanne ohne Fett anrösten und mit dem Ziegenkäse vermengen. Die Masse in vier Ringe (Durchmesser 4 Zentimeter) füllen und für 20 Minuten kalt stellen.

Anrichten | Die gekühlte Suppe in einen tiefen Teller geben und das Ziegenkäsetatar hineinsetzen. Die Papaya auf das Tatar geben und mit etwas Friséesalat und Kerbel ausgarnieren.

> Der optimale Weinbegleiter zu diesem Gericht ist ein Pouilly Fumé von der Loire. Die Sauvignontraube geht Hand in Hand mit den grünen Nuancen des Gazpachos, balanciert die fruchtigen Komponenten der Papaya aus und harmoniert durch die feurigen Töne und die Mineralität auch gut mit den animalischen Aromen des Ziegenkäses.

Krustentierbisque | Tiefseegarnelen | Melonensalat | Milchschaum | Kardamom

„ Ich benutze Kardamom sehr gerne wegen seines süßlich-scharfen Aromas. Es verleiht dem Gericht eine orientalisch-elegante Note und passt unheimlich gut zu der süßlichen Garnele sowie der fruchtigen Melone.

Krustentierbisque
4 Schalotten | 100 g Staudensellerie | 100 g Knollensellerie | 2 EL Olivenöl | 30 g Tomatenmark | 100 ml Orangensaft | 50 ml weißer Portwein | 600 ml Krustentierfond (Grundrezept Seite 228) | 100 ml Sahne | 1–2 EL Speisestärke | 1–2 TL Zucker | 70 g kalte Butter | Salz | frisch gemahlener schwarzer Pfeffer

Tiefseegarnelen
4 Tiefseegarnelen | Salz | 2 EL Olivenöl | 1 EL Butter | ½ Rosmarinzweig | 1 Thymianzweig | 1 Knoblauchzehe | ¼ TL Kardamomsaat | Maldon Salz

Melonensalat
½ Charentais-Melone | 1 EL Zitronenöl | 1 TL Himbeeressig | 1 Schale Rock Chives (alternativ Schnittlauch) | Salz | frisch gemahlener schwarzer Pfeffer

Milchschaum
250 ml Milch | ½ TL Kardamomsaat

Kardamom zählt zu den Ingwergewächsen und verleiht der Speise eine würzige, süßliche und pikante Note. Diese wird durch die Fruchtsüße der Melone und die salzige und mineralische Geschmacksrichtung der Krustentiere ausgeglichen. Empfehlen kann ich hier einen 2 bis 3 Jahre alten Burgunder oder einen Viognier aus dem nördlichen Côtes du Rhône, der auch einige Monate im Holz ausgebaut worden ist.

Krustentierbisque | Die Schalotten schälen und in Streifen schneiden, den Stauden- sowie den Knollensellerie fein würfeln und alles in einem Topf in Olivenöl leicht anschwitzen. Das Tomatenmark dazugeben und angehen lassen. Mit Orangensaft und Portwein ablöschen und auf die Hälfte reduzieren. Anschließend den Krustentierfond angießen und alles etwa 30 Minuten leicht köcheln lassen. Dann die Sahne dazugeben und noch einmal aufkochen. Die Speisestärke mit etwas kaltem Wasser anrühren, den Fond damit ganz leicht binden und abpassieren. Die Bisque mit Salz, Zucker und Pfeffer abschmecken. Zum Schluss die kalte Butter untermixen.

Tiefseegarnelen | Die Garnelen schälen, entdarmen und großzügig salzen. In einer heißen Pfanne in Olivenöl 2 Minuten von beiden Seiten anbraten, dann die Butter, die Kräuter, den Knoblauch und den im Mörser zerstoßenen Kardamom dazugeben und die Garnelen damit einige Male übergießen. Mit Maldon Salz kurz vor dem Anrichten leicht nachwürzen.

Melonensalat | Für den Melonensalat die Kerne und die Schale der halben Melone entfernen und das Fruchtfleisch in feine Streifen schneiden. Zitronenöl und Himbeeressig verbinden, die Melonenscheiben darin marinieren und mit Salz und Pfeffer würzen. Mit Rock Chives bzw. Schnittlauch garnieren.

Milchschaum | Die Milch mit dem im Mörser leicht zerstoßenen Kardamom in einem kleinen Topf sanft erhitzen. Anschließend durch ein feines Sieb passieren und die aufgefangene Milch mit einem Pürierstab oder Milchaufschäumer schön cremig schäumen.

Anrichten | Die heiße Suppe in eine Tasse mit Unterteller gießen und etwas von der aufgeschäumten Milch daraufsetzen. Den Melonensalat auf einem anderen Teller anrichten, die Riesengarnele anlegen und mit Kräutern ausdekorieren.

Suppe von Zuckerschote und Kopfsalat | Wachtel |
Zimtblüte | Spearmintöl

Zimtblüte ist die getrocknete Knospe des Zimtbaums und hat ein, aus meiner persönlichen Sicht, viel schöneres Aroma als die Rinde des Zimtbaums. Ich verwende sie gerne zum Aromatisieren von Fonds und Saucen oder in der Winterzeit auch für außergewöhnliches Gebäck oder Pralinen.

Suppe von Zuckerschote und Kopfsalat
2 Kopfsalate | 200 g Zuckerschoten | 4 Schalotten | 1 EL Olivenöl | 800 ml Geflügelfond (Grundrezept Seite 229) | 100 ml Sahne | 1 EL Speisestärke | 100 ml trockener Weißwein | 1 TL gemahlene Zimtblüte | Saft von 1 Limette | Salz | frisch gemahlener schwarzer Pfeffer

Wachtelbrüste
15 Zimtblüten | 100 ml Geflügelfond (Grundrezept Seite 229) | 4 Wachtelbrüste | 100 ml Kalbsjus (Grundrezept Seite 228) | 16 junge Kopfsalatblätter | 20 ml Rapsöl | ½ Zitrone | Salz | frisch gemahlener schwarzer Pfeffer

Spearmintöl
2 Spearmintzweige (oder andere Minze) | 100 ml hochwertiges Rapsöl

Suppe von Zuckerschote und Kopfsalat | Salat und Zuckerschoten waschen und grob zerkleinern. Die Schalotten in feine Streifen schneiden und in einem Topf in etwas Olivenöl anschwitzen, mit dem Geflügelfond und dem Weißwein ablöschen. Nun die Zimtblüte zugeben und auf 600 Milliliter reduzieren. Die Sahne dazugeben, nochmals aufkochen und mit Speisestärke leicht binden. Den Kopfsalat und Zuckerschoten in sprudelnd kochendem Wasser etwa 30 Sekunden blanchieren und anschließend sofort mit eiskaltem Wasser abspülen. In einen Mixer geben, mit dem heißen Fond aufgießen und sehr fein mixen. Durch ein Sieb passieren und mit Limettensaft, Salz und Pfeffer abschmecken.

Wachtelbrüste | Die Zimtblüten im Mörser leicht zerdrücken, mit dem Geflügelfond aufkochen und auf 70 °C abkühlen. Die Wachtelbrüste mit Salz und Pfeffer würzen, in einer Pfanne von beiden Seiten leicht anbraten und für 8 Minuten in dem Zimtblütenfond gar ziehen lassen. Den Kalbsfond erwärmen und fürs Anrichten warm halten. Die Kopfsalatblätter in feine Streifen schneiden, in Öl kurz anbraten und mit etwas Zitronensaft, Salz und Pfeffer marinieren.

Spearmintöl | Die Spearmintblätter vom Zweig zupfen, mit Öl bedecken und mit einem Stabmixer sehr fein zu einem grünem Öl mixen.

Anrichten | Die Suppe in eine kleine Schale füllen und mit einigen Tropfen Minzöl beträufeln. Die Wachtelbrust der Länge nach aufschneiden, aufklappen und mit etwas Kalbsjus danebengeben. Nach Belieben mit Friséesalat und Minzspitzen ausdekorieren.

Die Zimtblüte verleiht dem Gericht eine gewisse Schwere und Süße, die sehr gut von den süßlichen Aspekten der Zuckerschote und der Frische und Saftigkeit des Kopfsalates aufgenommen werden. Harmonierend greift hier eine trockene bis halbtrockene Scheurebe aus pfälzischem Boden ein, die diese Kreation stärkt.

Basilikumsuppe | Kaisergranat | Koriander-Zwiebel-Creme | Gelbe Pflaumen

> Koriander hat einen leicht süßlichen Geruch, der ein bisschen an Orangenschalen erinnert. Ich verwende ihn sehr gerne für Saucen und Eintöpfe oder zum Beizen und Marinieren von beispielsweise Fisch.

Basilikumsuppe
4 Bd. Basilikum | 500 ml Geflügelfond (Grundrezept Seite 229) | 200 ml Fischfond (Grundrezept Seite 229) | 100 ml Sahne | Saft von 2 Zitronen | frisch gemahlener Koriander | Salz | frisch gemahlener schwarzer Pfeffer

Kaisergranat
8 ausgebrochene und entdarmte Kaisergranatschwänze | 2 EL Olivenöl | 1 Knoblauchzehe | 1 EL Butter | 2 Thymianzweige | 2 gelbe Pflaumen, | Salz | frisch gemahlener schwarzer Pfeffer

Koriander-Zwiebel-Creme
2 Zwiebeln | 2 EL Olivenöl | 200 ml Geflügelfond (Grundrezept Seite 229) | 100 ml trockener Weißwein | 2 Lorbeerblätter | 2 Nelken | Saft von ¼ Zitrone | frisch gemahlener Koriander | Salz | frisch gemahlener schwarzer Pfeffer

Basilikumsuppe | Die Basilikumblätter von den Stängeln zupfen und auf die Seite legen. Die Basilikumstängel mit 400 Millilitern des Geflügelfonds, dem Fischfond und der Sahne in einen Topf geben, auf etwa 600 Milliliter einkochen lassen und die Stängel dann entnehmen. Basilikumblätter, Zitronensaft und den restlichen Geflügelfond in einem hohen, schmalen Gefäß fein mixen und beiseitestellen. Kurz vor dem Anrichten den Grundfond erneut aufkochen, dann erst die Basilikumpaste einrühren und mit Salz, Pfeffer und Koriander kräftig abschmecken.

Kaisergranat | Die Kaisergranatschwänze in einer Pfanne in dem Olivenöl bei mittlerer Hitze etwa 2 Minuten von jeder Seite anbraten und mit Salz und Pfeffer würzen. Die Knoblauchzehen andrücken, die Pflaumen waschen und feine Streifen schneiden. Den angedrückten Knoblauch, die Butter und den Thymian zu den Kaisergranatschwänzen geben, dann die Pflaumenspalten hinzufügen und kurz schwenken.

Koriander-Zwiebel-Creme | Die Zwiebeln in Streifen schneiden, in etwas Olivenöl in einem Topf anschwitzen, mit Weißwein ablöschen und einkochen. Kurz bevor der Weißwein verkocht ist, den Geflügelfond sowie die Lorbeerblätter und die Nelken dazugeben. Die nun weich gekochten Zwiebeln von der Flüssigkeit trennen, Lorbeer und Nelken entnehmen, die Zwiebeln in einem Mixer fein pürieren, gegebenenfalls etwas von der Brühe zugeben. Mit Zitronensaft, Salz, Pfeffer sowie frisch gemahlenem Koriander abschmecken.

Anrichten | Die geschäumte Basilikumsuppe in ein Glas geben, daneben 1 Esslöffel der weißen Zwiebelcreme geben und den Kaisergranat auf die Creme setzen. Nach Belieben einen Brotchip ebenfalls mit etwas Zwiebelcreme bestreichen und danebenlegen. Die Pflaumenspalten hineinsetzen und mit Basilikum ausgarnieren.

> Erfrischend und leicht – so sollte der begleitende Wein sein. Im Rioja findet man einen Verdejo, der eine große Analogie zu der Speise aufweist. Er riecht angenehm würzig, warm und nussig, ein wenig nach Orange und schmeckt frisch und grün mit Zitrusnoten.

Weiße Bohnensuppe | Ajowansamen | Geschmorte Bäckchen vom iberischen Schwein | Ingwer | Erbsensprossen

Die Ajowansamen nehmen den weißen Bohnen die mehlige Note und unterstützen mit ihrem leichten Mentholaroma gleichzeitig noch den schönen Geschmack des iberischen Schweins.

Weiße Bohnensuppe

300 g weiße Bohnen | 4 Schalotten | 2 EL Olivenöl | 1,2 l Geflügelfond (Grundrezept Seite 229) | 2 Lorbeerblätter | 2 Thymianzweige | 2 Bohnenkrautzweige | 20 g Ajowansamen | 150 ml Sahne | 50 ml Estragonessig | Zucker | Salz | frisch gemahlener schwarzer Pfeffer

Geschmorte Schweinebäckchen

50 g Ingwer | 2 Karotten | ¼ Knollensellerie | 300 g geputzte Schweinebäckchen | 1 EL Rapsöl | 100 ml trockener Rotwein | 2 Zitronenthymianzweige | Abrieb von ½ Orange | Salz | frisch gemahlener schwarzer Pfeffer

Erbsensprossen

200 g Erbsensprossen | 1 EL Olivenöl | Salz

Weiße Bohnensuppe | Die Bohnen über Nacht in Wasser quellen lassen, dann abschütten und beiseitestellen. Die Schalotten in Scheiben schneiden, in etwas Öl anschwitzen und die eingeweichten Bohnen dazugeben. Mit Geflügelfond aufgießen, Lorbeerblatt, Thymian und Bohnenkraut dazugeben und 1–1½ Stunden langsam köcheln lassen. Lorbeerblätter, Bohnenkraut und den Thymian entnehmen, die Ajowansamen im Mörser grob zerstoßen und mit der Sahne unterrühren. Aufkochen, im Mixer fein mixen und in einen zweiten Topf abpassieren. Mit Estragonessig, Zucker, Salz und Pfeffer abschmecken.

Geschmorte Schweinebäckchen | Ingwer, Karotte und Sellerie schälen, ersteren fein reiben, Karotten und Sellerie in daumennagelgroße Stücke schneiden und beiseitestellen. Den Backofen auf 160 °C vorheizen. Die Schweinebacken mit Salz würzen, in einem Schmortopf in etwas Öl anbraten und herausnehmen. Das Gemüse darin andünsten, die Backen wieder dazugeben, mit dem Rotwein sowie 300 Millilitern Wasser aufgießen und den Zitronenthymian zugeben. Mit geschlossenem Deckel für 1½ Stunden im Backofen schmoren. Die Backen dann entnehmen, den Schmorfond in einen Topf abpassieren und auf die Hälfte einkochen. Ingwer und Orangenabrieb dazugeben, mit Salz und Pfeffer abschmecken und die Schweinebacken zum Warmhalten wieder hineingeben.

Erbsensprossen | Die Sprossen auf etwa 8 Zentimeter kürzen und mit Olivenöl sowie ein wenig Salz marinieren.

Anrichten | Die leicht geschäumte Suppe in einen tiefen Teller geben. Die geschmorten Schweinebäckchen in die Mitte setzen und die marinierten Erbsensprossen anlegen.

Eine klassische Komposition. Die stärkehaltigen Bohnen, die rauchigen, speckigen Fleischaromen und die geschmacklich an Thymian erinnernden Ajowansamen ergeben ein schönes Zusammenspiel, das durch einen leichten, jungen und kühlen Grignolino d'Asti oder St. Laurent begleitet werden sollte.

Büffelmozzarellapressterrine | Gewürztomaten |
Basilikum-Safran-Granité

> Safran, das teuerste Gewürz der Welt, muss immer mit einem gewissen Feingefühl und Respekt eingesetzt werden. Die Eleganz seines Geschmackes ist schwer in Worte zu fassen – in unserem Gericht bildet er eine perfekte Symbiose mit dem Basilikum, was dem Gericht eine fruchtige Frische verleiht.

Büffelmozzarellapressterrine

600 g Büffelmozzarella | 4 reife Tomaten | ½ Bd. Basilikum | 100 g schwarze Oliven ohne Steine | 4 EL Olivenöl | Salz | frisch gemahlener weißer Pfeffer

Basilikum-Safran-Granité

400 ml kräftige Gemüsebrühe (Grundrezept Seite 229) | 2 EL Noilly Prat | 1 EL Zucker | 0,4 g Safranfäden | 2 Eiweiß | 1 Bd. Basilikum | Salz

Gewürztomaten

12 reife Kirschtomaten | 4 Knoblauchzehen | 3 Rosmarinzweige | 5 Thymianzweige | 3 Basilikumzweige | 40 g Zucker | frisch gemahlener Koriander | ½ TL Selleriesaat | ½ TL Fenchelsamen | 100 ml trockener Weißwein | Salz | weißer Pfeffer

> Safran besticht durch einen kräftigen und aromatischen Duft, einen bittersüßen, rauchigen und erdigen Geschmack und die intensive gelbe Farbe. Ein leichter, frischer und junger Wein sollte hinzukommen, um die buttrigen und erdigen Nuancen anzuheben und um gleichzeitig mit den kräutrigen Nuancen des Basilikums und der Tomate Hand in Hand zu gehen. Empfehlenswert ist hier ein Vinho Verde der Rebsorten Alvarinho, Avesso, Loureiro und Treixadura.

Büffelmozzarellapressterrine | Den Mozzarella in etwa 1 Zentimeter dicke Scheiben schneiden, die Tomaten am Blütenansatz einritzen, mit kochendem Wasser übergießen, häuten, vierteln und entkernen. Die Basilikumblätter von den Stängeln zupfen, die schwarzen Oliven fein hacken. Eine Terrinenform (max. 1 Liter Fassungsvermögen) mit Wasser anfeuchten und mit Klarsichtfolie so auslegen, dass sie an den Rändern übersteht. Mit einer Schicht Büffelmozzarella beginnen, mit etwas gehackten Oliven sowie Olivenöl beträufeln, mit Salz und Pfeffer würzen und eine Schicht Basilikumblätter und Tomatenviertel daraufgeben. Erneut würzen, die Schichten wiederholen und mit Mozzarella abschließen. Die überhängenden Folienenden in die Mitte klappen, sodass die Terrine komplett mit Folie bedeckt ist, stark beschweren und 1 Tag im Kühlschrank kalt stellen.

Basilikum-Safran-Granité | Die Gemüsebrühe mit dem Noilly Prat, dem Zucker, 1 Prise Salz und den Safranfäden erhitzen, 15 Minuten ziehen lassen, durch ein Sieb passieren und im Eiswasserbad kalt werden lassen. Die Basilikumblätter von den Stängeln zupfen, in einem hohen Gefäß oder einem Messbecher mit der Safranflüssigkeit sehr fein pürieren und in einer Metallschüssel abgedeckt ins Tiefkühlfach stellen. Nach 2½–3 Stunden mit dem Pürierstab gründlich durchmixen. Das Eiweiß steif schlagen und unterheben. Nun fünf- bis sechsmal im Abstand von 30 Minuten durchmixen, bis das Sorbet cremig und ohne Eisstückchen ist.

Gewürztomaten | Den Backofen auf 200 °C vorheizen. Die Kirschtomaten am Stielansatz einritzen, mit kochendem Wasser übergießen und häuten. Die Knoblauchzehen schälen und andrücken, die Kräuter klein schneiden. Den Zucker in einem kleinen Stieltopf karamellisieren und die Tomaten, Kräuter und Gewürze dazugeben. Den Topf immer in Bewegung halten, sodass die Tomaten nicht am Boden festkleben, und den Weißwein langsam zugießen. Für 15 Minuten im vorgeheizten Backofen schmoren lassen.

Anrichten | Die Terrine portionieren und jeweils zwei Stücke auf kalte Teller legen. Die Tomaten verteilen und mit etwas Friséesalat und Basilikum ausgarnieren. Zum Schluss das Granité platzieren und sofort genießen.

Artischockenmousse | Steinpilze | Blumenkohl | Cumin | Humus

Cumin bzw. Kreuzkümmel wird in Nordafrika, Indien und auf dem Balkan sehr geschätzt und passt sehr gut zu Reis, Cous-Cous, Rindfleisch und Eintöpfen. In der arabischen Küche ist er ein fester Bestandteil des Humus. Der kräftige Geruch und der leicht bittere und intensive Geschmack balancieren die anderen Komponenten sehr gut aus.

Artischockenmousse

240 g Artischockenböden | 2 Schalotten | 3 EL Olivenöl | 100 ml trockener Weißwein | 1 EL Zitronensaft | 1 Rosmarinzweig | 3 Thymianzweige | 1 EL Knoblauchöl | 250 ml Gemüsebrühe (Grundrezept Seite 229) | 80 g pflanzliches Gelatinepulver | 250 ml Sahne | Salz | frisch gemahlener schwarzer Pfeffer

Steinpilze

400 g Steinpilze | 1 Schalotte | 1 EL Schnittlauchröllchen | 40 g Pinienkerne | 1 EL Zitronensaft | 4 EL Olivenöl | Salz | frisch gemahlener schwarzer Pfeffer

Blumenkohlpüree und -röschen

120 g Blumenkohlröschen | 150 ml Gemüsebrühe (Grundrezept Seite 229) | 60 g Butter | 1–2 EL Paniermehl | ½ Blumenkohl | 250 ml Milch | frisch gemahlene Muskatnuss oder Muskatblüte | Salz | frisch gemahlener schwarzer Pfeffer

Humus

220 g getrocknete Kichererbsen | ½ TL gemahlener Cumin | 2 EL Tahin (Sesampaste) | 80 ml Zitronensaft | 3–4 EL Olivenöl | 1 EL Knoblauchöl | Salz | frisch gemahlener schwarzer Pfeffer

Artischockenmousse | Artischockenböden klein schneiden und die Schalotten fein würfeln. Zusammen in einem Topf in etwas Olivenöl andünsten, mit Weißwein und etwas Zitronensaft ablösen und Rosmarin, Thymian und Knoblauchöl dazugeben. Gemüsebrühe auffüllen und die Artischocken bei mittlerer Hitze ca. 15 Minuten weich dünsten. Die Kräuter dann entfernen, die übrige Masse im Mixer fein kuttern und durch ein feines Sieb passieren. Die pflanzliche Gelatine in das noch heiße Püree geben und gut verrühren. Die Masse abkühlen lassen, die Sahne schlagen und unterheben. Mit Salz und Pfeffer abschmecken, in eine mit Folie ausgelegte rechteckige Form (8 x 12 Zentimeter) gießen und kalt stellen.

Steinpilze | Steinpilze sauber bürsten, die Kappen in etwa 5 Zentimeter dicke Scheiben, die Stiele in kleine Würfel schneiden und in Olivenöl scharf anbraten. Die Hitze reduzieren, die Schalotte in feine Streifen schneiden und zu den Pilzen geben. Die Pinienkerne in einer zweiten Pfanne rösten, fein hacken und mit dem Zitronensaft und den Schnittlauchröllchen zu den Pilzen geben. Mit Salz und Pfeffer abschmecken.

Blumenkohlpüree und -röschen | Gemüsebrühe mit Muskatblüte, Salz und Pfeffer würzen und 20 Gramm Butter zugeben, die Blumenkohlröschen darin weich dünsten. Die restliche Butter in einer Pfanne zerlassen, mit dem Paniermehl mischen und kurz vorm Servieren über die abgeschütteten Blumenkohlröschen geben. Den Strunk des Blumenkohlkopfes entfernen und den übrigen Blumenkohl in Milch weich kochen, im Mixer fein pürieren und mit Salz, Pfeffer und Muskat abschmecken.

Humus | Die Kichererbsen über Nacht in ausreichend Wasser einweichen. Abgießen und die Kichererbsen mit 2 Litern frischem Wasser weich kochen. Abgießen, die Flüssigkeit auffangen und beiseitestellen. Kichererbsen mit den Gewürzen, dem Zitronensaft und den Ölen sehr fein mixen, bei Bedarf etwas von der Kochflüssigkeit zugeben. Mit Salz und Pfeffer abschmecken.

Anrichten | Die Artischockenmousse stürzen und in vier gleich große Portionen teilen. Auf Teller legen und mit den Steinpilzwürfeln garnieren. Die Steinpilzscheiben dahinter stellen und einen Klecks Humus mit einem Esslöffel glatt streichen. Die Blumenkohlröschen auf das Blumenkohlpüree setzen und mit Friséesalat und Kresse ausdekorieren.

Kreuzkümmel hat einen intensiven, unverwechselbaren Geschmack – leicht bitter, scharf und warm-, der durch das ätherische Öl Cuminal bedingt ist. Der Artischocke muss ein junger, frischer, leichter Wein entgegengesetzt werden, damit ihr bitterer und metallischer Geschmack nicht zu dominant wirkt. Ein Soave Classico, Weiß- oder Grauburgunder aus Deutschland, geben den einzelnen Komponenten die richtige Balance.

Gebackenes Bio-Ei | Nigella | Flüssiger Kräutersalat

❝ Aufgrund des pfeffrigen, leicht an Oregano erinnernden Geschmacks des Schwarzkümmels (Nigella) passt er ausgezeichnet zu Brot, salzigem Gebäck, Gemüse, Geflügel und Salatsaucen. Wir benutzen ihn gerne zum Panieren von Eiern, da sich beim Erhitzen erst der volle Geschmack entfaltet und dem Gericht den besonderen Wow-Effekt gibt.

Flüssiger Kräutersalat
½ Bd. Kerbel | ½ Bd. Blattpetersilie | ½ Bd. Basilikum | 2 Zweige Koriandergrün | ½ Bd. Brunnenkresse | 2 Liebstöckelzweige | 400 ml Gemüsebrühe (Grundrezept Seite 229) | Cayennepfeffer | gemahlener Koriander aus der Mühle | Salz | frisch gemahlener schwarzer Pfeffer

Gebackenes Bio-Ei
4 frische Bio-Eier | 2–3 EL Champagneressig | ½ TL Nigella | 6 EL Pankow (japanische Brotkrümel) | 1 TL Shichimi Togarashi (Rezept Seite 127) | 2 Eier | 4 EL Mehl | Öl zum Frittieren | Salz | 200 g Feta | 1 Rote Bete

Flüssiger Kräutersalat | Alle Kräuter von den Stängeln zupfen, für ca. 20 Sekunden in kochendem Salzwasser blanchieren und anschließend sofort in Eiswasser abschrecken. Herausnehmen, die überschüssige Flüssigkeit ausdrücken und mit der Gemüsebrühe sehr fein mixen. Mit Cayennepfeffer, Koriander, Salz und Pfeffer kräftig würzen.

Gebackenes Bio-Ei | Einen Topf mit 2 Litern Wasser aufkochen, den Champagneressig zugeben und die Eier vorsichtig einzeln aufgeschlagen mithilfe einer Suppenkelle in das Wasser geben. Darauf achten, dass das Eigelb nicht beschädigt wird. Mithilfe eines Löffels das Eigelb im Wasser komplett mit Eiweiß überziehen, die Hitze reduzieren und 4 Minuten garen, bis das Eiweiß fest und das Eigelb weich ist. In Eiswasser abschrecken und möglicherweise ausgefranstes Eiweiß entfernen. Für die Panade die Nigellasamen im Mörser etwas andrücken, mit dem Pankow vermengen und mit Shichimi Togarashi würzen. Die pochierten Eier sehr vorsichtig erst in Mehl, dann in verquirltem Ei und zum Schluss in der Nigella-Pankow-Mischung wälzen. In einem kleinen Topf ausreichend Öl erhitzen und die Eier bei mittlerer Hitze darin goldbraun ausbacken. Auf einem Küchenpapier abtropfen und salzen. Für das Anrichten den Feta zerbröseln und die gekochte Rote Bete in etwa 1 Zentimeter kleine Würfel schneiden.

Anrichten | Den flüssigen Kräutersalat vorsichtig in einen tiefen Teller gießen und den Feta sowie die Rote-Bete-Würfel darüberstreuen. Das gebackene Ei in der Mitte platzieren und mit Kräutern ausdekorieren.

Nigellasamen schmecken etwas rauchig und leicht verbrannt, haben einen feinbitteren Nachgeschmack und entwickelt bei längerem Kauen oder Kochen ein leicht pfeffriges Aroma. Unterstützend kann hier ein Grüner Veltliner Kabinett aus der Wachau sein.

Salat von gegrilltem Gemüse | Berbere-Joghurt mit Tomate | Schwarzes Olivenöl | Tomatenmousse

Durch das Erhitzen der Berberemischung entfaltet sich das wahre Aroma der in ihr enthaltenen Gewürze und verleiht dem Gericht etwas Exotisch-mystisches. Die fruchtige Schärfe ergänzt den säuerlichen Geschmack des Joghurts hervorragend, die Tomate bringt Frische. Ein tolles Gericht für Frühling und Sommer.

Salat von gegrilltem Gemüse

1 rote Paprikaschote | 8 Stangen grüner Spargel | 2 gelbe Zucchini | 12 Stangen Thai-Lauch | 12 kleine Champignons | 1 Aubergine | 100 ml Olivenöl | Maldon Salz | frisch gemahlener schwarzer Pfeffer

Marinade

1 EL Sesam | 1 EL geröstetes Sesamöl | 100 ml Rapsöl | 300 ml Gemüsebrühe (Grundrezept Seite 229) | Zesten von 1 unbehandelten Zitrone | 1 EL Zucker | Salz | frisch gemahlener schwarzer Pfeffer

Berbere-Joghurt mit Tomate

2 Schalotten | 1 Tomate | 1 EL Berbere | 1 EL Pinienkerne | 1 EL Schnittlauchröllchen | 150 g Bio-Joghurt, 3,5 % | Salz | frisch gemahlener schwarzer Pfeffer

Schwarzes Olivenöl

1 EL Tapenade (schwarze Olivenpaste) | 2 EL Olivenöl

Tomatenmousse

250 ml Tomatensauce | 25 g pflanzliches Gelatinepulver | 60 ml Sahne | Salz | frisch gemahlener schwarzer Pfeffer

Die traditionelle afrikanische Gewürzmischung Berbere ist scharf-würzig mit dem aromatischen Geschmack von Chili. Die intensive Würze passt gut zu den rauchigen Tönen des gegrillten Gemüses. Ausgeglichen werden beide Aromen durch die buttrigen Nuancen des Joghurts. Begünstigend wirkt hier ein Rosé aus dem Badischen – Frühburgunder oder Spätburgunder – richtig fruchtbetont und von milder Säure.

Salat von gegrilltem Gemüse | Die Paprika mit dem Sparschäler schälen, vierteln und entkernen. Die Spargelstangen 5 Zentimeter an den Stangenenden kürzen und längs in Hälften schneiden. Die Champignons mit einer Bürste reinigen oder mit einem feuchten Tuch abreiben. Die Aubergine und die Zucchini längs in ca. 1 Zentimeter dünne Streifen, den Thai-Lauch in etwa 10 Zentimeter lange Stücke schneiden und nach Belieben von der ersten Schicht befreien. Das Gemüse mit Salz und Pfeffer sowie mit etwas Olivenöl beträufeln und anschließend auf einem Kohle-, Elektro- oder Gasgrill oder in einer Grillpfanne braten.

Marinade | Die Sesamsamen in einer beschichteten Pfanne trocken anrösten und mit Sesamöl, Rapsöl, Gemüsebrühe, Zitronenzesten, Zucker, Salz und Pfeffer zu einer Marinade verrühren. Das gegrillte Gemüse darin 24 Stunden einlegen.

Berbere-Joghurt mit Tomate | Schalotten und Tomaten fein würfeln. Zuerst die Schalotten in etwas Olivenöl goldbraun andünsten, dann die Tomatenwürfel dazugeben und mitdünsten. Die Berbere einstreuen und alles bei kleiner Hitze leise köcheln lassen, bis die Flüssigkeit der Tomaten verkocht und eine Paste entstanden ist. Im Mixer fein pürieren und abkühlen lassen. Zwischenzeitlich den Schnittlauch in feine Röllchen schneiden und die Pinienkerne grob hacken. Zum Schluss alles gut mit dem Joghurt verrühren und mit Salz und Pfeffer abschmecken.

Schwarzes Olivenöl | Die Olivenpaste mit dem Olivenöl in einem Mixer sehr fein pürieren und in einem Glas mit Schraubverschluss aufbewaren.

Tomatenmousse | Die Tomatensauce mit der Gelatine verrühren und auf mindestens 65 °C erhitzen. Die Sahne steif schlagen, unterheben, mit Salz und Pfeffer abschmecken und in eine kleine, mit Klarsichtfolie ausgelegte Kastenform etwa 3 Zentimeter hoch einfüllen. 3–4 Stunden kalt stellen.

Anrichten | Den Joghurt großzügig mittig auf den Teller geben. Die Tomatenmousse rund ausstechen und mit dem Gemüse verteilen, kleine Punkte des schwarzen Olivenöls dazusetzen.

Confierter Wildlachs | Limetten-Szechuanpfeffer-Kruste |
Brunnenkressefond | Schwarzer Knoblauch

Szechuanpfeffer hat einen aromatischen, zitronig-holzigen Geschmack, der eine leichte Taubheit auf der Zunge erzeugt. Wir verwenden ihn sehr gerne für Fisch- und Fleischgerichte sowie für asiatisch angehauchte Marinaden oder Saucen.

Brunnenkressefond
1 Bd. Brunnenkresse | 400 ml Geflügelfond (Grundrezept Seite 229) | Saft von ½ Zitrone | 1 Msp. gemahlene Muskatblüte | Salz | frisch gemahlener schwarzer Pfeffer

Kartoffelpüree
600 g mehlig kochende Kartoffeln | 250 ml Milch | 80 g Butter | frisch gemahlene Muskatnuss | Salz

Confierter Wildlachs
4 Wildlachsfilets ohne Haut à 160 g | 10 Zimtblüten | 1 TL Koriandersamen | 3 Knoblauchzehen | 500 ml kaltgepresstes, hochwertiges Rapsöl | ½ Bd. Basilikum | 2 Rosmarinzweige | 2 Thymianzweige | Salz | frisch gemahlener schwarzer Pfeffer

Limetten-Szechuanpfeffer-Kruste
2 TL Szechuanpfeffer | Abrieb von 2 Limetten | Abrieb von 1 Orange | 80 g Weißbrotbrösel | 50 g Pinienkerne

Anrichten
20 g Brunnenkresse | 4 Radicchioblätter | ½ gelber Friséesalatkopf | 4 schwarze Knoblauchzehen | 1 EL Olivenöl | 1 Spritzer Zitronensaft | Salz

Der leicht pikante, frische Szechuanpfeffer balanciert den fetten Lachs ein wenig aus – kombiniert mit einem fruchtigen Rosé, trocken ausgebaut aus der Spätburgundertraube, oder mit einem Rosé aus der Tavel, Südfrankreich, ein Hochgenuss.

Brunnenkressefond | Die Brunnenkresseblätter von den Stielen zupfen, für 30 Sekunden in kochendem Salzwasser blanchieren und anschließend sofort in Eiswasser abschrecken. Mit etwas Geflügelfond sehr fein pürieren, den restlichen Fond erhitzen, mit Muskatblüte, Salz und Pfeffer würzen. Zum Schluss die Brunnenkressemasse dazugeben und mit etwas Zitronensaft verfeinern.

Kartoffelpüree | Die Kartoffeln schälen, klein schneiden und in Salzwasser weich kochen. Anschließend durch eine Kartoffelpresse in einen anderen Topf pressen. Die Butter erhitzen, bis sie braun wird, und durch ein Passiertuch geben. Mit der Milch zu dem Püree geben, alles gut vermengen und nochmals erwärmen. Mit frisch gemahlener Muskatnuss und Salz abschmecken.

Confierter Wildlachs mit Limetten-Szechuanpfeffer-Kruste | Die Lachsfilets mit Salz und Pfeffer leicht würzen, die Zimtblüten und die Koriandersamen im Mörser andrücken und den Knoblauch grob zerkleinern. Das Rapsöl zusammen mit den Kräutern, dem Knoblauch, den Zimtblüten und dem Koriander in einem Topf auf ca. 75–80 °C erhitzen, die Lachsfilets einlegen und 5 Minuten auf jeder Seite confieren (in Fett garen). In der Zwischenzeit den Szechuanpfeffer im Mörser fein zerkleinern, die Pinienkerne rösten und fein hacken und zusammen mit dem Limetten- und dem Orangenabrieb sowie den Weißbrotbröseln vermengen. Den confierten Lachs aus dem Öl nehmen, mit einer Seite in die Mischung legen und schnellstmöglich servieren.

Anrichten | Salat putzen und in mundgerechte Stücke zupfen, den Radicchio in feine Streifen, den Knoblauch in feine Scheiben schneiden. Alles vermengen und mit einem Dressing aus Olivenöl, Zitronensaft und Salz mischen. Zwei Nocken des Kartoffelpürees auf den Teller geben, den Lachs daraufsetzen und leicht andrücken. Etwas von dem Brunnenkressefond in den tiefen Teller gießen und mit dem Salat sowie dem geschnittenen schwarzen Knoblauch dekorieren.

Heilbutt | Pata Negra | Pistazien | Süßkartoffel | Gewürznelke | Orangenhollandaise

> Gewürznelke ist ein Allrounder und aus unserer Küche nicht mehr wegzudenken. Sie passt sehr gut zu Wildgerichten und deren Marinaden und Saucen, zu Fleisch und Geflügel und verleiht dem Heilbutt eine angenehme Würze.

Heilbutt

8 hauchdünne Scheiben Pata Negra | 80 g Fischfarce (Grundrezepte Seite 229) | 4 dicke Heilbuttfilets ohne Haut à 160 g | 2 EL hochwertiges Rapsöl | 1 EL Butter | 1 Knoblauchzehe | 2 Thymianzweige | ½ Rosmarinzweig | Salz | frisch gemahlener schwarzer Pfeffer

Süßkartoffelpüree und -würfel

1 kg Süßkartoffeln | 5 Nelken | 2 Lorbeerblätter | 500 ml Geflügelfond (Grundrezept Seite 229) | 8 TL eingelegter Sushi-Ingwer | Abrieb von ½ Orange | 1 EL Zitronenöl | 40 g Butter | Salz

Orangenhollandaise

5 Nelken | 200 ml Orangensaft | 50 ml Noilly Prat | 2 Thymianzweige | 2 Estragonzweige | Abrieb von 1 Orange | 4 Eigelb | 300 g Butter | 1 Spritzer Zitronensaft | Salz

Anrichten

2 EL Pistazien | 2 Kerbelzweige | 60 ml Pistazienöl

> Zu diesem geschmacklich sehr vielseitigen Gericht sollte man die Schatzkammer öffnen und einen klassischen, großen Burgunder mit einer gewissen Reife, gut gebundenem Bariqueeinsatz, Anflügen von Karamell und Vanille und einer feinen Mineralität und Salzigkeit, wie den Montrachet oder den Mersaut, reichen.

Heilbutt | Den Backofen auf 180 °C vorheizen. Auf einer sauberen Arbeitsfläche viermal jeweils zwei dünne Scheiben des Pata Negras der Länge nach leicht überlappend auslegen und mit ein wenig Fischfarce bestreichen. Die Heilbuttfilets mit Salz und Pfeffer würzen und in die vorbereiteten Schinkenscheiben wickeln. Von beiden Seiten ca. 90 Sekunden in Rapsöl anbraten und im Ofen etwa 2 Minuten nachziehen lassen. Kurz vor dem Servieren Butter zerlassen, Knoblauch grob andrücken und mit den Kräuterzweigen hinzufügen. Den Fisch darin kurz nachbraten.

Süßkartoffelpüree und -würfel | Die Süßkartoffeln schälen, die eine Hälfte in grobe Würfel von etwa 2 Zentimetern, die andere Hälfte in kleinere, etwa 1 Zentimeter große Würfel schneiden. Die Nelken im Mörser leicht andrücken. Zusammen mit dem Lorbeerblatt in den Geflügelfond geben und die größeren Süßkartoffelwürfel darin garen. Abgießen, den Fond auffangen und die Gewürze entnehmen. Die Süßkartoffelwürfel im Mixer fein pürieren, falls nötig etwas Fond zugeben, sodass ein schönes Püree entsteht. Noch heiß mit dem fein gehackten Sushi-Ingwer, dem Orangenabrieb, Butter, Salz und Zitronenöl vermengen. Die kleinen Süßkartoffelwürfel kurz vor dem Anrichten in dem Geflügelfond bissfest garen und mit Salz abschmecken.

Orangenhollandaise | Nelken im Mörser zerdrücken, mit dem Orangensaft, dem Noilly Prat und den Kräutern in einen Topf geben und auf die Hälfte reduzieren. Den Orangenabrieb dazugeben, durch ein Sieb gießen, die Flüssigkeit auffangen und in eine Metallschüssel füllen. Diese ins Wasserbad geben, die Eigelbe hinzufügen und mit einem Schneebesen schaumig schlagen. Zwischenzeitlich die Butter zerlassen und, wenn die Eimasse dick wird, ganz langsam unterrühren. Mit Salz und einem Spritzer Zitronensaft verfeinern.

Anrichten | Die Pistazien in einer Pfanne anrösten und die Hälfte davon grob hacken. Das Püree sowie die Süßkartoffelwürfel auf dem Teller verteilen, etwas Sauce in die Mitte geben und den Fisch daraufsetzen. Mit Pistazien, Kerbel und Pistazienöl ausdekorieren.

Wolfsbarsch | Schokoladen-Blutwurst-Pastilla | Muscovado-Zwiebeln | Petersiliensaft

Muscovado-Zucker von der Insel Mauritius ist ein unbehandelter, unraffinierter Rohrzucker, den ich wegen seiner Karamell,- Malz- und Lakritznoten besonders in unseren Pâtisserieprodukten schätze. Aufgrund dieser Noten passt er aber auch sehr gut zu den pikanten Perlzwiebeln, die zusammen mit dem Zucker geschmort werden.

Schokoladen-Blutwurst-Pastilla
400 g feine Blutwurst | 2 Schalotten | 1 EL Olivenöl | 2 EL Apfelmus | 50 g Zartbitterschokolade | 1 TL frisch gehackter Majoran | frisch gemahlener Koriander | 2 Eier | 100 g Mehl | 100 g Pankow (japanische Weißbrotbrösel) | 60 ml Rapsöl | Salz | frisch gemahlener schwarzer Pfeffer

Wolfsbarsch
4 Wolfsbarschfilets à 160–180 g | 2 EL Olivenöl | 1 EL Butter | 1 Knoblauchzehe | 2 Thymianzweige | ½ Rosmarinzweig | Salz | frisch gemahlener schwarzer Pfeffer

Muscovado-Zwiebeln
20 kleine Perlzwiebeln | 100 g Muscovado-Zucker | 50 ml Sherry | 50 ml roter Portwein | 200 ml trockener Rotwein | 1 Salbeizweig | 2 Nelken | 3 Lorbeerblätter

Petersiliensaft
1 Bd. Blattpetersilie | 500 g frischer Spinat | 500 ml Geflügelfond (Grundrezepte Seite 229) | 1–2 EL Speisestärke | Saft von 1 Zitrone | Salz | frisch gemahlener schwarzer Pfeffer

Der Muscovado-Zucker bietet nussige Karamell- und leicht bittere Melassearomen, die sich wunderbar mit der pikanten Zwiebel und den süßlich-würzigen Noten der Pastilla ergänzen. Dazu passt am besten ein Rotwein, ein Pinot Noir aus dem Burgund, etwas gereift, 5–7 Jahre alt, mit wenig und gut gebundenem Holzfasseinsatz.

Schokoladen-Blutwurst-Pastilla | Die feine Blutwurst vom Darm befreien und mit einer Gabel zerdrücken. Die Schalotten fein würfeln, in Olivenöl kurz anschwitzen, erkalten lassen und mit der Blutwurst vermengen. Die Zartbitterschokolade im Wasserbad schmelzen, mit Apfelmus, Majoran, Koriander und Blutwurst-Zwiebel-Masse gut vermengen und mit Salz und Pfeffer abschmecken. Auf Backpapier verteilen, mit einem weiteren Blatt Backpapier abdecken und etwa 1 Zentimeter dick auswälzen. Mithilfe eines runden Ausstechers (4 Zentimeter Durchmesser) vier Pastillas ausstechen, auf ein weiteres Blech mit Backpapier legen und für ca. 1 Stunde einfrieren. Zum Schluss die gefrorene Pastilla in Mehl, verquirlten Eiern und Pankow wälzen und zweimal panieren. In Rapsöl golbraun ausbacken.

Wolfsbarsch | Die Fischfilets mit Salz und Pfeffer würzen und bei mittlerer Hitze in Olivenöl auf der Hautseite 3–4 Minuten goldbraun und kross braten. Wenden, 1 weitere Minute braten und anschließend in Butter, angedrücktem Knoblauch und Kräutern aromatisieren.

Muscovado-Zwiebeln | Die Perlzwiebeln schälen und die Nelken im Mörser vorsichtig andrücken. Den Zucker in einem kleinen Topf karamellisieren, die geschälten Perlzwiebeln dazugeben, mit Sherry, Portwein und Rotwein auffüllen, die Gewürze und Kräuter unterrühren und bei mittlerer Hitze reduzieren, bis die Perlzwiebeln weich sind.

Petersiliensaft | Die Blattpetersilie und den Spinat waschen und von Stängeln und Stielen befreien. Zusammen in kochendem Salzwasser für 45 Sekunden blanchieren und sofort in Eiswasser. Mit etwas Geflügelfond fein mixen und beiseitestellen. Den restlichen Fond aufkochen, die Matte dazugeben und mit Mondamin abbinden, sodass der Saft nicht zu flüssig wird. Mit Zitronensaft, Salz und Pfeffer abschmecken.

Anrichten | Den Petersiliensaft vorsichtig in die Mitte des Tellers gießen. Die Pastilla hineinsetzen und den Fisch darauflegen. Die Muscovado-Zwiebeln außen herumlegen und mit wenig Schmorfond abglänzen.

Adlerfisch | Röstzwiebelgnocchi | Gomasio | Gurkensalat | Schwarzwurzeln | Rauchaaljus

„ Gomasio ist eine sehr einfache, jedoch sehr aromatische Gewürzmischung bestehend aus geröstetem, gelbbraunen Sesam und feinem Meersalz. Es gibt grundsätzlich eine salzigere Variante, in der das Verhältnis von Salz zu Sesam bei 1:7 liegt, und eine salzärmere Variante mit dem Verhältnis 1:15. Ich verwende ausschließlich die salzarme Version und würze damit Fisch, Geflügel, Salatsaucen und Suppen.

Gomasio
150 g gelbbrauner Sesam | 10 g feines Meersalz

Röstzwiebelgnocchi
700 g mehligkochende, große Kartoffeln | 2 Eigelb | 80–100 g Mehl Type 405 | 80–100 g Hartweizengrieß | 3 EL Röstzwiebeln | 1 EL Butter | 1 Msp. geriebene Muskatnuss | Salz

Adlerfisch
4 geschuppte Adlerfischfilets à 160–180 g (alternativ Zander oder Wolfsbarsch) | 2 EL Olivenöl | 1 EL Butter | 1 Knoblauchzehe | 2 Thymianzweige | ½ Rosmarinzweig | Gomasio | Salz | frisch gemahlener schwarzer Pfeffer

Gurkensalat
1 Gurke | 1–2 TL Gomasio, je nach Geschmack | 2 EL heller Balsamicoessig | 1 EL Olivenöl | 1 EL Schnittlauchröllchen | 1 Prise Zucker

Schwarzwurzeln
4 Stangen Schwarzwurzeln | 100 ml Milch | 1 EL Butter | Salz | frisch gemahlener schwarzer Pfeffer

Gomasio | Den Sesam bei leichter Hitze in einer beschichteten Pfanne goldbraun anrösten, auf ein Blech legen, auskühlen lassen und mit dem Salz vermengen.

Röstzwiebelgnocchi | Den Backofen auf 180 °C vorheizen, die Kartoffeln waschen, auf ein Blech legen und im vorgeheizten Ofen ca. 45–50 Minuten garen. Aus dem Ofen nehmen, sofort pellen und durch eine Kartoffelpresse drücken. Eigelb, Mehl, Hartweizengrieß, gehackte Röstzwiebeln, Salz und Muskat in die Kartoffeln geben und zu einem glatten Teig verarbeiten, der nicht mehr an den Fingern klebt (die benötigte Menge Mehl und Grieß hängt von der Kartoffelsorte ab). Eine saubere Arbeitsfläche mit etwas Mehl bestreuen und den Teig zu fingerdicke Rollen formen. In 2 Zentimeter lange Stücke schneiden und die Rückseite mittels einer Gabel leicht andrücken. Einen großen Topf Salzwasser sprudelnd aufkochen,

die Temperatur reduzieren und die Gnocchi 2–3 Minuten darin ziehen lassen. Sie sind fertig, wenn sie an der Oberfläche schwimmen. Herausnehmen, abtropfen lassen und in einer Teflonpfanne in Butter anbraten. Mit Salz und etwas Muskat abschmecken.

Adlerfisch | Die Fischfilets mit Salz und Pfeffer leicht würzen und in Olivenöl bei mittlerer Hitze auf der Hautseite langsam 3–4 Minuten braten. Wenn die Haut eine schöne goldbraune Farbe bekommen hat und kross ist, Filets wenden, 1 weitere Minute braten und mit der Butter, dem angedrückten Knoblauch und den Kräutern aromatisieren. Vor dem Anrichten die Hautseite mit Gomasio bestreuen.

Gurkensalat | Die Gurken schälen, längs halbieren und die Kerne mithilfe eines Löffels auskratzen. In etwa 5 Millimeter kleine Würfel schneiden, mit dem Gomasio, dem Essig und dem Öl vermengen und 1 Stunde kalt stellen. Aus dem Kühlschrank nehmen, abtropfen lassen und mit Gomasio und Zucker und Schnittlauch abschmecken.

Schwarzwurzeln | Die Schwarzwurzeln schälen, unter kaltem Wasser abwaschen, mit dem Sparschäler dünne Streifen, ähnlich Tagliatelle, abziehen und in Milch und Butter gar kochen. Mit Salz und Pfeffer abschmecken.

Anrichten | Den nicht zu kalten Gurkensalat in der Mitte des Tellers verteilen und den kross gebratenen Adlerfisch darauflegen. Die Gnocchi verteilen und die Schwarzwurzel als kleine Nester dazulegen. Die Rauchaaljus (Grundrezept Seite 228) angießen.

Anflüge von Sonnenblumenkern-, Heu- und Röstaromen finden sich in diesem Gericht, ergänzt durch die kräftigen, intensiven Fischaromen. Ausgleichend könnte hier ein Spätburgunder aus der Pfalz, Baden oder Ahr – Barriqueeinsatz, 4 bis 5 Jahre alt – wirken, der eher in die fruchtige Richtung geht.

Seeteufel | Stockfischmousseline | Saurer Kerbel | Urmöhren | Fenchelsamenjus

> Fenchelsamen erinnern geschmacklich an Anis oder Lakritz und passen hervorragend zu der Stockfischmousseline, da sie ihr noch etwas Kraft und mediterranes Flair verleihen.

Stockfischmousseline

300 g Stockfisch | Milch zum Einlegen | 1 Knoblauchzehe | 400 g Kartoffelpüree (Rezept Seite 181) | 50 ml Olivenöl | 1 Msp. gemahlene Muskatblüte | Saft und Schale von ½ Limette | Salz | frisch gemahlener schwarzer Pfeffer

Seeteufel

4 sauber geputzte Seeteufelmedaillons à 150 g ohne Haut | 2 EL Olivenöl | 1 EL Butter | 1 Knoblauchzehe | 2 Thymianzweige | ½ Rosmarinzweig | ½ TL gemahlene Fenchelsamen | Salz | frisch gemahlener schwarzer Pfeffer

Saurer Kerbel

2 Bd. Kerbel | 100 ml Geflügelfond (Grundrezept Seite 229) | 50 g Weißbrotbrösel | Saft von ½ Zitrone | Salz

Urmöhren

4 dicke Urmöhren (auch Schwarze oder Lila Möhre genannt) | 100 ml (Ur-)Möhrensaft | 1 EL Butter | 1 TL Zucker | frisch gemahlener Koriander | Salz

Fenchelsamenjus

160 ml Kalbsjus (Grundrezept Seite 228) | 2 TL Fenchelsamen

Stockfischmousseline | Den Stockfisch 24 Stunden in kaltem Wasser wässern, das Wasser dabei oftmals wechseln, und dann weitere 12 Stunden in einer Schüssel mit Milch einlegen. Den Fisch anschließend mit der Milch, in die er eingelegt wurde, in einem Topf weich kochen, herausnehmen und von Gräten befreien. Mit etwas Milch fein pürieren und durch ein Sieb streichen. Den Knoblauch schälen und durch eine Presse drücken und mit dem Fisch, dem Kartoffelpüree und dem Olivenöl vermengen und bei leichter Hitze erwärmen. Mit Salz, Pfeffer, Muskatblüte und Limettensaft abschmecken.

Seeteufel | Den Backofen auf 180 °C vorheizen. Die Seeteufelmedaillons mit Salz und Pfeffer würzen und in Olivenöl bei mittlerer Hitze von beiden Seiten leicht anbraten. Im vorgeheizten Ofen 4 Minuten auf einem Blech ziehen lassen. Die Butter in einer Pfanne zerlassen, die Kräuter, den angedrückten Knoblauch und die Fenchelsamen zugeben und die Medaillons darin kurz nachbraten und aromatisieren.

Saurer Kerbel | Die Kerbelblätter von den Stängeln zupfen und in einem Mörser fein zermahlen. Den Geflügelfond erhitzen, Kerbel einrühren, vom Herd nehmen und die Weißbrotbrösel unterrühren, bis die Flüssigkeit aufgesaugt ist. Mit Zitronensaft und Salz abschmecken.

Urmöhren | Die Urmöhren schälen, in etwa 2,5 Zentimeter lange Stücke schneiden, in Salzwasser blanchieren und danach sofort in Eiswasser abschrecken. Kurz vor dem Anrichten Möhrensaft mit Butter und Zucker erwärmen und die Möhrenstücke darin warm ziehen lassen. Mit Salz und Koriander abschmecken.

Fenchelsamenjus | Die Fenchelsamen in einem kleinen Topf anrösten, auskühlen lassen und im Mörser zermahlen. Kalbsjus in einem weiteren kleinen Topf erwärmen, die Fenchelsamen dazugeben und 2 Minuten ziehen lassen. Durch ein Sieb geben und warm halten.

Anrichten | Die Stockfischmousseline auf den Teller geben, den Fisch daraufsetzen und etwas von dem sauren Kerbel auflegen. Die Karottenwürfel in eine Reihe setzen und mit dem eigenen Saft übergießen. Zum Schluss etwas Fencheljus auf den noch warmen Teller nappieren.

> Knackig-süße Urmöhren kommen gut ins Spiel, das weiße, feste Fleisch vom Seeteufel ist sehr mild. Diesen und den anisartigen Aromen des Fenchels sollte man daher einen konzentrierten Riesling Spätlese (Mosel-Saar) mit viel Fülle, Mineralität und milder Säure entgegensetzen.

Bärenkrebs | Tahiti-Vanille | Nektarine | Karotte | Purple Shiso

Tahiti-Vanille ist die Königin der Vanille, ihr blumig-exotischer, betörender Duft weckt alle Sinne zugleich. Sie lässt sich mit größter Sorgfalt wunderbar für Dessertkreationen, Krustentiere, Wildgerichte sowie erlesene Geflügel- und Fischgerichte einsetzen.

Tahiti-Vanillefond

500 g Bärenkrebs- oder Hummerkarkassen | 4 EL Olivenöl | 2 Karotten | 100 g Staudensellerie | 3 Schalotten | 1 Apfel | 50 ml Noilly Prat | 2 cl Cognac | 750 ml Geflügelfond (Grundrezept Seite 229) | 3 Zitronenthymianzweige | ½ Tahiti-Vanilleschote | Salz

Bärenkrebs

4 ausgelöste und entdarmte Bärenkrebsschwänze à 180 g | 2 EL hochwertiges Rapsöl | 1 EL Butter | ¼ ausgekratzte Tahiti-Vanilleschote (nur Schale, keine Samen) | 1 TL Bergamottenöl | 1 EL Weißbrotbrösel | 8 Stangen Thai-Lauch | Salz | frisch gemahlener schwarzer Pfeffer

Karottenfüllung

2 Karotten | 1 EL Crème fraîche | 1 Schuss Zitronensaft | 2 Purple-Shiso-Blätter | Salz | frisch gemahlener schwarzer Pfeffer

Nektarinenringe

2 unbehandelte Nektarinen | 250 ml Nektarinensaft | ¼ ausgekratzte Tahiti-Vanilleschote (nur Schale, keine Samen)

Tahiti-Vanillefond | Bärenkrebs- oder Hummerkarkassen sauber putzen und waschen, Karotte, Sellerie und Schalotten schälen, die Karotten würfeln, den Sellerie in etwa 3 Zentimeter lange Stifte schneiden und die Schalotten würfeln. Den Apfel vierteln, entkernen und klein schneiden. In einem großen Topf das Olivenöl erhitzen und die Karkassen darin scharf anbraten, bis sie Farbe bekommen. Gemüse, Apfelstücke und Zitronenthymian dazugeben und mitrösten. Mit Noilly Prat und Cognac ablöschen, mit Geflügelfond aufgießen und langsam zum Kochen bringen. Für 35–40 Minuten köcheln lassen, das aufsteigende Eiweiß immer wieder abschöpfen. Ein sehr feines Sieb in einen anderen Topf hängen, mit einem Mulltuch auslegen und den Krustentierfond nach und nach durchpassieren. Nochmals mit der ausgekratzten Tahiti-Vanille aufkochen und mit etwas Salz verfeinern.

Bärenkrebs | Die Bärenkrebsschwänze mit Salz und Pfeffer würzen und in einer Pfanne bei mäßiger Hitze in dem Rapsöl etwa 3–4 Minuten braten. Kurz vor Bratende Butter, Vanilleschote, Bergamottenöl und Weißbrotbrösel dazugeben und den Bärenkrebs mit dem Gemisch einige Male begießen. Den Lauch putzen und, da er von Natur aus klein und dünn ist, nur für kurze Zeit mitgaren.

Karottenfüllung | Karotten schälen, in etwa 5 Millimeter kleine Würfel schneiden und in kochendem Salzwasser 1 Minute blanchieren. Sofort in eiskaltes Wasser geben, abschütten und abtropfen lassen. Etwas trocken tupfen und mit Crème fraîche und einem Schuss Zitronensaft sowie Salz und Pfeffer abschmecken. Die Purple-Shiso-Blätter in feine Streifen schneiden und mit den Karotten vermengen.

Nektarinenringe | Nektarinen waschen, mit einem kleinen, scharfen Messer halbieren und den Kern vorsichtig entfernen. Die Nektarinenhälften mit einem sehr scharfen Sparschäler schälen, auf ein Brett legen und einen Ausstecher (3 Zentimeter Durchmesser) mittig durchdrücken, sodass Ringe entstehen. Den Nektarinensaft mit der ausgekratzten Vanilleschote in einem Topf erwärmen, die Ringe zugeben und einige Minuten darin ziehen lassen.

Anrichten | Die warmen Nektarinenringe in einen tiefen Teller legen, mit den marinierten Karotten füllen und mit Purple Shiso garnieren. Den Thailauch auslegen, den Bärenkrebs darauf platzieren und den heißen Tahiti-Vanillefond angießen.

Das unverwechselbare, blumige Aroma verleiht der Speise eine gewisse Süße, die durch die Nektarine und den Purple Shiso gut ergänzt wird. Ein Chardonnay aus Umbrien, Baden oder Burgund, im Holzfass ausgebaut, könnte der passende Begleiter zu diesem Gericht sein.

Brust und Keule vom Schwarzfederhuhn | Kartoffel-Lauch-Püree |
Artischocken | Muskatblütenfond

> Die Muskatblüte verwende ich sehr gerne wegen ihres im Vergleich zur Nuss sehr blumigen und feinen Geschmacks. Sie verleiht diesem Gericht eine angenehme Balance und wärmt von innen.

Brust und Keule vom Schwarzfederhuhn

350 ml Rapsöl | 2 Schwarzfederhuhnkeulen | 5 Knoblauchzehen | 2 Rosmarinzweige | 4 Thymianzweige | 2 Lorbeerblätter | 1 EL Muskatblüte | Saft und Abrieb von 1 unbehandelten Orange | 4 Blätter Frühlingsrollenteig | 2 Eiweiß | 4 Schwarzfederhuhnbrüste | 2 EL Olivenöl | 300 ml Geflügelfond (Grundrezept Seite 229) | Salz | frisch gemahlener schwarzer Pfeffer

Kartoffel-Lauch-Püree

4 Lauchstangen | 150 ml kalte Milch | 200 g Kartoffelpüree (Rezept Seite 181) | 1 EL Butter | 1 Msp. gemahlene Muskatblüte | Salz | frisch gemahlener schwarzer Pfeffer

Artischocken

4 sauber geputzte Artischockenböden | 50 ml Olivenöl | 2 Knoblauchzehen | 3 Thymianzweige | 40 ml trockener Weißwein | 100 ml Geflügelfond (Grundrezept Seite 229) | Saft von 1 Zitrone | Salz | frisch gemahlener schwarzer Pfeffer

Muskatblütenfond

300 ml Geflügelfond (Grundrezept Seite 229) | 1 TL Muskatblüten | Salz | frisch gemahlener schwarzer Pfeffer

Brust und Keule vom Schwarzfederhuhn | Backofen auf 170 °C vorheizen. Das Rapsöl in einen Topf geben, Keulen, Knoblauch, Rosmarin, Thymian und Lorbeerblätter etwas zerkleinern und dazugeben. Die Muskatblüte im Mörser leicht andrücken, in den Topf geben und alles im Backofen etwa 2 Stunden garen. Die fertigen Keulen aus dem Fett nehmen und auf Küchenpapier gut abtropfen lassen. Vom Knochen lösen und in kleine Stücke zupfen, mit Salz, Pfeffer, Orangenabrieb und etwas Orangensaft würzen. Die Frühlingsrollenteigblätter vierteln und die Keulenmasse auf der unteren Hälfte mittig verteilen. Das Eiweiß verquirlen und die Ränder damit bestreichen und einschlagen. Kurz vor dem Anrichten in einer vorgeheizten Fritteuse bei 180 °C ca. 2 Minuten ausbacken. Die Brüste mit Salz und Pfeffer würzen und in Olivenöl von beiden Seiten scharf anbraten. Geflügelfond auf 70 °C erhitzen und die Brüste darin für etwa 15 Minuten pochieren, nochmals nachsalzen.

Kartoffel-Lauch-Püree | Den Lauch halbieren, gut waschen und in etwa 4 Zentimeter lange Stücke schneiden. In kochendem Salzwasser 3–4 Minuten weich kochen, abschütten und sofort in Eiswasser geben. Abgießen, das überschüssige Wasser vorsichtig ausdrücken und in einem Mixer mit der Milch fein mixen. Das Kartoffelpüree kurz vor dem Anrichten erwärmen, die Lauchcreme einrühren und bei Bedarf etwas Milch dazugeben. Mit Butter, gemahlener Muskatblüte, Salz und Pfeffer abschmecken.

Artischocken | Die Artischockenböden in etwa 1 Zentimeter dicke Spalten schneiden und in einer Pfanne bei mittlerer Hitze in Olivenöl leicht bräunlich anbraten. Knoblauch schälen, leicht andrücken, mit dem Thymian zu den Artischocken geben und kurz anrösten. Mit Weißwein ablöschen, 2 Minuten köcheln lassen, dann den Geflügelfond zugeben. Wenn die Flüssigkeit verkocht ist, Thymianzweige und Knoblauchzehen entfernen und die Artischocken mit etwas Zitronensaft, Salz und Pfeffer würzen.

Muskatblütenfond | Den Geflügelfond in einem Topf aufkochen, Muskatblüte im Mörser leicht andrücken und dazugeben, etwa 7 Minuten ziehen lassen. Durch ein Sieb geben und kurz vor dem Anrichten noch einmal erwärmen und mit Salz und Pfeffer abschmecken.

Anrichten | Das Kartoffel-Lauch-Püree mittig auf den Teller setzen und die zurechtgeschnittene Schwarzhähnchenbrust daraufgeben. Die Artischocken verteilen und die gebackenen Keulen ansetzen. Am Tisch mit dem kräftigen Muskatblütenfond aufgießen.

> Das Gewürz hat einen aromatischen, harzigen und warmen Geschmack, der sehr gut mit dem Fleisch und der Lauchcreme zusammenpasst. Vorsicht ist bei den Artischocken geboten, sie enthalten Cynarin, das viele Weine kantiger und metallischer schmecken lässt. Ein kräftiger, fruchtbetonter Tocai Friulano, der im Stahltank ausgebaut wird, ist der optimale weiße Begleiter.

Perlhuhn | Kurkuma | Wasabifarfalle | Gurkenjus | Römersalat

> Kurkuma hat einen bitteren, scharfen Geschmack, ihr Geruch erinnert ein wenig an Moschus und Ingwer. Besonders oft kommt Kurkuma zum Färben von Nudelteig zum Einsatz, als Gewürz findet sie auch in Fisch-, Fleisch- und Geflügelgerichten sowie in asiatischen Saucen, Reis und Suppen Verwendung.

Wasabifarfalle

200 g Mehl | 50 g Grieß | 1 TL Kurkuma | 5 Eigelb | 1 TL Salz | 1 Msp. geriebene Muskatnuss | 1 EL Olivenöl | 1 EL Butter | Wasabipaste nach Geschmack (ca. ½ TL)

Perlhuhnbrüste

2 EL Blütenhonig | 1 EL getrocknete Verbene | 1 TL Kurkuma | Abrieb von ½ Zitrone | 4 Perlhuhnbrüste mit Haut | 2 EL Olivenöl | Salz | frisch gemahlener schwarzer Pfeffer

Gurkenjus

3 Gurken | ½ Bd. Blattpetersilie | 1–2 EL Speisestärke | 1 EL Senf | Salz

Römersalat

4 Mini-Römersalate | 1 Schalotte | 2 EL Rapsöl | 50 ml weißer Portwein | 1 EL Butter | Salz | frisch gemahlener schwarzer Pfeffer

> In diesem Gericht findet sich ein interessantes Spiel zwischen verschiedenen Aromen: mild und scharf durch Kurkuma und Wasabi, frisch und knackig durch Gurke und Römersalat. Um alles harmonisch miteinander zu verbinden und den Geschmack des Fleisches hervorzuheben, empfiehlt sich ein Grauer Burgunder aus Baden, der bei niedrigen Erträgen gewonnen wurde, oder eine Grauburgunder Spätlese aus der Pfalz.

Wasabifarfalle | Mehl, Grieß, Kurkuma, Eigelb, Salz, Muskat und Olivenöl in eine Schüssel geben und zu einem glatten Teig verarbeiten. In Klarsichtfolie einschlagen und für 2 Stunden im Kühlschrank ruhen lassen. Anschließend etwa 4 Millimeter dünn ausrollen und in 24 etwa 4 x 5 Zentimeter große Rechtecke schneiden. Diese in der Mitte raffen, zusammendrücken und auf einen gemehlten Teller geben. Farfalle etwa 3 Minuten in sprudelnd kochendem Salzwasser garen, abschütten und in einer Pfanne in zerlassener Butter und Wasabipaste schwenken.

Perlhuhnbrüste | Den Honig leicht erwärmen. Verbene im Mörser fein mahlen und mit Honig, Kurkuma und Zitronenabrieb verrühren und beiseitestellen. Den Backofen auf 160 °C vorheizen. Die Perlhuhnbrüste mit Salz und Pfeffer würzen. In einer Pfanne Olivenöl erhitzen, die Perlhuhnbrüste darin auf der Hautseite scharf anbraten und anschließend mit der Honigmischung einpinseln. Je nach Größe der Brüste 4–5 Minuten im Ofen auf dem Gitterrost gar ziehen lassen, nochmals mit der Honigmischung bestreichen und bis zum Anrichten bei 64 °C warm stellen.

Gurkenjus | Die Gurken waschen und halbieren, entfernen und in kleine Stücke schneiden. Mit der Blattpetersilie und dem Senf im Mixer fein mixen. Masse abpassieren, aufkochen, mit Speisestärke leicht binden und mit etwas Salz abschmecken.

Römersalat | Den Strunk der Römersalate entfernen, die Blätter waschen und in der Mitte einmal durchschneiden. Schalotte fein würfeln und in einem Topf in dem Öl anschwitzen. Die Salatblätter dazugeben, mit dem Portwein ablöschen und mit Salz und Pfeffer abschmecken. Zuletzt die Butter zugeben und alles darin schwenken.

Anrichten | Gekochte und gestiftelte gelbe Möhren verleihen dem Gericht die richtige Optik, deshalb können sie am rechten unteren Ende platziert werden. Dahinter mithilfe eines Ringes den Römersalat anrichten und die Farfalle nach Belieben verteilen. Das Fleisch tranchieren und auf einen Saucenspiegel aus Gurkenjus setzen. Etwas Gurkenjus verteilen und mit ein paar Kräutern ausdekorieren.

Taubenbrüste | Selleriepüree | Trüffel | Birne | Süßholzsaft

Das süßlich-herbe, nach Lakritz schmeckende Süßholz gibt der Taube den gewissen „Kick", passt aber auch hervorragend zum Sellerie und zur Birne.

Taubenbrüste
8 Taubenbrüste | 2 EL Rapsöl | 1 EL Butter | 2 Thymianzweige | 10 g geschnittenes Süßholz | Salz | frisch gemahlener schwarzer Pfeffer

Selleriepüree
1 kleine Sellerieknolle | 4 Schalotten | 2 EL Butter | 40 g schwarzer Wintertrüffel | 50 ml Weißwein | 200 ml Geflügelfond (Grundrezept Seite 229) | 200 ml Milch | 3 Lorbeerblätter | Salz | frisch gemahlener schwarzer Pfeffer

Birnenchutney
2 Birnen | 3 Schalotten | 50 g Zucker | 80 ml Weißweinessig | 1 EL Haselnussgrieß | ¼ TL gemahlener Koriander

Süßholzsaft
100 ml Geflügeljus (Grundrezept Seite 228) | 30 g geschnittenes Süßholz | 1 Lorbeerblatt

Süße, salzige und kräutrige Aromen mit langem Nachhall zeichnen das Süßholz aus. Die erdigen Wald-, Pilz- und Moosaromen stammen vom Trüffel, der Sellerie bringt frische Nuancen und die Birne fruchtsüße Noten – ein ausgeglichenes, breites Spektrum öffnet sich. Ein Nebbiolo (Barolo oder Barbaressco) oder Barbera aus Piemont, ein Primitivo aus Apulien, eine 4–5 Jahre alte Cuvée aus Gigondas oder Châteauneuf-du-Pape wären hier ein hervorragender Begleiter.

Taubenbrüste | Den Backofen auf 140 °C vorheizen. Die Taubenbrüste mit Salz und Pfeffer würzen, in einer Pfanne in etwas Rapsöl von beiden Seiten langsam anbraten und im Backofen für ca. 7 Minuten gar ziehen lassen. Währenddessen die Butter in einer Pfanne zerlassen, Thymian und Süßholz dazugeben und die Brüste darin wälzen. Noch einmal 8 Minuten bei ca. 70 °C oder in Alufolie eingepackt ruhen lassen. Vor dem Anrichten Thymian und Süßholz entfernen.

Selleriepüree | Die Sellerieknolle schälen und in etwa 3 Zentimeter große Würfel schneiden, die Schalotten in feine Streifen schneiden und den Wintertrüffel ebenfalls fein würfeln. Butter in einer Pfanne zerlassen, die Schalotten darin glasig andünsten, den Sellerie dazugeben, mit Weißwein aufgießen und köcheln lassen, bis der Wein um die Hälfte reduziert wurde. Dann Geflügelfond, Milch sowie Lorbeerblätter dazugeben und für etwa 10–15 Minuten köcheln lassen, bis der Sellerie weich gekocht ist. Durch ein Sieb geben, den Saft dabei auffangen. Lorbeerblätter in den Saft geben und die Selleriewürfel mithilfe eines Mixers fein pürieren. Kochflüssigkeit nach Bedarf zugeben. Mit Salz und Pfeffer würzen und den Trüffel unterheben.

Birnenchutney | Birnen in etwa 1 Zentimeter große Würfel schneiden, die Schalotten fein würfeln und in etwas zerlassener Butter andünsten. Zucker in einem kleinen Topf vorsichtig karamellisieren lassen, die gewürfelten Birnen sowie die angedünsteten Schalotten dazugeben und sofort mit dem Weißweinessig ablöschen. Für 3–4 Minuten köcheln lassen. Währenddessen den Haselnussgrieß in einer Pfanne trocken anrösten und zu den Birnen geben. Mit gemahlenem Koriander verfeinern.

Süßholzsaft | Die Jus in einem Topf erhitzen und das Süßholz sowie das Lorbeerblatt zugeben. Einige Minuten ziehen lassen, dann durch ein Sieb passieren und vor dem Anrichten erneut erwärmen.

Anrichten | Das getrüffelte Selleriepüree in kleinen Nocken auf den Teller setzen, das Birnenchutney dazugeben. Den Süßholzsaft großzügig auftragen und die Taubenbrüste darin anlegen.

Mieral-Entenbrust | Panch Phoron | Mairübenkraut | Shiitake | Wilder Estragon | Granatapfeljus

„ Ich finde den Geruch der gerösteten Gewürze absolut betörend und himmlisch zugleich. Die Mischung verleiht dem Gericht diese unbeschreiblich besondere orientalische Note, die einen in 1001 Nacht versetzt.

Mieral-Entenbrust
4 Mieral-Entenbrüste (weibliche Entenbrüste) | 1 EL Butter | 1 EL Panch Phoron (Rezept Seite 126) | 2 Bohnenkrautzweige oder Beifuss | Salz | frisch gemahlener schwarzer Pfeffer

Mairübenkraut
600 g Mairüben | 4 Schalotten | 50 g Butter | 2 Lorbeerblätter | 100 ml Estragonessig | 300 ml Geflügelfond (Grundrezepte Seite 229) | 100 ml Sahne | 2 EL Honig | Salz | frisch gemahlener schwarzer Pfeffer

Shiitake-Pilze
200 g Shiitake-Pilze | 40 ml Olivenöl | 1 Zweig wilder Estragon | 1 TL Butter | Salz | frisch gemahlener schwarzer Pfeffer

Granatapfeljus
1 Granatapfel | 200 ml trockener Rotwein | 20 ml Granatapfelsirup | 200 ml Geflügeljus (Grundrezept Seite 228)

Die indische Fünf-Gewürze-Mischung Panch Phoron ist sehr aromatisch und von milder Schärfe und verstärkt so die saftigen und leicht animalischen Nuancen der Entenbrust. Ein guter Begleiter ist der Tempranillo aus Ribera del Duero, in dem die Aromen von Amarenakirschen, Schokolade und Alkohol zum Tragen kommen.

Mieral-Entenbrust | Den Backofen auf 160 °C vorheizen. Die Entenbrüste mit einem scharfen Messer auf der Fettseite mehrmals leicht einschneiden, mit Salz und Pfeffer würzen und für 10 Minuten beiseitestellen. In einer beschichteten Pfanne auf der Hautseite 2 Minuten anbraten, das Fett richtig gut ausbraten, dann wenden und für 1 weitere Minute braten. Für etwa 8 Minuten in den vorgeheizten Ofen geben. Zwischenzeitlich die Butter in einer Pfanne zerlassen, Panch Phoron und Bohnenkraut bzw. Beifuss dazugeben und die Brüste darin max. 1 Minute nachbraten. Mit der entstehenden Flüssigkeit regelmäßig begießen, sodass sich die Aromen gleichmäßig verteilen.

Mairübenkraut | Die Mairüben schälen, in feine Streifen schneiden, mit Salz leicht würzen und für etwa 1 Stunden ziehen lassen. Schalotten fein würfeln und in einem Topf in etwas Butter andünsten, die leicht ausgedrückten Mairübenstreifen dazugeben mit Estragonessig ablöschen. Um die Hälfte reduzieren, dann mit Geflügelfond aufgießen und für 1 ½ Stunden köcheln lassen. Zum Schluss Honig und Sahne zugeben und mit Salz und Pfeffer abschmecken.

Shiitake-Pilze | Die Pilze vierteln, Olivenöl in einer Pfannen erhitzen und die Pilze bei mittlerer Hitze darin etwa 2–3 Minuten anbraten. Estragon klein schneiden und mit der Butter zu den Pilzen geben, mit Salz und Pfeffer abschmecken.

Granatapfeljus | Den Granatapfel vierteln und die Kerne entnehmen, dabei darauf achten, dass die bitteren, weißen Zwischenhäute vollständig entfernt werden. Rotwein und Sirup in einen Topf geben und langsam auf 50 Milliliter einkochen lassen, dann die Jus dazugeben. Die Granatapfelkerne kurz vor dem Anrichten unterheben und sofort servieren.

Anrichten | Das Mairübenkraut gleichmäßig auf den Teller geben. Das Fleisch in Streifen schneiden und mit den geviertelten Shiitake-Pilzen darauf verteilen. Etwas Granatapfeljus angießen. Nach Belieben mit etwas gehackter Blattpetersilie sowie gezupften Estragonblätter ausgarnieren.

Lammrücken | Baharat | Gratinierte Süßzwiebel | Weiße Kapernpolenta | Kubaspinatpüree

> Ich finde Lammfleisch ist ein so tolles Produkt, dass es ab und zu mehr als nur Salz und Pfeffer verdient. Baharat bringt mit seiner Schärfe und den arabisch-fruchtigen Noten Schwung in dieses Gericht und passt auch perfekt zu allen anderen Zutaten.

Lammrücken

4 Lammrücken à 160 g, sauber geputzt und ohne Silberhaut | 1 TL Baharat (Rezept Seite 124) | 4 Knoblauchzehen | 2 Salbeizweige | Abrieb von 1 Zitrone | 200 ml Olivenöl | Salz | frisch gemahlener schwarzer Pfeffer

Gratinierte Süßzwiebel

40 g Parmesan | 60 g Semmelbrösel | Abrieb von ½ Zitrone | 1 TL gehackter Zitronenthymian | 1 EL schwarze Oliven | 2 EL weiche Butter | 1 weiße, süße Zwiebel | 200 ml Geflügelfond (Grundrezept Seite 229) | 1 EL Butter | 2 Lorbeerblätter | ½ Rosmarinzweig | 1 Majoranzweig | Salz | frisch gemahlener schwarzer Pfeffer

Weiße Kapernpolenta

2 Schalotten | 2 Knoblauchzehen | 40 g Parmesan | 1 EL Kapern | 2 EL Olivenöl | 300 ml Milch | 200 ml Geflügelfond (Grundrezepte Seite 229) | 3 Thymianzweige | 60 g weiße Polenta | 1 EL Butter | 1 Msp. gemahlene Muskatblüte | Salz | frisch gemahlener schwarzer Pfeffer

Kubaspinatpüree

500 g Kubaspinat (auch Winterportulak genannt) | 3 EL Olivenöl | 1 Knoblauchzehe | ca. 100 ml Geflügelfond (Grundrezept Seite 229) | 1 Msp. gemahlene Muskatblüte | Salz | frisch gemahlener schwarzer Pfeffer

Lammrücken | Das sauber geputzte und portionierte Lammfleisch am Vortag zusammen mit dem Baharat, dem leicht angedrückten Knoblauch, den Salbeizweigen und dem Zitronenabrieb in das Olivenöl einlegen und abgedeckt 24 Stunden marinieren lassen. Danach aus dem Öl nehmen, leicht abtupfen, dabei die anhaftenden Gewürze grob entfernen. In einer Pfanne bei mittlerer Hitze von beiden Seiten ca. 1 Minute anbraten und bei 180 °C im vorgeheizten Backofen ca. 5–6 Minuten auf dem Gitterrost sanft garen. Das Fleisch zuletzt in Alufolie einpacken und für 3–4 Minuten auf der Arbeitsplatte ruhen lassen.

Gratinierte Süßzwiebel | Den Parmesan fein reiben, mit Semmelbröseln, Zitronenabrieb, Zitronenthymian, gehackten Oliven und Butter zu einer fes-

ten Masse vermengen und mit Salz und Pfeffer abschmecken. Den Ofen auf 220 °C vorheizen. Die süße Zwiebel schälen und in etwa 1 Zentimeter dicke Scheiben schneiden. Den Geflügelfond mit der Butter und den Kräutern in einer Pfanne erhitzen, die Zwiebelscheiben hineingeben und in etwa 4–5 Minuten gar kochen. Auf ein mit Backpapier ausgelegtes Blech legen, mit der Gratinmasse bedecken und 2–3 Minuten goldbraun gratinieren.

Weiße Kapernpolenta | Schalotten fein würfeln, Knoblauchzehen leicht andrücken, Parmesan reiben und Kapern waschen sowie fein hacken. Das Olivenöl in einem Topf erhitzen und die Schalotten darin glasig andünsten. Mit Milch und Geflügelfond aufgießen, Thymian und Knoblauch dazugeben und aufkochen. 3–4 Minuten ziehen lassen, danach die Kräuter und den Knoblauch entfernen und die weiße Polenta einrühren. Unter ständigem Rühren bei niedriger Hitze ca. 10 Minuten köcheln lassen. Wenn die Polenta zu fest ist, einfach etwas Milch dazugeben und glatt rühren. Kapern, Butter und Parmesan kurz vor dem Anrichten in die heiße Polenta geben und mit Muskatblüte, Salz und Pfeffer abschmecken.

Kubaspinatpüree | Spinat putzen und waschen, den Knoblauch fein würfeln. In einer Pfanne Olivenöl erhitzen, Knoblauch anbraten, dann den Kubaspinat 1–2 Minuten zugeben, bis er in sich zusammengefallen ist. Sofort in einen Mixer geben und fein pürieren. Um das Mixen zu erleichtern, den Geflügelfond erhitzen und untermischen. Mit gemahlener Muskatblüte, Salz und Pfeffer abschmecken und sofort anrichten.

Anrichten | Das Kubaspinatpüree mit der Außenseite eines Esslöffels auf den Teller ziehen. Die Zwiebel halbieren und neben dem Püree platzieren. Etwas Lammjus (Grundrezept Seite 228) und die Polenta auf den Teller geben und das geschnittene Fleisch darauflegen.

> Ein 5 bis 7 Jahre alter Cabernet Sauvignon oder Bordeaux unterstreichen die Kräuternuancen der Kapern und die cremige, milde Substanz der Polenta. Die Gerbsäure und die intensive Frucht des Weines treten in den Vordergrund.

Rehrücken | Mangold-Pfifferling-Kuchen | Mönchspfeffer | Orangenkarotten | Laugen-Macadamianüsse

" Mönchspfeffer schätze ich nicht nur wegen seines tollen Aromas, das an Thymian, Rosmarin und Lavendel erinnert, er erinnert mich auch immer an meine Heimat Kroatien. Er passt nicht nur perfekt zum Reh, sondern auch zu allen anderen Komponenten dieses Gerichts.

Rehrücken
4 Rehrückenmedaillons ohne Silberhaut à 160 g | 40 ml Rapsöl | 30 g Butter | 4 Thymianzweige | 4 Wacholderbeeren | 300 ml Rehjus (Grundrezept Seite 228) | ca. 2 TL Mönchspfeffer aus der Mühle | Salz

Orangenkarotten
4 dicke Karotten | 1 TL Zucker | 300 ml Orangensaft | 1 Estragonzweig | ½ TL gemahlener Mönchspfeffer | 30 g Butter | Salz

Mangold-Pfifferling-Kuchen
200 g Pfifferlinge | 300 g Mangold | 185 ml Milch | 90 g Mehl | 75 g flüssige Butter | 1 Msp. Muskatnuss | 2 Eier | 40 ml Olivenöl | 100 g Geflügelfarce (Grundrezept Seite 229) | 20 g Butter | Salz | frisch gemahlener schwarzer Pfeffer

Laugen-Macadamianüsse
25 g Natron | 150 g Macadamianüsse

Rehrücken | Die parierten Rehrückenmedaillons leicht mit Salz würzen, in etwas Rapsöl bei mittlerer Temperatur von allen Seiten anbraten. Anschließend in einem Bräter im Ofen bei 150 °C für etwa 15 Minuten garen. Den Rücken aus dem Ofen nehmen, in etwas Alufolie einpacken und 2–3 Minuten auf der Arbeitsfläche ziehen lassen. Die Butter in einer Pfanne erhitzen, bis sie schäumt, Wacholderbeeren andrücken und mit dem Thymian in die Butter geben. Die Medaillons einlegen und etwa 2 Minuten nachbraten, mit Salz und Mönchspfeffer abschmecken. Die Rehjus in einem kleinen Topf erhitzen und mit Mönchspfeffer aus der Mühle würzen.

Orangenkarotten | Die Karotten schälen und in 12 etwa 2 Zentimeter große Würfel schneiden. Zucker in einem Topf leicht karamellisieren lassen. Mit dem Orangensaft ablöschen, die Karottenwürfel und den Estragonzweig dazugeben, mit einem Deckel abdecken und 4 Minuten leise köcheln lassen. Den Deckel abnehmen, mit Salz und Mönchspfeffer würzen und den verbliebenen Fond mit der Butter abbinden.

Mangold-Pfifferling-Kuchen | Die Pfifferlinge gründlich säubern, den Mangold waschen, von den Stielen befreien und in feine Streifen schneiden. Beiseitestellen. Den Backofen auf 140 °C vorheizen. Die Milch mit dem Mehl und der flüssigen Butter verrühren, die Eier unterziehen und mit Salz und Muskatnuss würzen. Für 25 Minuten ruhen lassen, dann in einer beschichteten Teflonpfanne zu dünnen Crêpes ausbacken. Die Pfifferlinge in einer Pfanne in etwas Olivenöl anbraten, den Mangold dazugeben und mit Pfeffer und Salz würzen. Auf ein Küchenhandtuch geben und abkühlen lassen. Die Mangold-Pfifferling-Masse mit der Farce gründlich vermengen, eventuell noch einmal nachwürzen. In 4 Metallformen (8 x 4 Zentimeter) zweimal abwechselnd Crêpes und Mangold-Pfifferling-Masse schichten, mit einem Crêpes abschließen. Mit kleinen Butterstückchen belegen und mit Alufolie gut abdecken. Im vorgeheizten Ofen für etwa 15 Minuten bei 160 °C backen, aus dem Ofen nehmen und in kleine Tortenstücke schneiden.

Laugen-Macadamianüsse | 100 Milliliter Wasser mit dem Natron aufkochen, die Macadamianüsse für etwa 1 Minute darin ziehen lassen, entnehmen und im Ofen bei 180 °C etwa 7 Minuten rösten, bis sie sich leicht dunkel verfärben. Etwas auskühlen lassen und im Mörser grob zerdrücken.

Anrichten | Ein wenig des Orangenfonds auf die Teller geben und die Orangenwürfel sowie die Mangold-Pfifferling-Kuchenstücke darauf anrichten. Etwas Rehjus direkt daneben ziehen und die Rehmedaillons darauf platzieren. Die Macadamianüsse in einer Linie dazusetzen.

Mönchspfeffer ist würzig und leicht scharf – die anderen Schauspieler des kleinen Spektakels sind süßlich, hefig, nussig und erdig. Sehr gut kombinierbar mit einer Cuvée aus Minervois (Granach, Mourvèdre und Syrah): erdige Kräuteraromen des Syrahs, die mit dem Mangold-Pfifferling-Kuchen Hand in Hand gehen, der intensive Geschmack des Rehrückens wird aufgefangen vom Mourvèdre-Anteil der Cuvée. Dafür lohnt es sich, über den großen Teich zu fahren und einen Shiraz aus Australien zu besorgen.

Confiertes Kalbsfilet | Artischocke | Erbsen | Zitronenverbene | Orangenkompott

" Zitronenverbene ist vielseitig einsetzbar – ob frisch oder getrocknet, ob im Tee oder in Desserts, ob in Saucen oder, wie in diesem Rezept, in einem Erbsenpüree. Sie verleiht allen Kreationen Frische und Leichtigkeit und macht sie somit zu herrlichen Frühlings- oder Sommergerichten.

Confiertes Kalbsfilet

500 ml Rapsöl guter Qualität | 2 Knoblauchzehen | 4 Thymianzweige | ½ Bd. Basilikum | 800 g sauber pariertes Kalbsfilet | 50 g Butter | 240 ml Kalbsjus (Grundrezept Seite 228) | Maldon Salz | frisch gemahlener schwarzer Pfeffer

Artischocken

8 fertig geputzte Baby-Artischocken | 40 ml Olivenöl | 40 ml Estragonessig | 200 ml Geflügelfond (Grundrezept Seite 229) | 2 Knoblauchzehen | 2 Lorbeerblätter | ½ Rosmarinzweig | 1 EL Butter | Saft von ½ Zitrone | Salz | frisch gemahlener schwarzer Pfeffer

Erbsen

2 Schalotten | 1 EL Butter | 500 g küchenfertige Erbsen | 300 ml Geflügelfond (Grundrezept Seite 229) | 100 ml Sahne | 40 g frische Zitronenverbeneblätter (alternativ getrocknete) | Saft von ½ Zitrone | Salz | Zucker

Orangenkompott

3 große Orangen | 100 g Kumquats | 2 EL Zucker | 30 g Butter | 50 ml weißer Portwein | 20 ml Noilly Prat | 2 Schalotten | 2 Ähren Langer Pfeffer | Salz

Confiertes Kalbsfilet | Das Rapsöl in einem Topf auf 70 °C erwärmen, den Knoblauch schälen und andrücken und mit dem grob gezupften Thymian und Basilikum zugeben. Das Kalbsfilet in einer zweiten Pfanne von allen Seiten scharf anbraten und dann für 30 Minuten in dem 70 °C warmen Gewürzöl gar ziehen lassen. Kalbsfilet entnehmen und in einer Pfanne in schäumender Butter nachbraten, mit frischem Pfeffer aus der Mühle würzen, portionsweise aufschneiden und die Schnittflächen mit Meersalz bestreuen. Die Kalbsjus erhitzen und für das Anrichten bereithalten.

Artischocken | Die Artischocken in einem Topf in etwas Olivenöl leicht anschwitzen, mit dem Estragonessig ablöschen und sofort mit dem Geflügelfond aufgießen. Die Knoblauchzehen schälen und leicht andrücken, mit den Lorbeerblättern sowie dem Rosmarinzweig zu den Artischocken geben und zugedeckt bei geringer Hitze etwa 20 Minuten garen. Zum Schluss die Butter dazugeben, die Artischocken damit glasieren und mit etwas Zitronensaft, Salz und Pfeffer abschmecken.

Erbsen | Die Schalotten in feine Streifen schneiden und in etwas Butter glasig anschwitzen. Die Erbsen zugeben, mit Geflügelfond und Sahne auffüllen und die Zitronenverbene unterrühren. Sobald die Erbsen weich gekocht sind, abgießen, dabei die Flüssigkeit auffangen, und die Erbsen in einem Mixer zu einem feinen Püree verarbeiten. Falls nötig etwas Flüssigkeit zugeben. Mit Zitronensaft, Salz und Zucker abschmecken.

Orangenkompott | Die Orangen schälen und filetieren, die Kumquats fein würfeln, darauf achten, dass alle Kerne entfernt werden. Den Zucker in einem Topf karamellisieren, Butter dazugeben, mit Portwein und Noilly Prat ablöschen und auf die Hälfte einkochen. Schalotten fein würfeln. Pfefferähren halbieren und mit den Orangenfilets sowie den Kumquatwürfeln unter ständigem Rühren zu einem Kompott einkochen. Pfefferähren entnehmen und mit einer Prise Salz abschmecken.

Anrichten | Das Erbsenpüree mittig auf den Teller geben, etwas Kalbsjus verteilen und das Fleisch darauf platzieren. Die Baby-Artischocken oberhalb des Fleisches setzen, mit dem Orangenkompott füllen und nach Belieben mit Salat ausdekorieren.

Zitronenverbene enthält feine, frisch nach Zitrone duftende ätherische Öle, die sehr schön mit den anderen Komponenten zusammenpassen und auch den dezenten, sehr milden Geschmack des Kalbsfilets hervorheben. Hier passt wunderbar ein in großen Holzfässern ausgebauter, 3–4 Jahre alter Syrah aus dem nördlichen Côtes du Rhone, ein Schwarzriesling aus der Pfalz, ein Frühburgunder aus Rheinhessen oder aber ein Zweigelt aus dem Burgenland. Für den Weißweinliebhaber bietet sich eine im Barrique ausgebaute, gereifte Viogniertraube aus dem Condrieu an.

Rinderrücken | Gelbe Navetten | Morcheln | Ackerbohnen | PX-Balsamjus | Maldon Salz

Maldon Salz ist in meiner Küche eines der meistverwendeten Salze überhaut. Ich unterscheide grundsätzlich zwischen zwei Arten von Salz: zum Würzen und zum Nachwürzen. Das Maldon Salz gehört in letztere Kategorie. Ich liebe den milden Geschmack und den Aha-Effekt der Gäste beim Probieren, da die Kristalle knusprig sind.

Rinderrücken
800 g Rinderrücken | 80 ml Olivenöl | 2 Knoblauchzehen | 4 Rosmarinzweige | 4 Thymianzweige | 100 g Butter | 8 g Maldon Salz | Zucker | Salz | frisch gemahlener Paradiespfeffer

Gelbe Navetten
400 g gelbe Navetten | 300 ml Geflügelfond (Grundrezepte Seite 229) | 100 ml Sahne | 40 g Butter | Salz | Zucker

Morcheln und Ackerbohen
200 g Morcheln | 2 Schalotten | 3–4 Stängel Blattpetersilie | 50 g Butter | 50 ml Dry Sherry | 100 ml Geflügelfond (Grundrezept Seite 229) | 300 g gepulte Ackerbohnenkerne | Salz

PX-Balsamjus
100 ml roter Portwein | 400 ml Kalbsjus (Grundrezept Seite 228) | 20 ml PX-Balsamessig

Rinderrücken | Den Rinderrücken mit etwas Zucker, Salz und Pfeffer würzen und für 10 Minuten beiseitestellen. Backofen auf 140 °C vorheizen, Olivenöl in einer Pfanne erhitzen und das Fleisch darin von allen Seiten scharf anbraten. Knoblauch schälen und andrücken, mit den Kräutern und dem Fleisch in einen Bräter geben und für 40 Minuten im Ofen garen. Temperatur auf 70 °C reduzieren und für weitere 20 Minuten ruhen lassen. Butter in einer Pfanne zerlassen und das Fleisch kurz vor dem Anrichten darin nachbraten.

Gelbe Navetten | Die Navetten schälen und in acht etwa 4 Zentimeter große Würfel schneiden, dabei die Abschnitte aufbewahren. Navettenwürfel in leicht gesalzenem Wasser etwa 6–7 Minuten weich kochen. Die Navettenabschnitte mit der Hälfte des Geflügelfonds ansetzen und ebenfalls weich kochen. Sahne zugeben; in einem Mixer zu einem Püree verarbeiten und mit Salz und Zucker würzen. Kurz vor dem Anrichten die Navettenwürfel in dem restlichen Geflügelfond erwärmen. Mit der Butter glasieren und ebenfalls mit Salz und Zucker abschmecken.

Morcheln und Ackerbohen | Die Morcheln waschen, die 16 kleinsten aussuchen und ganz lassen, die anderen vierteln. Die Schalotten fein würfeln und die Blattpetersilie in feine Streifen schneiden. Die Butter in einer Pfanne bei mittlerer Hitze zerlassen und die Morcheln darin etwa 2 Minuten anbraten, mit dem Sherry ablöschen und die Schalottenwürfel dazugeben. Den Geflügelfond angießen und die Ackerbohnen zugeben. Auf die Hälfte zu einer schön cremigen Konsistenz einkochen und mit Salz und Pfeffer abschmecken.

PX-Balsamjus | Portwein in einen Topf geben, um die Hälfte einreduzieren lassen, mit Kalbsjus aufgießen und noch einmal aufkochen. PX-Balsamessig unterrühren.

Anrichten | Vor dem Anrichten die äußeren Ränder des Rinderrückens etwa 5 Millimeter dünn wegschneiden und den restlichen Rücken in Scheiben schneiden. Die Schnittflächen mit Maldon Salz sowie Paradiespfeffer würzen oder, für ein individuelles Würzen bei Tisch, die Gewürze separat zum Fleisch servieren. Etwas Jus mittig auf den Tellern verteilen und das geschnittene Fleisch daraufsetzen. Oberhalb die ganzen Morcheln und die Navettenwürfel nebeneinanderlegen. Die geschnittenen Morchel und die dicken Bohnen linienförmig neben das Fleisch setzen und das Püree dekorativ aufspritzen.

Die Salzkristalle haben einen feinen, aromatischen Geschmack. Die pyramidenförmige Struktur verleiht dem Salz eine besonders feste, knusprige Konsistenz. Die Brücke zwischen den kräftig-aromatischen und den süßlich-frischen Komponenten bilden eine Cabernet-franc-lastige Cuvée aus Fronsac oder ein 3–4 Jahre alter Dornfelder.

Lauwarm geräucherter Camembert | Lavendelgrissini | Fenchelsalat

" Leider ist Lavendel kein weitverbreitetes Gewürz, und damit ein Grund mehr für mich ihn in einem Gericht zum Hauptdarsteller zu machen. Ich finde die Kombination mit dem geräucherten Käse sehr passend und doch etwas außergewöhnlich.

Geräucherter Camembert

4 „Petit Camemberts de Normandie AOC" à 135–145 g | 4 Thymianzweige | 2 Rosmarinzweige | 100 g Räuchermehl, Sorte Robinie (gibt dem Camembert eine leicht Süße

Lavendelgrissini

500 g Mehl Type 405 | 1 TL Salz | 25 g frische Hefe | 1 TL Zucker | 1 TL getrocknete Lavendelblüten | 6 EL Olivenöl | Milch zum Bestreichen | Mehl für die Arbeitsfläche

Fenchelsalat

1 TL Fenchelsamen | 2 Fenchelknollen | 4 EL Olivenöl | Saft von 1 Limette | 1 EL Lavendelhonig | Salz | frisch gemahlener schwarzer Pfeffer

Der leicht geräucherte Camembert enthält relativ viel Milchsäure, die sich nicht so gut mit den Gerbsäuren eines Rotweins verträgt. Deshalb passt ein Weißwein, der wenig Gerbsäure besitzt, aber fruchtbetont ist und mit den rosigen Nuancen der Lavendelgrissini gut harmoniert perfekt. Ein solcher Wein ist ein Gewürztraminer aus der Pfalz oder Südtirol, trocken bis halbtrocken.

Geräucherter Camembert | Backofen auf 70 °C vorheizen. Den Käse vom Papier trennen und wieder in die Holzverpackung geben, Thymian und Rosmarinzweige auf den Käse legen. Einen breiten Topf mit Alufolie auslegen, das Räuchermehl darin verteilen und anzünden. Die Flammen ausblasen, ein Gitter daraufsetzen und den Camembert platzieren. Den Topf mit Alufolie abdecken und die Ränder fest eindrücken, sodass kein Rauch entweichen kann. Bei Umluft 15–20 Minuten in den Backofen geben, herausnehmen und den Deckel des Käses vorsichtig mit einem Messer entfernen.

Lavendelgrissini | Das Mehl in eine Schüssel geben und mit dem Salz vermischen. In die Mitte eine Mulde drücken, die Hefe hineinbröckeln und mit 200 Millilitern lauwarmem Wasser, dem Zucker und etwas Mehl zu einem Vorteig verrühren. Zugedeckt an einem warmen Ort 20 Minuten gehen lassen. Lavendelblüten im Mörser fein zerreiben. Den Vorteig dann mit dem restlichen Mehl und dem Olivenöl und dem Lavendelblütenpulver zu einem glatten Teig verarbeiten, noch einmal mit einem Tuch abdecken und an einem warmen Ort 30 Minuten gehen lassen. Währenddessen den Backofen auf 200 °C vorheizen. Den Teig auf einer leicht bemehlten Arbeitsfläche etwa 2 Zentimeter dick ausrollen und in 10 Zentimeter lange Streifen schneiden. Die Streifen zu 20–25 Zentimeter langen Rollen formen, auf ein Backblech legen und zugedeckt 10 Minuten gehen lassen. Mit Milch bepinseln, im vorgeheizten Backofen ca. 15 Minuten goldgelb backen und auf einem Kuchengitter auskühlen lassen.

Fenchelsalat | Die Fenchelsamen in einer beschichteten Pfanne anrösten, auskühlen lassen und mit etwas Salz im Mörser zerstoßen. Den Fenchel halbieren, vom Grün und vom Strunk befreien und in sehr feine Streifen schneiden. Mit dem selbst gemachten Fenchelsalz einreiben und für 15 Minuten ziehen lassen. Zum Schluss mit Olivenöl, Limettensaft und Lavendelhonig abschmecken und mit dem Pfeffer würzen.

Anrichten | Den Camembert auf einen Teller geben, die Lavendelgrissini um den Käse verteilen und ein paar Lavendelblüten auf den Käse streuen. Den Fenchelsalat daraufgeben. In der Mitte des Tisches platzieren, sodass jeder Gast dippen kann.

Ziegenkäsesoufflé | Auberginen | Wacholder | Tomaten-Honig-Marmelade

> Wacholder benutze ich meistens für Saucen oder Marinaden, aber bei diesem Gericht ist er ein wichtiger Bestandteil der süßsauren Tomaten-Honig-Marmelade. Er verleiht dem Gericht eine angenehme Würze und passt hervorragend zur Frische des Ziegenkäses.

Auberginen

5 Wacholderbeeren | 200 ml Olivenöl | 3 Thymianzweige | 5 Basilikumzweige | 2 lange, breite Auberginen | 2 Knoblauchzehen | Salz | frisch gemahlener schwarzer Pfeffer

Tomaten-Honig-Marmelade

250 g reife Romano- oder Olivettitomaten | 3 EL Olivenöl | 4 Schalotten | 1 EL Tomatenmark | 2 EL heller Balsamico | 2 EL Gin | 1 EL Tannenhonig zum Verfeinern | 3 Wacholderbeeren | Salz

Ziegenkäsesoufflé

200 g Ziegenfrischkäse | 4 Eigelb | 100 ml Milch | 40 g Mehl | Saft von ½ Zitrone | ½ TL fein gehackte Thymianblätter | 4 Eiweiß | 1 EL weiche Butter | Salz | frisch gemahlener schwarzer Pfeffer

Wacholder besitzt einen würzig-süßen, leicht harzigen Geschmack und verströmt einen Duft wie im Nadelwald. Der süße Honig ist der ausgleichende Gegenpol und wird durch einen stoffigen, kräftigen Sauvignon aus der Südsteiermark, trockener Ausbau im großen oder kleinen Holzfass, optimal unterstützt.

Auberginen | Die Wacholderbeeren im Mörser leicht anstoßen, mit dem Olivenöl und den Kräutern in einem Topf auf 80 °C erwärmen und für 2 Stunden ziehen lassen. Danach durch ein Sieb in eine Pfanne gießen und erneut erhitzen. Die Auberginen gründlich waschen, abtrocknen und den grünen Strunk entfernen. Mit einer Aufschnittmaschine oder einem sehr scharfen Messer der Länge nach in etwa 5 Millimeter dünne Scheiben schneiden und im heißen Fett von beiden Seiten goldbraun ausbacken. Auf Küchenpapier abtropfen lassen und mit Salz und Pfeffer würzen.

Tomaten-Honig-Marmelade | Die Tomaten mit einem Messer auf der Gegenseite des Strunks einritzen und kurz in kochendem Wasser blanchieren, dann sofort in Eiswasser abschrecken, häuten, vierteln und entkernen. Die Schalotten in feine Streifen schneiden, bei mäßiger Hitze kurz andünsten, die Tomaten zusammen mit dem Balsamico sowie den im Mörser fein gemahlenen Wacholderbeeren dazugeben. Unter ständigem Rühren einkochen, bis fast keine Flüssigkeit mehr vorhanden ist, dann das Tomatenmark und den Gin einrühren und 4–5 Minuten leise köcheln lassen. Vom Herd nehmen, auskühlen lassen und zum Schluss nach eigenem Geschmack mit dem Tannenhonig und etwas Salz verfeinern.

Ziegenkäsesoufflé | Den Backofen auf 200 °C vorheizen. Ziegenfrischkäse, Eigelb und Milch glatt rühren. Das Mehl nach und nach zugeben, gut verrühren und mit Zitronensaft, Thymian, Salz und Pfeffer verfeinern. Das Eiweiß mit einer Prise Salz steif schlagen, ein Drittel davon unterrühren, den Rest vorsichtig unterheben. 4 feuerfeste Förmchen mit Butter einfetten und mit je 3 gebratenen Auberginenscheiben so auslegen, dass die Enden etwa 3 Zentimeter überstehen. Die Soufflémasse zwei Drittel hoch einfüllen und mit den überhängenden Auberginenstücken bedecken. Im vorgeheizten Ofen ca. 20–25 Minuten im Wasserbad garen, herausnehmen, sehr vorsichtig stürzen und sofort servieren.

Anrichten | Das Ziegenkäsesoufflé in die Mitte des Tellers setzen, die Tomaten-Honig-Marmelade links und rechts danebengeben. Mit etwas Friséesalat, Basilikum und Balsamico nach Belieben ausgarnieren.

Bleu d'Auvergne | Marillenkompott | Bengalischer Pfeffer | Geschmorte Rote Bete

> Bengalischer oder auch Langer Pfeffer hat einen scharfen, warmen Geschmack mit süßlicher Note. Ich finde, dass er extrem gut zu allen pikant-süßlichen Gerichten wie dem Marillenkompott und der Roten Bete passt.

Marillenkompott
600 g Marillen | 4 EL Zucker | 125 ml trockener Weißwein | 1 Tahiti-Vanilleschote | 1–2 Bengalische Pfefferstangen | 1 Zimtstange | Saft und Abrieb von 1 Zitrone

Geschmorte Rote Bete
8 Mini-Rote-Bete | 2 rote Zwiebeln | 100 ml roter Portwein | 100 ml Geflügelfond (Grundrezept Seite 229) | 2 Bengalische Pfefferstangen | 50 g Butter | Maldon Salz

Bleu d'Auvergne
320 g Bleu d'Auvergne | 4 TL Arganöl | 40 g Walnüsse | 2 Kerbelzweige

> Scharf und warm ist das Gericht, mit süßlichen und erdigen Obertönen. Einen passenden Wein, der dem ganzen noch mehr Esprit verleihen kann, finden wir unter den Sauternes Beerenauslesen oder Trockenbeerenauslesen. Die Süße des Weines balanciert die leichte Schärfe und die kräftige Würzigkeit des Gerichtes schön aus.

Marillenkompott | Die Marillen häuten, vierteln und entkernen. Den Zucker in einem kleinen Topf karamellisieren, die Marillen dazugeben, kurz schwenken und mit Weißwein ablöschen. Die Tahiti-Vanilleschote auskratzen, den Bengalischen Pfeffer im Mörser grob zerstoßen. Vanillemark, Vanilleschote, Pfeffer und Zimtstange mit dem Zitronenabrieb zugeben und bei leichter Hitze köcheln lassen, bis die Marillen schön weich sind und der Fond eingekocht ist. Auskühlen lassen und die Pfefferstücke vor dem Anrichten entfernen.

Geschmorte Rote Bete | Den Ofen auf 180 °C vorheizen. Rote Bete waschen, schälen und halbieren. Die rote Zwiebel fein würfeln, in einem Topf anschwitzen, die Rote Bete zugeben und kurz mitbraten. Mit dem Geflügelfond und dem Portwein ablöschen. Den Bengalischen Pfeffer im Mörser grob zerstoßen, zugeben und bei geschlossenem Deckel 15 Minuten im vorgeheizten Backofen schmoren lassen. Die Butter zum Glasieren in den heißen Fond geben und auskühlen lassen. Kurz vor dem Anrichten etwas Maldon Salz auf die Schnittfläche streuen.

Bleu d'Auvergne | Den Käse etwa 1 Stunde vor dem Anrichten aus dem Kühlschrank nehmen und in walnussgroße Stücke brechen und mit dem Arganöl beträufeln. Zum Ausgarnieren die Kerbelblätter waschen, trocken schütteln, vom Strunk befeien und auf dem Teller verteilen.

Anrichten | Mit einem leicht geölten Pinsel einen Strich auf den Teller ziehen, den Bengalischen Pfeffer mithilfe einer Pfeffermühle großzügig auf den Teller mahlen. Dort, wo das Öl ist, bleibt der Pfeffer haften, überschüssigen Pfeffer vom Teller blasen. Die Rote Bete wild auf dem Teller verteilen, neben die Bete immer einen Klecks des Marillenkompotts geben. Den Bleu d'Auvergne ebenfalls auf den Teller geben und mit Kerbel ausgarnieren.

Crème Caramel vom Mimolette | Sternanis | Feigenchutney | Pumpernickelcrôutons

> Der Anisgeschmack passt hervorragend zu diesem würzig-süßlichen Gericht, da der Sternanis eine leichte Bitterkeit mit sich bringt.

Feigenchutney

12 Feigen | 150 g brauner Zucker | 100 ml kräftiger Rotwein | 60 ml roter Portwein | 30 ml dunkeler Balsamico guter Qualität | 3–4 Sternanis

Crème Caramel vom Mimolette

250 ml Milch | 250 g Mimolette | 50 g Zucker | 2 Eigelb | 2 Blatt Gelatine | Salz

Pumpernickelcrôutons

60 g Pumpernickel | 1 Knoblauchzehe | 40 ml Olivenöl | 2 Thymianzweige | 1 EL Butter | Salz

Feigenchutney | Die Feigen schälen und mit dem Zucker, dem Rotwein, dem Portwein und dem Balsamico vermengen und 2 Tage im Kühlschrank ziehen lassen. Anschließend alles zusammen in einen Topf geben und einkochen. Den Sternanis mahlen, zugeben und auskühlen lassen.

Crème Caramel vom Mimolette | Die Milch in einem kleinen Topf aufkochen, den Käse reiben und einrühren. Mit einem Deckel abdecken und für 30 Minuten ziehen lassen. In der Zwischenzeit den Zucker in etwa 1–2 Esslöffeln Wasser zu einem goldbraunen Karamell aufkochen und in 4 feuerfeste Formen verteilen (Porzellan oder auch Glas). Die Käsemasse nochmals auf 60 °C erhitzen, das Eigelb mit einem Pürierstab einmixen und die in kaltem Wasser eingeweichte und ausgedrückte Gelatine zugeben. Mit Salz abschmecken und durch ein feines Sieb passieren. In die Gläser verteilen und bei 100 °C im Wasserbad für ca. 45 Minuten pochieren. Auskühlen lassen.

Pumpernickelcrôutons | Den Pumpernickel fein würfeln, den Knoblauch schälen und andrücken. In einer Pfanne in Olivenöl erst die Pumpernickelwürfel anrösten, dann den Knoblauch sowie die Thymianzweige und die Butter zugeben und durchschwenken. Mit Salz leicht würzen und auf Küchenpapier abtropfen lassen. Vor dem Anrichten Thymianzweige und Knoblauchzehe entfernen. Die Pumpernickelcroutons können nach dem Anbraten auch 1 Tag getrocknet und dann in einem Mixer grob zerstoßen werden.

Anrichten | Die Crème Caramel vorsichtig auf eine Platte stürzen und auf den gewünschten Teller umsetzen. Braunen Fond von der Platte mit einem Löffel wieder auf die Crème Caramel geben. Pumpernickelcrôutons und Nocken des Feigenchutneys auf dem Teller verteilen. Nach Belieben mit etwas Schnittlauch ausgarnieren.

> Sternanis duftet und schmeckt wie Anis, ist aber im Geschmack voller, feuriger und schwerer. Die körnige Struktur des würzigen Mimolette erinnert an einen reifen Manchego. Den passenden Wein findet man in Spanien, in Richtung Andalusien, in Form eines gereiften Medium-Sherrys.

Creme von der Valrhona-Schokolade | Mini-Oliven |
Diabolo-Zucker | Ananas | Joghurt-Rum-Parfait

Der Diabolo-Zucker verdankt seinen Namen seiner Schärfe, und genau deswegen bringt er etwas Esprit in dieses Dessert. Die Dosierung ist sehr wichtig, denn es kann recht schnell sehr scharf werden. In Kombination mit der Schokolade und dem Joghurt als Ausgleich ist Diabolo-Zucker ein Genuss!

Creme von der Valrhona-Schokolade
60 g entsteinte schwarze Mini-Oliven | 100 ml Läuterzucker (Grundrezept Seite 229) | 125 ml Sahne | 250 g Valrhona-Zartbitterschokolade (70 %)

Geschmorte Ananas und Ananaschips
1 reife, nicht zu große Ananas | 10 g Puderzucker | 3 EL Diabolo-Zucker | 300 ml reiner Ananassaft | 1 Tahiti-Vanilleschote| 5 Zimtblüten | 2 EL Speisestärke

Joghurt-Rum-Parfait
3 Eigelb | 50 g Zucker | 2–3 EL Rum | 50 g weiße Kuvertüre | 150 g Joghurt (3,5 %) | 200 ml Sahne | 2 Blatt Gelatine

Creme von der Valrhona-Schokolade | Die Mini-Oliven längs halbieren, in den noch heißen Läuterzucker geben und etwa 30 Minuten ziehen lassen. Ein Backblech mit Backpapier auslegen, die abgetropften Oliven darauflegen und im 100 °C heißen Ofen ca. 2 Stunden trocknen. Anschließend auskühlen lassen und im Mörser nicht zu fein mahlen. Die Sahne in einem Topf bei mittlerer Hitze erwärmen, die Schokolade grob zerhacken, zugeben und unter ständigem Rühren glatt rühren. Zum Schluss die Oliven dazugeben. Ein Blech mit hohem Rand mit Backpapier auslegen. Die Masse etwa 2 Zentimeter hoch eingießen und 2–3 Stunden kalt stellen. Vor dem Anrichten mit einem dünnen Messer, das ab und an in heißes Wasser getaucht wird, in 8 x 2 Zentimeter große Rechtecke schneiden.

Geschmorte Ananas und Ananaschips | Die Ananas schälen und 16 sehr dünne Scheiben abschneiden, am besten mittels einer Aufschnittmaschine. Den Strunk herausschneiden und entfernen. Die Ananasscheiben auf ein Backblech legen und mit Puderzucker großzügig bestäuben. Den Umluftofen auf 80 °C erhitzen, das Blech in die Mitte schieben und die Ananasscheiben etwa 4 Stunden trocknen lassen, bis sie knusprig sind. Die Ofentür dabei spaltbreit offen lassen, sodass die überschüssige Feuchtigkeit entweichen kann. Zum Schluss die Chips vorsichtig auf ein anderes Blech legen und auskühlen lassen.

Das übrige Ananasstück vierteln und den Strunk entfernen. In kleine Würfel schneiden und kurz beiseitelegen. Den Diabolo-Zucker in einem Topf karamellisieren und mit Ananassaft ablöschen. Die Vanilleschote längs halbieren, das Mark herauskratzen und beides zusammen mit den Zimtblüten zum Ananassud geben. Die Ananaswürfel zugeben und 2 Minuten köcheln lassen. Mit etwas angerührter Speisestärke abbinden, vom Herd ziehen und kalt stellen.

Joghurt-Rum-Parfait | Eigelb, Zucker und Rum in eine Metallschüssel geben und über dem Wasserbad mit einem Schneebesen schaumig schlagen. Nicht zu heiß werden lassen, sonst gerinnt das Eigelb. Die schaumige Masse anschließend über Eiswasser kalt rühren. Die Kuvertüre schmelzen und mit dem Joghurt in die Eigelbmasse einrühren. Die Sahne schlagen. Ein Drittel der geschlagenen Sahne einrühren, danach die restliche Sahne vorsichtig unterheben. In ein geeignetes Gefäß füllen und einfrieren.

Anrichten | Das Parfait und die Schokoladencreme auf dem Teller platzieren, die eingelegten Ananastücke über die Creme verteilen und die Ananaschips hineinstecken. Einige kandierte Oliven und etwas Daikonkresse können als Garnitur verwendet werden.

Tipp | Etwas Milch mit einer ausgekratzten Vanilleschote aufkochen, aufschäumen und dazugeben.

Der Diabolo-Zucker verdankt seinen Namen der sehr ungewöhnlichen Geschmacksentfaltung. Einfach teuflisch! Von süßen Aromen, wie Zimt und Orange, über würzige Anklänge nach Kardamom, Nelke und Muskat, bis hin zur Chilischärfe bietet der Diabolo-Zucker so einiges! Um die Süße und die Würzigkeit zu unterstreichen und die Schärfe auszugleichen, passen ein Vin Doux Naturel aus dem Rivesaltes oder ein Banyuls.

Törtchen von der Amedei-Schokolade | Sesam | Himbeer-Ingwer-Sorbet | Honigkresse

" Ich finde Sesam in der Pâtisserie einzusetzen sehr spannend, da man ihn hier nicht wirklich erwartet. Der geröstete Sesam in Kombination mit der Amedei-Zartbitterschokolade und der Säure des Himbeersorbets rüttelt einen regelrecht wach.

Limettensable
200 g weiche Butter | Abrieb von 2 Limetten | 100 g Zucker | Saft von 1 Limette | 300 g Mehl

Schokoladenganache
2 EL Sesam | 250 g Amedei-Zartbitterschokolade | 125 ml Sahne | 1 EL dunkles Sesamöl

Himbeergelee
100 ml halbtrockener Weißwein | 6 Blatt Gelatine | 200 ml Himbeersirup | 200 ml Limettensaft | Saft von 1 Zitrone

Himbeer-Ingwer-Sorbet
100 g Zucker | 40 g Glukose | 30 ml Ingwerwasser | 60 ml Mineralwasser | 20 g frisch geriebener Ingwer | 350 g Himbeerpüree | 2 Eiweiß

Garnitur
8 frische Himbeeren | 100 g tiefgekühlte Himbeeren | 12 Estragonblätter

Limettensable | Butter in einer Schüssel mit einem Handmixer cremig rühren, die Limettenabriebe sowie den Zucker dazugeben und so lange verrühren, bis die Butter weiß wird. Vorsichtig Limettensaft und Mehl dazugeben, zu einem Teig verarbeiten, in Klarsichtfolie einpacken und 30 Minuten kalt stellen. Danach auf einer bemehlten Fläche ca. 5 Millimeter dick ausrollen. Den Backofen auf 200 °C vorheizen. Ein Backblech mit Backpapier auslegen, den Teig darauf verteilen und im vorgeheizten Ofen etwa 10–12 Minuten backen. Den noch warmen Teig in Rechtecke von 8 x 3 Zentimeter schneiden und auskühlen lassen.

Schokoladenganache | Den Sesam in einer fettfreien Pfanne goldbraun rösten und zum Auskühlen beiseitestellen. Die Schokolade im Wasserbad schmelzen. Die Sahne, das Öl und den gerösteten Sesam langsam hinzufügen und alles miteinander verrühren. In ein Blech etwa 1,5 Zentimeter

hoch eingießen und sofort 2–3 Stunden kalt stellen. Für das Anrichten des Törtchens 8 x 3 Zentimeter große Rechtecke ausstechen.

Himbeergelee | Den Weißwein auf 90 °C erhitzen. Die Gelatine in kaltem Wasser kurz einweichen, ausdrücken und im erhitzten Weißwein auflösen. Mit dem Himbeersirup und dem Limetten- sowie Zitronensaft verrühren. Die Mischung in einem Blech 2 Zentimeter hoch eingießen und mindestens 3 Stunden kalt stellen, damit es gut anziehen kann. Ausgekühlt ebenfalls 8 x 3 Zentimeter große Rechtecke ausstechen.

Himbeer-Ingwer-Sorbet | Alle Zutaten außer dem Himbeerpüree und dem Eiweiß zusammen in einem Topf auf 90 °C erwärmen und anschließend auskühlen lassen. Das Püree einrühren und in einer Metallschüssel abgedeckt ins Tiefkühlfach stellen. Nach 2½–3 Stunden, wenn sich erste Eiskristalle gebildet haben, mit dem Pürierstab gründlich durchmixen. Eiweiße steif schlagen und untermischen. Alle halbe Stunde durchmixen, bis das Sorbet cremig und ohne Eisstückchen ist.

Anrichten | Limettensable-, Schokoladenganache- und Himbeergeleerechtecke aufeinanderlegen. Die frischen Himbeeren vom Stiel befreien, je zwei auf den Törtchen verteilen und mit Estragon dekorieren. Die tiefgekühlten Himbeeren vor das Törtchen streuen und das Eis darauf platzieren. Ebenfalls mit Estragon ausdekorieren.

Eine harmonische Komposition, die Unterstützung durch den leicht nussigen Geschmack des Sesams erhält. Die Kälte des Sorbets erfrischt, Frucht und Schärfe ergänzen sich gut. Dazu passt ein Süßwein mit hohem Restzuckergehalt, etwa Beerenauslesen aus den Welschrieslingtrauben, eine Huxelrebe oder Scheurebe.

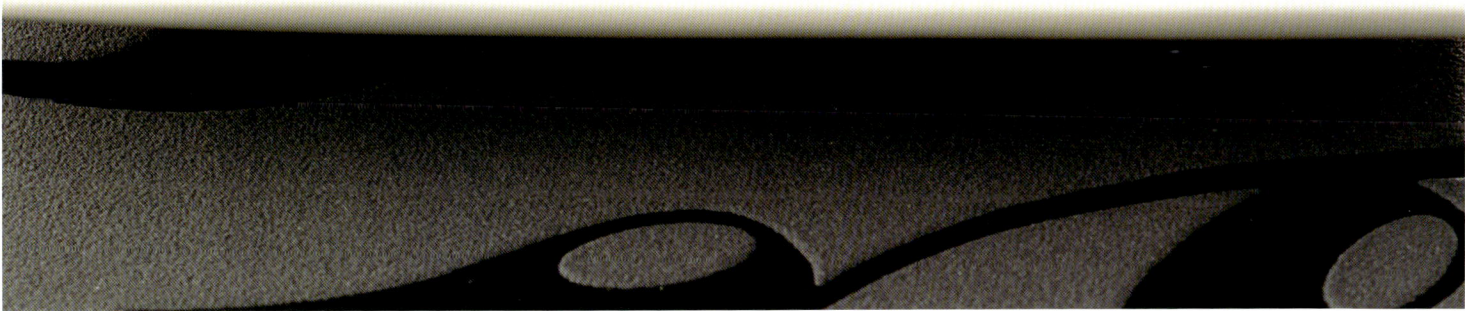

Pochierte Zitronentarte | Blood Lime | Limoncellogelee | Beerensalat | Spätlesesorbet

Die australische Zitrusfrucht passt wegen ihres süßsauren Geschmacks perfekt zu unserem fruchtigen Dessert. Die Schale der Blood Lime wird getrocknet und gerieben. Insgesamt ergibt dieses Rezept ein richtig schönes, leichtes Terrassen-Gericht.

Zitronentarte

125 g kalte Butter | 250 g Mehl | 70 g Puderzucker | 10 g fein gemahlene Blood-Lime-Schale | 1 Ei | 170 g Schmand | 25 g Zucker | 1 Eigelb | 20 ml Zitronensaft | 7 g Crèmepulver | Abrieb von 1 Zitrone

Limoncellogelee

100 ml Läuterzucker (Grundrezept Seite 229) | Saft von 2 Limetten | 2 g Agar-Agar | 100 ml Limoncello

Beerensalat

50 g Himbeeren | 50 g Brombeeren | 50 g Heidelbeeren I 80 g Erdbeeren | 40 g Puderzucker | 2 cl Himbeergeist | 12 kleine Basilikumblätter zum Ausgarnieren

Spätlesesorbet

100 g Glukose | 400 ml Spätlese (nicht zu süß) | 3 Blatt weiße Gelatine

Der süß-säuerliche Geschmack des Rezepts ist eine Herausforderung. Der Wein muss die Säure der Zitronentarte mit der Süße des Beerensalats ausgleichen. Harmonisch ist eine Spätlese oder Auslese im milden Bereich mit filigraner Säure, zum Beispiel ein Riesling von der Mosel oder ein Kerner aus Baden. Am besten der, der schon für das Sorbet verwendet wurde.

Zitronentarte | Den Backofen auf 180 °C vorheizen. Die Butter auf einer Vierkantreibe fein reiben. Mehl, Puderzucker, Blood Lime und das Ei zugeben und schnell zu einem Teig verarbeiten. Gut abdecken und 2 Stunden kühl stellen. Den gekühlten Teig etwa 5 Millimeter dünn ausrollen und in eine gefettete Tarteform legen. Mit einer Gabel mehrmals einstechen und mit einem Backpapier bedecken. Im vorgeheizten Ofen etwa 12 Minuten blind vorbacken. In der Zwischenzeit die restlichen Zutaten in eine Schüssel geben und glatt rühren. Die Schmandmasse nun auf den vorgebackenen Teig gießen und bei 130 °C etwa 25 Minuten im Ofen stocken lassen, bis die Masse eine puddingartige Konsistenz hat. Etwas abkühlen lassen, dann aus der Form heben und in etwa 2 Zentimeter breite Stücke schneiden.

Limoncellogelee | Den Läuterzucker und den Limettensaft in einen Topf geben und aufkochen lassen. Das Agar-Agar zugeben und etwa 2 Minuten leicht kochen. Nun den Limoncello eingießen und alles mit einem Stabmixer gut mischen, bis eine cremige Masse entstanden ist. Die Masse in eine kleine Spritztüte füllen und bis zum Anrichten beiseitestellen.

Beerensalat | Die Beeren in eine Schüssel geben, mit gesiebtem Puderzucker bestreuen und mit dem Himbeergeist aromatisieren.

Spätlesesorbet | Die Glukose in einen Topf geben, mit der Hälfte der Spätlese bedecken und aufkochen. Anschließend die in etwas kaltem Wasser eingeweichte und ausgedrückte Gelatine zugeben, vom Herd nehmen und die restliche Spätlese dazugeben. Die Masse in eine Auflaufform füllen und in das Tiefkühlfach stellen. Das Sorbet sollte alle halbe Stunde gut durchgerührt werden, bis eine kristalline Eismasse entstanden ist.

Anrichten | Einen Punkt Limoncellogelee am Tellerrand platzieren, diesen dann mit einem Löffel ausziehen. In die so entstandene Mulde die marinierten Beeren geben. Die zurechtgeschnittene Zitronentarte vor die Beeren legen, daneben eine Nocke Spätlesesorbet setzen und mit Basilikumblättern ausgarnieren.

Tonkabohnen-Mandel-Biskuit | Pistazienparfait | Gelierter Mangosago | Kirschsalat

> Die Tonkabohne ist mittlerweile unentbehrlich in unserer Küche und wird wegen ihres Bittermandel-Amaretto-Geruchs und ihres vanilleartigen Geschmacks sehr geschätzt. Gerade die Kombination mit Nüssen, wie hier mit Mandeln, verleiht ein herrliches Aroma.

Tonkabohnen-Mandel-Biskuit
3 Eier | 60 g Zucker | 90 g Mehl | 50 g gehobelte Mandeln | ½ geriebene Tonkabohne

Pistazienparfait
20 g Marzipan | 10 g gemahlene Pistazien | 3 EL ungesüßtes Pistazienmark | 75 g Zucker | 5 Eigelb | 1 Ei | 400 ml Sahne

Gelierter Mangosago
200 ml reiner Mangosaft | 25 g Zucker | Mark von ½ Vanilleschote | 60 g weiße Sago-Perlen | 1 Thai-Mango | Abrieb von 1 Limette

Kirschsalat
30 g Zucker | 30 g Butter | 300 ml Kirschsaft | 300 g Herzkirschen | 20 ml Kirschwasser | 50 g Puderzucker | 10 g gehackter Zitronenthymian

Der süßliche, vanilleähnliche Geschmack der Tonkabohne harmoniert mit den nussigen Elementen der Mandel und Pistazie. Der Kirschsalat und der Mangosago steuern fruchtige, süße Aromen bei. Hierzu passt ein süßer Weißwein (Moelleux) aus Pacherenc du Vic-Bilh, der innerhalb der Appellation Madiran in der Weinbau-Region Sud-Ouest angebaut wird, aus den Reben Arrufiac, Courbu, Petit und Gros Manseng.

Tonkabohnen-Mandel-Biskuit | Den Backofen auf 175 °C vorheizen. Die Eier mit dem Zucker schaumig schlagen. Das Mehl sieben und unterheben. Die gehobelten Mandeln und die geriebene Tonkabohne zugeben. Ein kleines Backblech mit hohem Rand mit Backpapier auslegen. Die Biskuitmasse etwa 1 Zentimeter dick daraufstreichen und im vorgeheizten Ofen etwa 15–20 Minuten backen. Herausnehmen und auskühlen lassen.

Pistazienparfait | Das Marzipan klein schneiden und zusammen mit den gemahlenen Pistazien und dem Pistazienmark in einem Gefäß verrühren. Zucker, Eigelb und Ei in eine Schüssel geben und über dem Wasserbad warm aufschlagen, bis das Ei-Zucker-Gemisch eine weiße und cremige Konsistenz bekommt. Anschließend auf Eiswasser kalt schlagen. Zum Schluss die Pistazienmischung zugeben. Die Sahne schlagen und unter die kalte Masse heben. Auf den Biskuitboden gießen, verteilen und glatt streichen. Etwa 12 Stunden tiefkühlen. Vor dem Anrichten in die gewünschte Form schneiden.

Gelierter Mangosago | Mangosaft mit dem Zucker sowie Vanillemark in einen Topf geben und aufkochen, die Sagoperlen dazugeben und bei leichter Hitze etwa 15–20 Minuten garen, bis die Perlen glasig werden. Vom Herd nehmen und auskühlen lassen. In der Zwischenzeit die Mango in ganz kleine Würfel schneiden und in den Sago einrühren. Das Ganze mit dem Limettenabrieb verfeinern und nochmals 2–3 Stunden kalt stellen.

Kirschsalat | Den Zucker in einem Topf karamellisieren, die Butter zugeben und mit dem Kirschsaft ablöschen und auf die Hälfte einkochen. Beiseitestellen und abkühlen lassen. Die Herzkirschen halbieren, den Stein entfernen. Mit dem Kirschwasser und dem Puderzucker marinieren. Den mittlerweile kalten Kirschfond auf die Kirschen geben und den Zitronenthymian vorsichtig unterrühren.

Anrichten | Das Pistazienparfait in etwa 2 Zentimeter dicke Scheiben, den Mangosago in Streifen schneiden und leicht gekrümmt auf den Teller legen. Das Parfait davorsetzen und die marinierten Kirschen links und rechts anlegen. Mit etwas Minze ausgarnieren.

Mohnkuchen | Apfel | Frischkäse | Haselnüsse | Kahlúa-Eis

> Dieses Rezept stammt von meiner Mutter aus Kroatien, die es wiederum von meiner Oma bekommen hat. Der Mohn sollte gemahlen sein, da er erst dann sein wahres Aroma preisgibt. Zusammen mit den restlichen Zutaten ist es ein absoluter Knaller. Dieses Rezept müssen Sie unbedingt ausprobieren!

Ergibt 1 Kuchenblech

Mohnkuchen

200 g gemahlener Mohn | 350 g Zucker | 1 Tahiti-Vanilleschote | 100 g Rosinen | 250 ml Milch | 1 kg süße Äpfel | 1 TL gemahlener Zimt | 750 g Frischkäse natur | 3 Eier | 1 Msp. Salz | 250 g gemahlene Haselnüsse | 12 Blätter Wiener Strudelteig oder Filoteig | 250 g flüssige Butter

Kahlúa-Eis

200 g Vanilleeis | 2 EL Honig | 4 TL Kahlúalikör

Mohnkuchen | Den Mohn in einer Pfanne ohne Fett kurz anrösten. Abkühlen lassen. 50 Gramm des Zuckers, die ausgekratzte Vanilleschote und die Rosinen in eine kleine Schüssel geben. 200 Milliliter Milch aufkochen und die restlichen Zutaten damit begießen. Das Ganze gut verrühren und auskühlen lassen. Die Äpfel schälen, auf einer Reibe grob reiben, mit 100 Gramm des Zuckers und Zimt vermengen und beiseitestellen. Frischkäse, Eier und 100 Gramm Zucker mit etwas Salz in einem Gefäß mit einem Handmixer gut vermengen. Die Haselnüsse mit weiteren 100 Gramm Zucker mischen. 50 Milliliter Milch aufkochen und die Haselnüsse damit überbrühen. Gut verrühren.

Den Backofen auf 160 °C vorheizen. Die Teigblätter auf die Größe des Blechs zurechtschneiden. Das Backblech mit der flüssigen Butter bepinseln und drei Strudelteigblätter nach und nach hineinlegen, jedes Blatt mit etwas Butter anfeuchten. Die Mohnmasse gleichmäßig darauf verteilen und leicht andrücken. Die nächsten zwei gebutterten Blätter darauflegen. Nun den Frischkäse darauf verteilen und wiederum mit zwei gebutterten Strudelblättern belegen. Als dritte Schicht die Haselnüsse darauflegen, erneut mit zwei gebutterten Blättern abdecken. Zum Schluss die Apfelmasse ausdrücken, um den überschüssigen Saft herauszupressen. Die Apfelmasse auf den Kuchen schichten und gleichmäßig verteilen. Als Deckel drei leicht gebutterte Strudelblätter obenauf legen, so wird der Kuchen schön knusprig. Im vorgeheizten Ofen etwa 45 Minuten backen. Nach der Hälfte der Zeit den Kuchen mit Alufolie abdecken und zu Ende backen.

Kahlúa-Eis | Kurz vor dem Servieren jeweils eine Nocke Vanilleeis abstechen. Den Honig mit dem Kahlúalikör verrühren und das Eis damit übergießen.

Anrichten | Den Mohnkuchen in etwa 4 x 5 Zentimeter große Stücke schneiden und auf den Teller geben, die Eisnocke davor platzieren mit ein paar Haselnüssen und etwas Kerbel nach Belieben garnieren.

Tipp | Diesen Kuchen können Sie sowohl warm als auch kalt genießen.

Hier passen eine Riesling- oder Silvaner-Beerenauslese, diese sind sehr fruchtbetont und haben eine intensive Süße. Ca. 6–7 Jahre alt sollten sie schon sein, dann weisen sie eine feine milde Säure auf. Der Mohn passt sich gut den anderen Zutaten an und ist ein Spielinstrument im Orchester der Aromen.

Crème brûlée von Akaziensamen | Zitrusfruchtragout | Teesorbet

> Die Crème brûlée ist für mich ein wunderbares Dessert und klassisch mit Vanille grandios, aber ich finde auch ausgefallenere Varianten wie zum Beispiel mit Akaziensamen sehr gut. Die Samen haben ein intensives Aroma nach Schokolade, Kaffee und Nuss, da möchte man die Nase am liebsten gar nicht mehr aus der Verpackung nehmen!

Crème brûlée von Akaziensamen

30 g Akaziensamen | 400 ml Sahne | 140 g Zucker | 5 Eigelb | Mark von ½ Madagaskar-Vanilleschote | 100 g brauner Zucker

Zitrusfruchtragout

2 Orangen | 2 Blutorangen | 1 Pampelmuse | 1 Limette | 100 g Zucker | 20 g Butter | ¼ Zimtstange | 20 g feine Speisestärke

Teesorbet

100 ml Milch | 120 g Glukose | 60 g Zucker | 400 ml kalter Früchtetee

Crème brûlée von Akaziensamen | Den Backofen auf 90 °C vorheizen. Die Akaziensamen mit der Sahne in einen Topf geben, langsam erhitzen und an den Siedepunkt bringen. Den Zucker hinzufügen und unter Rühren auflösen. Anschließend die heiße Sahnemischung durch ein feines Sieb unter ständigem Rühren auf die Eigelbe gießen. Das Vanillemark unterheben und die Sahne-Ei-Masse vorsichtig in feuerfeste Förmchen geben. Im Ofen etwa 1 Stunde lang stocken lassen. Die fertige Crème abkühlen lassen. Kurz vor dem Servieren mit dem braunen Zucker bestreuen, sodass die obere Schicht leicht bedeckt ist. Mit dem Gourmetbrenner gleichmäßig karamellisieren.

Zitrusfruchtragout | Die Zitrusfrüchte schälen und die weiße Haut entfernen. Die Filets herauslösen und abtropfen lassen, den Fruchtsaft dabei auffangen. Den Zucker in einen Topf geben und karamellisieren lassen. Die Butter zugeben und das Ganze mit dem zuvor gewonnenen Fruchtsaft ablöschen. Die Zimtstange dazugeben und den Fruchtsaft auf die Hälfte einkochen. Die Speisestärke mit kaltem Wasser anrühren, den Fond damit binden und die Zimtstange wieder entnehmen. In den abgebundenen Fond nun die Zitrusfruchtfilets legen und auskühlen lassen.

Teesorbet | Die Milch mit der Glukose und dem Zucker in einem Topf erhitzen, bis sich alles gut aufgelöst hat. Zusammen mit dem Früchtetee vermischen und kurz auskühlen lassen. In eine Metallschüssel füllen, abdecken und ins Tiefkühlfach stellen. Nach etwa 1½ Stunden, wenn sich erste Eiskristalle gebildet haben, mit dem Pürierstab gründlich durchmixen. In regelmäßigen Abständen wiederholen, bis das Sorbet cremig und ohne Eisstückchen ist.

Anrichten | Die Zitrusfrüchte auf einem kleinen Teller anrichten und das Teesorbet an die Früchte anlehnen. Die karamellisierte Crème brûlée dazu servieren.

> Eine klassische Crème brûlée mit Akazienhonignuancen, die in eine sehr florale Richtung gehen. Die Säure der Zitrusfrüchte bringt der Speise eine erfrischende Brise. Zusätzliche Frische erhält das Ganze durch einen jungen Wein aus dem Cadillac oder Loupiac. Diese Gebiete liegen im Süden der großen Weinbauregion Entre-Deux-Mers, einem Teil des Bordeaux, und erzeugen ausschließlich edelsüße Weißweine aus Sémillon, Sauvignon blanc und Muscadelle.

Grundrezepte

Lammjus

Ergibt 200 Milliliter | 1,5 kg Lammknochen | 50 ml Pflanzenöl | 50 g Karotten | 50 g Knollensellerie | 100 g Zwiebeln | 1 ½ EL Tomatenmark | 5 Thymianzweige | 3 Rosmarinzweige

Die Lammknochen klein hacken und in Öl anrösten. Das Öl abgießen, das Gemüse in sehr feine Würfel schneiden, hinzugeben und leicht mitrösten. Tomatenmark unterrühren und ebenfalls 5 Minuten mitrösten. Mit 4 Litern kaltem Wasser aufgießen und die Kräuter zugeben. Für 3 Stunden leise kochen lassen, durch ein Haarsieb passieren und auf die Hälfte einkochen. 24 Stunden kalt stellen, dann das fest gewordene Fett an der Oberfläche abschöpfen und die Jus nochmals aufkochen.

Kalbsjus

Ergibt 200 Milliliter | 800 g Kalbsknochen | 200 g Kalbsfüße | 50 ml Rapsöl | 100 g Karotten | 100 g Knollensellerie | 100 g Zwiebeln | 1 EL Tomatenmark

Die Kalbsknochen und die Füße klein hacken und in Öl anrösten. Das Öl abgießen, das Gemüse in sehr feine Würfel schneiden, hinzugeben und leicht mitrösten. Tomatenmark unterrühren und ebenfalls 5 Minuten mitrösten. Mit 3 Litern kaltem Wasser aufgießen und für 3 Stunden leise kochen lassen, durch ein Haarsieb passieren und auf die Hälfte einkochen. 24 Stunden kalt stellen, dann das fest gewordene Fett an der Oberfläche abschöpfen und die Jus nochmals aufkochen.

Für eine Rehjus statt Kalbsknochen einfach Rehknochen verwenden.

Rauchaaljus

100 ml Kalbsjus (Grundrezept siehe oben) | 100 g Aal

Die Kalbsjus erhitzen, den Aal fein würfeln und kurz vor dem Anrichten zugeben.

Geflügeljus

Ergibt 300 Milliliter | 1,5 kg Geflügelknochen | 50 ml Pflanzenöl | 40 g Karotten | 80 g Knollensellerie | 200 g Zwiebeln | 1 EL Tomatenmark | 5 Thymianzweige | 5 Lorbeerblätter | 10 weiße Pfefferkörner

Die Geflügelknochen klein hacken und in Öl anrösten. Das Öl abgießen, das Gemüse in sehr feine Würfel schneiden, hinzugeben und leicht mitrösten. Tomatenmark unterrühren und ebenfalls 3 Minuten mitrösten. Mit 4 Litern kaltem Wasser aufgießen und die Kräuter und Gewürze zugeben. Für 3 Stunden leise kochen lassen, durch ein Haarsieb passieren und nochmals auf die Hälfte einkochen. 24 Stunden kalt stellen, dann das fest gewordene Fett an der Oberfläche abschöpfen und die Jus nochmals aufkochen.

Krustentierfond

Ergibt ca. 400 Milliliter | 500 g Garnelen- oder Hummerkarkassen | 4 EL Olivenöl | 2 Karotten | 100 g Staudensellerie | 3 Schalotten | 1 Apfel | 50 ml Noilly Prat | 2 cl Cognac | 750 ml Geflügelfond | 3 Zitronenthymianzweige | Salz

Garnelen - oder Hummerkarkassen sauber putzen und waschen, Karotte, Sellerie und Schalotten schälen, die Karotten und die Schalotten würfeln, den Sellerie in etwa 3 Zentimeter lange Stifte schneiden. Den Apfel vierteln, entkernen und klein schneiden. In einem großen Topf das Olivenöl erhitzen und die Karkassen darin scharf anbraten, bis sie Farbe bekommen. Gemüse, Apfelstücke und Zitronenthymian dazugeben und mitrösten. Mit Noilly Prat und Cognac ablöschen, mit Geflügelfond aufgießen und langsam zum Kochen bringen. Für 35–40 Minuten köcheln lassen, das aufsteigende Eiweiß immer wieder abschöpfen. Ein sehr feines Sieb in einen anderen Topf hängen, mit einem Mulltuch auslegen und den Krustentierfond nach und nach durchpassieren und mit etwas Salz verfeinern.

Jus kann man auch sehr gut einwecken sowie portionsweise einfrieren. Fonds würde ich ausschließlich portionsweise einfrieren

Fischfond

Ergibt ca. 1–1,5 Liter | 1 Lauchstange | 1 Zwiebel | 200 g Karotten | 200 g Staudensellerie | 5 Knoblauchzehen | 80 ml Olivenöl | 1 kg zerkleinerte Fischkarkassen (z.B. von Steinbutt, Seezunge, Heilbutt oder Lachs) | 4 Lorbeerblätter | 15 weiße Pfefferkörner, im Mörser leicht gestoßen | 5 Nelken | 100 ml Noilly Prat oder trockener Weißwein | 3 Blattpetersilienzweige | 3 Thymianzweige | 2 Rosmarinzweige

Das Gemüse schälen, grob würfeln und in Olivenöl anschwitzen. Die Karkassen sowie die Gewürze dazugeben und 2–3 Minuten unter ständigem Rühren mitrösten. Mit Noilly Prat bzw. Weißwein ablöschen und mit 2 Litern Wasser auffüllen. Die Kräuter zugeben und ca. 30 Minuten leise köcheln lassen. Zum Schluss durch ein feines Küchentuch passieren und auskühlen lassen.

Geflügelfond

Ergibt 2 Liter | 200 g Karotten | 200 g Knollensellerie | 200 g Zwiebeln | 2 Suppenhühner | 1 Lauch | 15 g Meersalz | 15 schwarze Pfefferkörner | 2 Lorbeerblätter

Für den Geflügelfond das Gemüse in grobe Würfel schneiden, mit den anderen Zutaten in einen großen Topf geben und mit ca. 4 Liter kaltem Wasser bedecken. Langsam zusammen aufkochen und ca. 3 Stunden köcheln lassen. Den entstehenden Schaum immer wieder abschöpfen. Anschließend durch ein feines Sieb passieren, kühl stellen und das feste Fett vor der Verwendung abnehmen.

Gemüsebrühe

Ergibt 1,5 Liter | 400 g Karotten | 400 g Knollensellerie | 200 g Zwiebeln | 1 Lauch | 15 g Meersalz | 15 schwarze Pfefferkörner | 2 Lorbeerblätter | 3 Thymianzweige

Für die Gemüsebrühe das Gemüse in schälen und in grobe Würfel schneiden, mit den anderen Zutaten in einen großen Topf geben und mit ca. 2 Liter kaltem Wasser bedecken. Langsam zusammen aufkochen und 1 Stunde köcheln lassen. Zum Schluss die Brühe durch ein feines Sieb passieren und kalt stellen.

Geflügelfarce

Ergibt 300 Gramm | 200 g ausgelöste Poulardenbrust | 150 ml Sahne | 1 Eiweiß | Cayennepfeffer | Salz | frisch gemahlener schwarzer Pfeffer

Die Poulardenbrust in feine Würfel schneiden, mit Salz und Pfeffer würzen. Die Sahne und die Poulardenbrust separat leicht ca. 20–25 Minuten anfrieren. Anschließend im Mixer zu einer glatten, glänzenden Farce verarbeiten, durch ein feines Sieb streichen und für 1 Stunde kühl stellen. Die abgekühlte Farce nochmals in den Mixer geben, das Eiweiß untermischen und mit Salz und Pfeffer abschmecken.

Fischfarce

Ergibt ca. 350 g | 200 g Zanderfilet ohne Haut und Gräten | 150 ml Sahne | 1 Eiweiß | Cayennepfeffer | Salz | frisch gemahlener schwarzer Pfeffer

Das Zanderfilet in feine Würfel schneiden und mit Salz und Pfeffer würzen. Die Sahne und den Fisch separat leicht anfrieren. Anschließend alles in eine Moulinette geben und zu einer glatten, glänzenden Farce mixen. Die entstandene Farce nun durch ein feines Sieb streichen und für etwa 1 Stunde kühl stellen. Die abgekühlte Farce nochmals in die Moulinette geben, das Eiweiß hinzufügen und mit Salz und Pfeffer noch einmal nachschmecken.

Läuterzucker

Ergibt 900 Milliliter | 300 g Zucker | 600 ml Wasser

Zucker und Wasser in einen Topf geben und zusammen auf 300 Milliliter einkochen. In eine Flasche abfüllen und kühl und trocken aufbewahren.

Man könnte den Läuterzucker auch noch mit Aromaten versehen, wenn man dieses möchte, z.B. mit Vanille, Orange, Zitrone, Zimt …

Bezugsquellen / Danksagung

Bezugsquellenverzeichnis

Glukose: in der Apotheke erhältlich

Pankow: japanische Weißbrotbrösel, in asiatischen Lebensmittelläden
erhältlich

Pflanzliches Gelatinenpulver: von Sosa, www.bosfood.de

Purpel Curry: www.bosfood.de

Purple Shiso: auch Perilla genannt, in asiatischen Lebensmittelläden
erhältlich

Rock Chives: beim gut sortierten Gemüsehändler erhältlich

Rote Currypaste: in asiatischen Lebensmittelläden erhältlich

Schwarze Knoblauchzehen: in gut sortierten Lebensmittelläden oder
unter www.bosfood.de erhältlich

Sushi-Ingwer: in asiatischen Lebensmittelläden erhältlich

Tajine: in asiatischen oder türkischen Lebensmittelläden

Thai-Lauch: eine sehr dünne Sorte, in asiatischen Lebensmittelläden
erhältlich

Trüffelhonig: www.bosfood.de

Yuzupulver: www.bosfood.de

Interessante Seiten im Internet:

www.gewuerzamt.com

www.wiberg.eu

www.maison-gourmet.de

www.gourmondo.de

www.pfeffercorner.de

www.der-pfefferladen.de

www.gourmantis.de

www.only-natural-deli.de

www.gewuerze-der-welt.de

www.fuchs-gewuerze.de

www.ostmann-gewuerze.de

www.exotischer-kraeutergarten.de

Danksagung

Die Entstehung eines Buches ist eine ganz besondere, eine sehr intensive Zeit: sie ist mit engagierter Arbeit, ehrlichem Austausch und vertrauensvoller Gemeinschaft verbunden. Ohne die vielen Menschen im Hintergrund wäre es uns nie gelungen, dieses Projekt zu dem zu machen, was es nun ist: ein Buch.

Mein ganz besonderer Dank gilt meinem Sous-Chef Christoph Mezger für seine unermüdliche und verlässliche Zusammenarbeit, nicht nur an diesem Buch; meinem kompletten Küchen- und Serviceteam für ihre Unterstützung; meinem Hotelmanagement – Herrn Möcking (General Manager), Herrn Furrer (Director of Operations) und Frau Anstoetz (Director of Revenue and Marketing) – für den Rückhalt und die Unterstützung; Corinna Schlag, die unsere PR macht und wunderschöne Zeilen über mich geschrieben hat; dem Fotografen Florian Bolk für die sensationellen Bilder; Bos Food für die großzügige Bereitstellung vieler Gewürze; der Rosenthal GmbH, die uns ihre neue Porzellanlinie für die Fotografie zur Verfügung gestellt hat; meiner Mutter und meiner Oma, die mir mit ihren grandiosen Koch- und Backkünsten das Kochen in die Wiege gelegt haben; Rose Marie Donhauser, die es mir ermöglichte, dieses Buch mit ihr zusammen zu realisieren und dem gesamten Team vom Neuen Umschau Buchverlag für die Unterstützung bei der Umsetzung des Werkes. Danke.

Danijel Kresovic

Mein ganz besonderer Dank gilt meiner Lektorin Vanessa Herzog vom Neuen Umschau Buchverlag, die mit genauso viel Herzblut an diesem Projekt gearbeitet hat wie Danijel und ich, und meiner neuen großen Liebe, die mir viel Kraft und Energie gibt, meine Kreativität noch mehr einzusetzen.

Rose Marie Donhauser

Register

Register

Muskatnüsse in Säcken

Register

Yuzupulver

Impressum

© 2010 Neuer Umschau Buchverlag GmbH, Neustadt an der Weinstraße

Alle Rechte der Verbreitung in deutscher Sprache, auch durch Film, Funk, Fernsehen, fotomechanische Wiedergabe, Tonträger jeder Art, auszugsweisen Nachdruck oder Einspeicherung und Rückgewinnung in Datenverarbeitungsanlagen aller Art, sind vorbehalten.

Alle Angaben und Ratschläge in diesem Buch sind von den Autoren und dem Verlag sorgfältig recherchiert und geprüft, dennoch kann eine Garantie nicht übernommen werden. Eine Haftung für Personen-, Sach- und Vermögensschäden ist ausgeschlossen.

Die Hinweise und Empfehlungen in diesem Buch können einen Besuch beim Arzt nicht ersetzen.

Alle Rezepte sind für 4 Personen, soweit nicht anders vermerkt.

Rezepte
Danijel Kresovic, Berlin
www.restaurant44.de

Texte
Rose Marie Donhauser, Berlin
www.donhauser-essklasse.de

Fotografie
Florian Bolk, Berlin
www.florianbolk.de

Mit Ausnahme nachfolgender Bilder:
Aida Cruises auf der Seite 91
Hannes Bieger auf den Seiten 34, 35, 81
Fotolia auf den Seiten 13 (© philipus – Fotolia.com), 15 (© Janet Layher – Fotolia.com), 21 (© Udo Kroener – Fotolia.com), 23 (© L.F.otography – Fotolia.com), 31 oben (© crimson – Fotolia.com) und unten von links nach rechts (© jojobob – Fotolia.com, © Mauro Rodrigues – Fotolia.com, © Li-juan Guo – Fotolia.com), 32 (© Monkey Business – Fotolia.com), 33 (© crimson – Fotolia.com), 42 (© Monika Kathke – Fotolia.com), 43 (© Team-arbeit – Fotolia.com), 57 (© Mayonaise – Fotolia.com), 67 (© Foodlovers – Fotolia.com), 82 (© styf – Fotolia.com), 87 (© fotografiche.eu – Fotolia.com), 108 (© eyewave – Fotolia.com), 113 (© Thorsten Schon – Fotolia.com), 118 (© Rolf Langohr – Fotolia.com), 147 (© Detlef – Fotolia.com), 235 (© mtremer – Fotolia.com), 236 (© stormarn - Fotolia.com)
Olaf Krüger auf den Seiten 2, 6, 8, 17, 18, 56, 230
Lucas Müller auf den Seiten 140, 141
Privat auf der Seite 25
Ullsteinbild auf den Seiten 16 (© Archiv Gerstenberg), 22 (© Granger Collection)

Lektorat
Vanessa Herzog, Neustadt an der Weinstraße

Satz und Herstellung
Janine Becker, Neustadt an der Weinstraße

Layout
Tina Defaux, Neustadt an der Weinstraße

Reproduktion
posi.tiff GmbH, Gelnhausen

Druck und Verarbeitung
Druckkollektiv GmbH, Gießen

Printed in Germany

ISBN: 978-3-86528-694-9

Besuchen Sie uns im Internet
www.umschau-buchverlag.de

240